教育部职业教育与成人教育司推荐教材
中等职业学校旅游专业教材

旅游公共关系

LÜYOU GONGGONG GUANXI

（第2版）

主　　编：张舒哲　刘颖珊
副 主 编：张慧灵　张胜卿　马　萍　陈晓纯　江光现
　　　　　马友惠　刘　洋　安明明
参　　编：陈　江　韩　旭　王吉人　赵　晖　孔　健
　　　　　颜泽东　刘　霞　李　姮　杨国民　马洪梅
　　　　　张国立　张腾川　黄海芹　张继超　苏瑞媛
　　　　　冯　韬　罗挺宇　袁　琪　李心雨　王　磊
封面摄影：魏小安

旅游教育出版社
·北京·

图书在版编目（CIP）数据

旅游公共关系 / 张舒哲，刘颖珊主编. -- 2版. -- 北京：旅游教育出版社，2023.1（2024.1）
中等职业学校旅游专业教材
ISBN 978-7-5637-4486-2

Ⅰ. ①旅… Ⅱ. ①张… ②刘… Ⅲ. ①旅游业－公共关系学－中等专业学校－教材 Ⅳ. ①F590.65

中国版本图书馆CIP数据核字(2022)第198040号

中等职业学校旅游专业教材
旅游公共关系
（第2版）
张舒哲　刘颖珊　主编

责任编辑	贾东丽
出版单位	旅游教育出版社
地　　址	北京市朝阳区定福庄南里1号
邮　　编	100024
发行电话	（010）65778403　65728372　65767462（传真）
本社网址	www.tepcb.com
E - mail	tepfx@163.com
排版单位	北京旅教文化传播有限公司
印刷单位	北京市泰锐印刷有限责任公司
经销单位	新华书店
开　　本	787毫米×1092毫米　1/16
印　　张	17.75
字　　数	311千字
版　　次	2023年1月第2版
印　　次	2024年1月第2次印刷
定　　价	45.00元

（图书如有装订差错请与发行部联系）

出版说明

为适应旅游中等职业教育的需要，国家旅游局人事劳动教育司根据旅游中等职业学校的课程设置和教学大纲，组织业内专家编写了这套旅游中等职业教育教材。该教材自1994年出版以来，受到广大师生的普遍欢迎，对我国旅游中等职业教育的发展起了重要作用。迄今为止，该教材已成为出版时间最早、使用范围最广的旅游中等职业教育骨干教材。

为了进一步适应旅游专业的发展要求，提高教材质量，反映旅游业的最新发展状况和旅游职业教育研究的最新成果，我们组织有关专家对该套教材进行了必要的修订增补，以确保国家骨干教材应有的科学性、先进性，充分反映国家职业教育改革的新精神、新要求，满足21世纪旅游业的人才需求。

此次修订，一是根据教育部关于旅游中等职业教育的课程设置、教学大纲与教学计划，结合国家关于旅游职业技能鉴定标准的要求，吸收国外职业教育的成果与经验，按课程设置和课程标准的要求，对每科教材的课程性质、适用范围、教学重点、教学方法、教学时数、考核评估等进行了认真研究。新版教材正确把握了课程设置与教材编写的关系，从课程标准的角度把旅游业对人才的具体要求与旅游职业教育教材的具体编写有机结合起来，既体现了教材紧贴行业实际的针对性、实用性，又体现了教材的科学性、规范性，使可教授性与可学习性得到有机的统一，全面反映了现代职业教育教材应有的教育理念。二是在教材的具体修订中，我们根据旅游业的发展需要和旅游职业教育的课程设置与教学要求，组织有关专家编写增补了近年来旅游发展的行业新内容，使教材体系更完整、更科学。三是在保持原教材科学性、权威性的基础上，本次修订特别注意了中等职业学校学生的学科基础与未来职业要求，重点强调了教材的实用性。在原版教材科学性的基础上，本版教材强调了教与学、学与用的关系，加大了技能技巧、实际应对、操作标准、模拟训练等内容的比重，使之既能体现课程要求和行业特点，又符合国家职业技能标准的要求。四是在内容安排上，适当精简了部分内容，即将原版教材中既占课时又不便于教学的内容，或删减或置于附录，便于教师灵活运用和利于学生分清主次。五是针对旅游学科实践性强的特点，本版教材特别注意增补了一些案例，目的是强化案例教学的作用。最后，为方便教师教学和学生学习，还增设了学习重点、案例分析、本章小结、中英文对照规范服务用语等栏目，旨在让读者花最少的时间掌握最有用的信息。

为深入贯彻《国务院关于大力推进职业教育改革与发展的决定》中关于职业教育课程和教材建设的总体要求，进一步落实教育部等七部门《关于进一步加强职业教育工作的若干意见》，我社对旅游中等职业教育教材进行了重新梳理，旨在积极推进教材改革，开发和编写具有职业教育特色的教学改革试验教材。

教改试验教材将以学生为中心、以能力为本位、以就业为导向，全面推进素质教育，重点培养学生的职业能力，使学生获得继续学习的能力，能够考取相关技术等级证书或职业资格证书，为旅游业的繁荣和发展输送学以致用、爱岗敬业、脚踏实地的高素质劳动者。

教改试验教材将贯彻如下职业教育理念：

1. 职业教育性。渗透职业道德和职业意识教育；体现就业导向，有助于学生树立正确的择业观；培养学生的爱岗敬业精神、团队精神和创业精神；树立安全意识和环保意识。

2. 内容先进性。注意用新观点、新思想来审视、阐述经典内容；适应经济社会发展和科技进步的需要，及时更新教学内容，反映新知识、新技术、新工艺、新方法。

3. 教学适用性。教学内容符合专业培养目标和课程教学基本要求；取材合理，分量合适，符合"少而精"原则；深浅适度，符合学生的实际水平；与相邻课程相互衔接，避免不必要的交叉重复。

4. 知识实用性。体现以职业能力为本位，以应用为核心，以"必需、够用"为度；紧密联系生活、生产实际；加强教学针对性，与相应的职业资格标准相互衔接。

5. 结构合理性。教材的体系设计合理，循序渐进，符合学生心理特征和认知、技能养成规律；结构、体例新颖，有利于体现教师的主导性和学生的主体性；适应先进的教学方法和手段。

6. 使用灵活性。体现教学内容弹性化、教学要求层次化、教材结构模块化的特点，有利于按需施教、因材施教。

作为全国唯一的旅游教育出版社，我们有责任及时反映旅游业发展的新要求和旅游专业教育的新理念、新成果，把专业、权威的教材奉献给广大读者。为此，我们将不断努力，回报广大师生和读者对我们的厚爱！

旅游教育出版社

序言（第 2 版）

由张舒哲、刘颖珊研究员主编的《旅游公共关系》将由旅游教育出版社出版、发行第 2 版。这不仅说明该著作的市场需求，而且反映作者们力求精益求精的治学精神。本书承前启后，呈现不少值得赞赏的特点。

首先，本书在"立足中国，借鉴国外"上做得到位。旅游，指旅行游览。其形成的学说来自西方，但西方旅游学传入中国之前，我国早已有旅游及其相关的思想。本书立足中国的国情，提出旅游使人增长知识、开阔眼界、锻炼身心以及旅游展示文明的传统观念，同时又借鉴国外，引用"公共关系"（Public Relations，PR）一词，完善了作为一门现代管理科学的我国旅游学说，这是要充分肯定的。随着我国的改革开放，公共关系已经进入旅游行业，在这一朝阳产业中发挥着独特而又充满魅力的作用。随着新一轮科技革命和产业革命的深入发展，新技术、新产品、新模式、新业态不断出现，文旅产业也已经到了转型、升级以及优化的深水区，凸显出了各种问题与矛盾，包括市场的不规范性、诚信的缺失以及旅游行为的不文明现象，还有旅游业的开发与发展对环境与资源造成的破坏，以及在当前的新媒体环境下旅游业的网络营销发展的种种困惑。这些都呈现出旅游业大市场格局与大产业之间错综复杂的关系，这些归根结底都与公共关系问题有着必然的联系。因此，我们必须针对上述问题，立足中国、借鉴国外，加以深入的研究、探讨，以便建立中国特色和中国风格的旅游公共关系学说。

其次，本书突显对旅游心理学的探索。旅游的本质是心理体验，旅游活动应以服务为舞台，以产品为道具来使旅游者融入其中，创造出值得旅游者回忆的文化心理体验。在激烈的市场竞争中，旅游组织形象已被视为旅游组织的无形资产，那些不注重团体及个体自身形象、缺乏人际交往心理技巧的旅游组织已难以可持续健康发展。任何团体和个人只有了解公共关系活动双方的心理和传播活动的心理规律及其特征，运用各种有效传播、双向心理沟通等手段，才能有效地处理好旅游公共关系，深化对旅游公共关系活动规律的认识。我国旅游业的健康发展，不仅离不开产业政策、制度的扶持与建设，更需要通过心理科学的"软管理"方式来正确引导，以树立人民至上、服务人民的根本。

再次，本书坚持理论联系实际的原则。第 2 版的修订，作者们尊重使用过这本书的单位的反馈意见，基于现代旅游业发展新趋势的实际，从一个更新的角度和更高的层次运用行为科学的理论和方法研究旅游公共关系，揭示、研究旅游组织与公众在相互作用中发生的心理现象及其行为发展变化规律，为建立更新的旅游公共关系学的学科体系进行了有益的探索和尝试，尤其是第2版增加了旅游公德方面的内容，旅游公司及其职工的伦理和职业道德问题，有关社会主义核心价值观的论述等，使本书具有更现实的社会实用价值。

最后，作者在与多学科专家交流后，对本书进行反复修订、完善，使本书的思想性更强、学术性更科学、内容更新颖、案例更切合中国实际。本书可以作为一本实用型旅游公共关系新版教科书向广大读者推荐，希望广大读者喜欢。

是为序。

林崇德
2021年夏于北京

序言（第1版）

农业社会，与之对应的是少数人的漫游，工业社会，与之对应的是多数人的观光，后工业化社会，与之对应的是全体人的全面休闲，这就是未来的发展。从20世纪80年代的小旅游概念，到90年代的中旅游概念，再到进入21世纪以来的大旅游概念，随着时代的发展，我们对旅游的认识越来越深入。经过四十多年的发展，我国进入了大众旅游全面发展和小康旅游创新发展的新阶段。人民的旅游权利日益彰显，旅游消费的品质化和多样性并存，旅游发展的市场基础更加坚实，产业体系更加完善。人民群众对美好生活的向往和追求仍然是旅游需求的基本面，本地休闲、近郊度假、乡村旅游，与公务旅行和商务旅游构筑了旅游复苏的信心和力量。未来，社会主义现代化强国建设、经济社会发展、文化繁荣和科技进步为旅游业高质量发展和现代化建设注入了新动能。国家文化公园、海南自贸港、大湾区、乡村振兴等国家战略的实施，有效拓展了旅游业的发展空间。都市休闲、微旅游、宅度假、乡村旅游、红色旅游等旅游新需求，智慧旅游、研学旅行、自驾旅游、文明旅游等旅游新业态，主客共享、融合发展旅游新举措，让人民群众对旅游发展有了更多的获得感，游客满意度创下历史新高。旅游业高质量发展已经成为旅游行业的思想共识和工作合力，也是不可逆转的时代进程。

在互联网＋旅游业的时代，国际交流日益频繁，现代科学技术、经济水平、文化艺术等领域亦迅猛发展，促使我国旅游业的市场竞争已趋白热化，各类旅游组织与企业间的竞争不再仅是停留在管理与服务水平、旅游产品质量的层面上，而是上升到营造企业精神与组织独特文化氛围，塑造并扩展组织形象与品牌，加大"内部营销"的力度，优化并整合人力资源、高效采集并运用信息资源，制定危机预防与处理机制等战略性竞争的高度。各类旅游组织与企业通过不断强化"全员公关""信誉至上""宾客导向""员工第一"等公共关系理念来构筑鲜明的组织与员工形象，提升自身的国际竞争力。在文化与旅游部提出并大力推行全域旅游的今天，全员公关也是题中自有之意。

为了更好地适应现代旅游业注重使用实用型人才，强调营造"全员公关"的"内部营销"氛围的需求趋势，作为旅游公共关系人才的培养基地——旅游院校，除了要继续注重对学生旅游专业知识的培养外，还应致力于强化学生的"全域旅游公共关系观念"、"服务意识"与"信息意识"，提高学生创新应变、组织策划、人际沟通协调等公共关系技能技巧，尤其是互联网＋旅游公共关系实践动手能力。

鉴于此，旅游教育出版社特约张舒哲、刘颖珊等，完成了这本《旅游公共关系》。

该书结合现代旅游业的行业特点以及旅游公共关系最新的理念与实践经验，对旅游公共关系的重点概念，旅游公共关系的兴起与特点，旅游组织内外公共关系处理，旅游公共关系的工作模式与工作程序，旅游公共关系活动策划、实施与效果评估，旅游公共关系宣传技巧，旅游公共关系工作技能与实务操作技巧，旅游公共关系危机的预防与处理等进行了更深层次的创新与探讨。

本书第一主编张舒哲，系华南理工大学广州国际旅游研究中心特约研究员，北京师范大学发展心理研究院高级访问学者，师从北京师范大学资深教授、中国心理学会原理事长、博士生导师林崇德教授与北京师范大学校长、博士生导师董奇教授。作者早年在香港理工大学酒店与旅游管理学院硕士班、北京第二外国语学院学习期间，受到过香港理工大学宋海岩教授、黄志恩博士，国家旅游局副局长杜江教授，中国旅游研究院院长戴斌教授，北京第二外国语学院旅游管理学院邹统钎教授、张文教授、张辉教授、谷慧敏教授等许多公共关系学、旅游经济学、酒店与旅游管理学大师的悉心培养，并在长达二十多年的教学科研工作中，结合旅游公共关系实践走访了东南亚、中东、中国大部分的旅游景区、景点和高星级酒店，积累了丰富的旅游公共关系理论教学与公共关系实践经验。其设计创作的教学课件获得教育部有关部门颁发的优秀奖，教学论文获全国一等奖，出版、发表论著七部、论文二十多篇。第二主编刘颖珊曾在素有"南国钓鱼台""名流汇聚，都市桃源"美誉的广州鸣泉居度假村担任公共关系部经理，具有六年公共关系实践工作经验以及十二年的酒店服务与管理经验。本书开创了中国学者与旅游职业经理人合作编著旅游专业学术著作的先例，为中国旅游专业的学术研究走出了一条创新之路，也使本书成为目前中国颇具特色的旅游公共关系专业研究新成果之一。

在编著过程中，本书力求突出现代旅游行业特色，注重培养学生公关实践能力、创新意识与横向学习能力。我相信，本书一定会给广大读者带来更多的新理念和新方法，为全国旅游院校增加一本旅游公共关系公共课的全新教材，也为各类旅游组织与旅游企业员工的培训提供一本新的辅助教材，同时，也可以成为有志于从事旅游业与旅游公关营销岗位的社会人士的自学参考用书。

虽然公共关系是西方概念，也算是外来词语，但是我们应当中外结合、古今融合。所以，作者提出"拜水为师，以竹为友"的理念。"上善若水，水利万物而不争。"拜水为师，就是要柔和处理公共关系，做善事，天下通。以竹为友，是"未出土时便有节，至凌云处仍虚心"，保持底线，而不是为公关而公关。这不但是方法问题，而且是理念问题。所以，希望读者在看书的过程中更多地研究理念、优化方法。

是为序！

魏小安
2016年春于北京

目 录

第一章 旅游公共关系概述 ·· 1
- 学习重点 ··· 1
- 第一节 什么是公共关系 ····································· 2
- 第二节 什么是旅游公共关系 ·································· 10
- 第三节 互联网时代旅游公共关系发展的新趋势 ··············· 26
- 本章小结 ··· 39
- 思考与练习 ··· 39
- 拓展阅读 ··· 39

第二章 旅游公共关系的传播与内外关系协调 ·················· 40
- 学习重点 ··· 40
- 第一节 旅游公共关系的传播 ·································· 41
- 第二节 旅游公共关系传播效果及影响因素分析 ··············· 53
- 第三节 旅游公共关系传播的手段与艺术 ······················ 55
- 第四节 旅游组织内外的协调 ·································· 57
- 本章小结 ··· 70
- 思考与练习 ··· 70
- 拓展阅读 ··· 71

第三章 旅游组织公共关系结构与人员素质要求 ················ 72
- 学习重点 ··· 72
- 第一节 旅游组织公共关系部的设置 ··························· 73
- 第二节 旅游组织公共关系部的工作 ··························· 77
- 第三节 旅游组织公共关系人员素质 ··························· 79
- 第四节 旅游公共关系接待和社交礼仪 ························ 89
- 第五节 旅游公共关系与企业文化的营造 ······················ 108
- 本章小结 ··· 114
- 思考与练习 ··· 114
- 拓展阅读 ··· 115

· 1 ·

第四章 旅游公共关系的工作模式与基本程序······116
  学习重点······116
  第一节 旅游公共关系的工作模式······117
  第二节 旅游公共关系工作的技术模式······124
  第三节 旅游公共关系工作程序······128
  本章小结······139
  思考与练习······139
  拓展阅读······140

第五章 旅游公共关系活动策划······141
  学习重点······141
  第一节 旅游公共关系活动策划要点······142
  第二节 旅游公共关系方案的实施······155
  第三节 旅游公共关系策划实例及新特点······157
  本章小结······173
  思考与练习······173
  拓展阅读······174

第六章 旅游组织的公共关系宣传······175
  学习重点······175
  第一节 旅游组织形象的基本概念······176
  第二节 旅游公共关系新闻宣传······189
  第三节 旅游公共关系广告宣传······198
  本章小结······204
  思考与练习······204
  拓展阅读······205

第七章 旅游公共关系工作实务与工作技巧······206
  学习重点······206
  第一节 旅游公共关系日常工作实务······207
  第二节 开展公共关系活动的技能技巧······224
  本章小结······234
  思考与练习······235
  拓展阅读······235

第八章 旅游公共关系危机处理与预防 ·················· 236
　学习重点 ··· 236
　第一节　旅游公共关系危机 ···································· 237
　第二节　旅游公共关系危机的处理 ·························· 240
　第三节　旅游公共关系危机的预防 ·························· 258
　本章小结 ··· 263
　思考与练习 ·· 263
　拓展阅读 ··· 263

参考文献 ·· 264

后　记 ··· 266

第一章 旅游公共关系概述

学习重点

- 什么是公共关系
- 公共关系的基本特征
- 旅游公共关系的特点
- 旅游公共关系的职能

旅游公共关系是旅游组织客观存在的一种社会现象，是旅游组织及其成员为塑造旅游组织形象有目的地运用传播手段，获得内部外部公众理解、信任、支持与合作的具有管理功能的科学和艺术。作为一种现代的经营管理艺术，公共关系日益受到国际社会的广泛重视和运用。在我国，80%以上的饭店、旅行社都设有公共关系部。现代旅游组织只有本着"内求团结，外求发展"的宗旨，对外引导公众舆论，对内营造"全员公关"的和谐环境，全面提升组织的凝聚力与综合形象竞争力，方能在激烈的市场竞争中立于不败之地。为实现这一目标，旅游组织就需要有计划地组织和实施一系列的公共关系活动。

本章将对公共关系最基本的理论以及旅游组织公共关系的特征和职能进行概述。

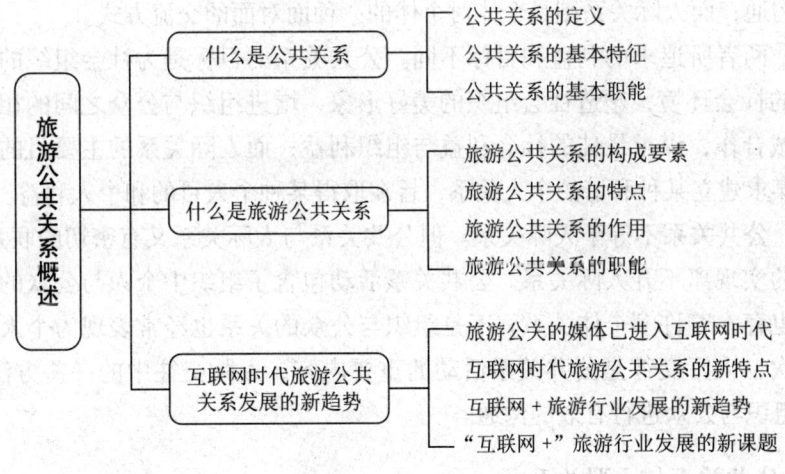

第一节　什么是公共关系

一、公共关系的定义

公共关系源于英文 Public Relations，缩写为 PR，翻译成"公共关系"或"公众关系"，简称为公关。

公共关系就是社会组织为了塑造自身的良好形象，通过双向传播进行沟通交流活动，与公众建立利益互惠的社会关系。

（一）公共关系与人际关系

人际关系（Interpersonal Relations）是指人们在社会活动中形成的个人与个人之间的关系。人际关系与公共关系是社会关系中两种不同的关系形态。

公共关系与人际关系的区别主要表现在以下几个方面：

第一，两者的结构不同。公共关系是以组织为交点的，是与各类公众之间的关系；而人际关系是一种个体关系，是从个体的角度去概括人与人之间的关系状态，如父子关系、朋友关系、邻里关系等。

第二，两者研究的范围不同。公共关系研究的范围是社会组织与相关公众之间的关系，是一种组织的管理活动与职能；人际关系则属于社会心理学的范畴，是一种与组织无关的私人关系。

第三，两者的传播方式不同。公共关系强调运用大众传播等方式作远距离、大范围的公众沟通；而人际关系则是个体对个体的一种面对面的交流方式。

第四，两者所追求的利益和目标不同。公共关系的目标是为社会组织的生存发展创造和谐的社会环境，塑造社会组织的美好形象，增进组织与公众之间的相互了解与支持，真诚合作，谋求最佳的社会利益与组织利益；而人际关系的主要目的是联络私人感情，谋求建立某种和谐的个人关系，旨在取得某种个人目的和个人利益。

可见，公共关系不等于人际关系。但公共关系与人际关系又有密切的联系。首先，公共关系的实现离不开人际关系。公共关系活动包含了组织中个人与公众的关系，公众对象中也存在着许多个体关系，于是组织与公众的关系也经常表现为个人与个人的关系。其次，人际交往是公共关系活动的重要内容，人际交往中的一些方法和手段，可以帮助组织与公众进行有效的沟通。

（二）公共关系与人群关系

人群关系（Human Relations），是指群体内部活动和组织管理过程中人与人、人与群体的关系，属于管理心理学、行为科学的范畴。对人群关系进行研究，有利于提高管理效率及管理质量。

公共关系与人群关系的区别，首先是公共关系除注重内部的传播与沟通外，更多的是大量的外部传播与沟通，要妥善协调好大量的外部公众关系。其次，公共关系并不局限于组织内部的群体关系与个人关系，更注重与不见面的、远距离的公众进行沟通，重视对公众环境的监测，兼顾组织内部与外部、现在与未来的关系。可见，公共关系与人群关系虽同属组织管理的范畴，但公共关系比人群关系研究的外延更广泛、更复杂。从另外的方面来说，良好的人群关系是优化内部公共关系的基础，而处理好内部的员工关系、股东关系，也要借助行为科学、管理心理学的理论和方法。因此，公共关系与人群关系也有一定的联系。

（三）公共关系与交际

交际，指人与人之间面对面交往，借助个人媒介进行的相互沟通。交际的主要目的是提高个人工作质量、增进身心健康、增添生活情趣、加深友谊等。交际即人际沟通，是公共关系传播方式之一，但并不是公共关系传播活动的全部，也不是公共关系的唯一手段。不少人将公共关系等同于交际、应酬，甚至认为陪酒、陪舞就是公关，这是一种非常错误且世俗、肤浅的看法。公共关系需要交际，公共关系人员了解交际常识、掌握交际技巧有利于促进公共关系活动的成功，但交际并不等同于公共关系。

（四）公共关系与新闻宣传

新闻宣传是沟通政府与大众的桥梁，公共关系是沟通公关主体与相关公众的桥梁，二者有相似之处，但二者也是有区别的。

（1）公共关系是从组织利益出发，传播的目的是在相关公众中形成良好舆论，塑造美好形象；公共关系传播的受众是特定的公众，组织必须对这些特定的相关公众负责。而新闻宣传面对的是广泛的社会大众，新闻宣传要对社会负责。

（2）新闻宣传是一种单向的心理诱导、行为影响和舆论控制的方式，而公共关系传播则是一种双向沟通、双向交流。公共关系一方面把组织的信息传播出去，另一方面又将公众的意见与要求反馈给组织。

（五）公共关系与广告

公关广告可以是广告的一种，是一种付费传播，即花钱购买媒体的使用权，利用媒体向社会公众进行自我宣传，以达到传播目的。公关广告仅是公共关系宣传的一种方式。为了获得比较客观的传播效果，公共关系通常使用新闻传播的方法去影响公众，以提高信息的可信度。因此，公共关系不等于广告。商业广告的目的是推销产品和服务，重点是销售；而公关广告则是希望在社会公众心目中塑造良好形象。商业广告由于推销动机强烈，经常使用倾向性、渲染性、夸张性很强的方法去刺激公众，以追求销售量的提高；而公关广告则必须真实、客观地介绍组织状况与组织形象，通过感染公众来实现公关目标。二者检测广告效果的着眼点也明显不同，商业广告注重商品销售量的变化，公关广告则注重于组织形象知名度、美誉度方面的变化。

公关广告与一般广告的共性表现在：两者都具有传播功能，都要借助新闻媒介与其他媒介实现自身功能。公共关系可以借助广告的形式去实现其传播信息的职能，广告也可以借助公共关系去增强它的说服力。

（六）公共关系与市场营销

所谓市场营销，是指负责识别、预测和满足顾客需要，以达到组织营利目的的管理过程。在大市场营销观的 6P（权力，Political Power；公共关系，Public Relations；产品，Product；价格，Price；渠道，Place；促销，Promotion）中，公共关系是重要方面。

在旅游企业对外营销中，公共关系与市场营销联系紧密。公共关系通过塑造企业形象、产品形象，沟通公众、推广服务，引导消费、启动市场等途径来影响公众，为企业对外营销铺平道路，发挥着越来越重要的作用。虽然有助于市场销售，能够促使企业盈利，但公共关系的各种促销活动，增进的是企业与公众的相互了解、理解与信任，交流的是信息、观念与情感。公共关系本身并不直接推销产品，并不直接满足公众的物质需求，所以公共关系不等于市场营销。

二、公共关系的基本特征

公共关系凭借其独特的工作内容和要求开展各类活动，履行着各项管理职能，并由此构成了公共关系的本质特征。

（一）公共关系以公众为对象

公共关系是指一定的社会组织与其相关的社会公众之间的相互关系，而这种关系发展状态会直接影响社会组织的生存和发展。换言之，社会组织必须本着"公众至上"的理念开展公关工作，才能获得公众的信任与支持，随之得到发展并壮大的机遇。因而，建立一个和谐且完善的公共关系网络，促进组织与公众的双向沟通，为组织的生存和发展创造一个良好的人事氛围与社会环境，是公共关系的重要任务。

（二）公共关系以美誉为目标

公共关系的核心目标是塑造组织在社会公众心目中的美好形象，以利于组织的生存和发展。公共关系十分重视组织信誉和形象，公共关系活动自始至终都是围绕组织形象的塑造而展开的。社会心理学研究表明，一个企业，追求盈利自然无可厚非，但如果只是一味追求利益，不管不顾，不惜损害他人利益，毁坏人类赖以生存的大自然，最终将破坏组织在社会公众心目中的美好形象。旅游行业对自身形象的塑造，既包括

"硬件"的外观形象也包括"软件"的服务形象。旅游企业从塑造形象到维护现象、完善形象,家家都有自己的"绝招",原因有三:一是因为市场竞争激烈,企业开拓市场必须靠形象力、销售力、商品力三力合并才能取胜;二是因为旅游业是窗口行业,自身形象的优劣直接影响旅游者对本地区及国家的看法和评价;三是由于旅游业是劳动密集型服务行业,服务过程无中介,员工的个体形象就代表着企业的整体形象,因此现代旅游公共关系十分重视对员工素质的培养。如绝大多数饭店都设有专门的培训部,培训员工成为企业的重要工作。喜来登饭店管理集团管理的北京长城饭店的培训部,就年年有计划、月月有重点、周周有考核,贯彻着名副其实的"饭店即学校"的旅游教育理论。

(三)公共关系以互惠为原则

公共关系的价值取向就是组织必须担负起相应的社会责任,兼顾组织利益、公众利益和社会利益。因此,公共关系强调组织与其公众之间要达成互利互惠、平等相助的关系,从而谋求组织与公众的长久合作以及组织与社会的共同发展。斯坦福研究中心曾经发表过一份调查报告,其中有一个结论:一个人赚的钱,12.5%来自知识,87.5%来自关系。这也从另一个角度说明了建立利益互惠的社会关系的重要性。

(四)公共关系以长远为方针

组织良好的公共关系状态绝非一日之功所能及,必须从全局出发,周密计划、科学运筹,有计划有步骤地逐步展开。组织的良好形象建立起来以后,还必须时刻监测环境的变化,及时调整公关策略,长期不懈地开展公共关系工作。不经过持续和系统的努力,急功近利,就无法使组织发展及与时俱进。因此,公共关系必须避免短视行为,着眼于长远,积累平日之功,为将来的公关工作奠定坚实基础,以便产生事半功倍的成效。例如,当年葡萄牙里斯本卢斯球场,惊现阿联酋航空空姐,她们以演示乘机安全须知的方式为观众演示赛前安全须知,集中展示了阿联酋航空品牌形象,为阿联酋航空公司的长远发展奠定了美誉基础。

(五)公共关系以真诚为信条

公共关务必要奉行"言必行,行必果"的真诚信条,即组织公共关系活动的内容要真实,组织的公共关系行为必须做到言行一致、表里如一,切实履行自己的诺言,方能取信于公众。例如,德国柏林有36位先生女士某日收到波耳旅行社的一封致歉信和一份新的旅游合同,附带的说明中说,如不愿旅游,可得到3000马克的补偿。原来是两个月前,这36位旅游者与波耳旅行社签订了一份到哈茨山脉旅游5天的合同。但到达哈茨山脉的第3天,因发生泥石流,旅行社不得不提前结束这次旅游。本来,3天的旅游已用掉旅游费用的3/5,但为了信守合同中使游客安全、满意的承诺,波耳旅行社根据诚信原则,在返回的当天,向这36位游客做出重新安排旅游的承诺。上面这份合同就是承诺的结果。

（六）公共关系以沟通为手段

在信息社会，及时有效的信息交换是一切活动的基础，这就要求组织主动与内外公众进行沟通，达成服务公众、赢得公众的目标。公共关系的信息传播是双向的，组织一方面要及时、准确、有效地将本组织的信息传播给相关的公众，使公众认识自己、了解自己，拥护和支持自己；另一方面要尽量迅速、准确、及时地收集来自公众的反馈信息，了解舆论和民意，及时调整行为，改善自身形象。组织还要与社区保持良好关系，时时刻刻不忘并承担社会责任；要在企业内部激励员工，发掘员工劳动潜能，与股东保持良好合作，为企业争取更多社会公共资源。如对外经常举办联谊会、恳谈会、记者招待会、舞会、工作午餐会等；对内经常开展员工生日晚会、员工节日聚餐、优秀员工旅游等，以此来主动与内外公众进行沟通，争取各方面的支持、谅解与合作。

（七）公共关系以促进销售为功能

现代旅游企业公共关系还有一个新的典型特征，就是重视公共关系促进销售功能的应用。在旅游企业，公关营销理念早已生根开花，许多饭店都将公共关系部改为公共关系销售部，将公共关系的功能与对外营销、开拓市场、争取客源的销售功能合二为一。公关鸣锣开道，营销粉墨登场；公关搭台，营销唱戏，构成了一道现代旅游企业公共关系亮丽的风景线。饭店、旅行社公关营销的工作内容包括：立足优质产品，塑造品牌文化，美化企业声誉，开展传播造势，进行全员销售等。而采取的公关营销方法有：捕捉市场需求，选择目标公众，掌握宾客心理，了解竞争对手，进行信息传递等。

三、公共关系的基本职能

公共关系职能从其运行所发挥作用的表现形态来看，主要有三大类。

（一）决策参谋职能

公共关系决策参谋职能是指在公共关系活动中通过对重大活动的策划、管理与实施，对组织决策所能发挥的服务、指导与促进的效用。主要内容包括：咨询建议、决策参谋；发现问题、加强管理；防患于未然、危机管理；创造效益、寻求发展。为适应变幻莫测的市场竞争，确保决策正确，公共关系从业者作为旅游组织的"智囊"，应该在充分搜集信息的基础上，站在公共关系的角度，立足于全局高度，向决策层提供信息预测、评议等建议，起到重要的决策参谋作用。

1. 决策参谋的原则

（1）及时性原则。提供的信息要及时、充足、系统、完整。信息是做出判断、决策的依据，其是否及时、准确、全面，直接影响到组织的判断和决策；零散、错误的信息会导致决策者做出错误的决定。

(2)专业性原则。要坚持从公共关系的角度去看待问题、分析问题并提出解决建议。

(3)参谋性原则。公关决策仅是一项参谋性工作,只是围绕公共关系向决策者提供信息与建议,是不可以替代组织或其他部门做综合性的规划的。

2. 决策参谋的种类

(1)危机性咨询。这是针对组织突发或意外事件,进行亡羊补牢和随机应变的公共关系咨询工作。

(2)建议性咨询。这是针对组织发展问题以及决策层已经拟好的规划和方案,从公共关系的角度评议其目标、途径、方式和方法等,发现对组织形象不利的问题并提供建议性的公共关系咨询,这类咨询具有改良和锦上添花的作用。鉴于公共关系具备信息灵通、沟通广泛、形象意识强等特点,旅游组织必须通过公共关系咨询,针对既定发展目标和策略在实际运营中涌现出的大量影响工作进程的问题进行及时调整。

(3)预测性咨询。针对组织未来可能发生的问题进行推断性与预言性的咨询。组织的发展必须具有前瞻性,随着具体工作的推进,具备长远意识的公共关系咨询应该针对大量未来的问题(包括危机问题、机遇问题、对策问题)做出明确的回答,使之明朗化、清晰化。

3. 决策参谋的方法

(1)编写组织内外信息动态专刊。公共关系部应派专人整理反馈回来的各类信息,将其分门别类,汇集成册。信息包括:国内外政治动态、经济发展状况、市场动态、客源走向及竞争对手的信息;员工思想状况、人员流动状况、管理与服务质量状况、财务状况、设施设备变更、现存问题及造成问题的缘由等。

(2)定期举办信息反馈会。公共关系人员在了解、掌握大量有重要价值信息的基础上,应适时举办由决策层和中层管理人员参加的信息反馈汇报会,对组织的形象、发展或组织的重大决策提供客观的信息支持,做出有理有据的评价,以帮助组织决策层做出科学的判断。

(3)组织视听材料。为了加深决策者的印象,公共关系人员可以运用幻灯片、录像、照片、录音等视听手段,将采集来的材料直观生动地展现出来,加强咨询决策的独创性和说服力。

(4)开展论证会与辩论会。为保障重大经营决策的科学性、完善性,组织需进行多方的论证。因此,公关人员既可邀请有关专家就决策方案进行可行性论证,又可接受内外公众代表的评议,集思广益、群策群力,加大经营决策的科学性。

(二)传播沟通职能

公共关系传播沟通职能是指在公共关系活动中通过传播工作的实施与运行所能发挥出的有利组织发展的效用。主要内容包括:采集信息、监测环境;组织宣传、创造气氛；交往沟通、协调关系；教育引导、服务社会。作为战略资源，信息是旅游组织提高核心竞争力并占领市场的先决条件。各类旅游组织必须有效采集相关信息，科学分析、处理，选择有价值的信息作为调整和完善经营决策的依据，确保组织目标的科学性与准确性。因此，搜集信息是公共关系传播沟通职能的重要组成部分，同时为保持良好的竞争力，组织须及时、准确、有效地向外界宣传政策、阐明宗旨、解释行为，不断与公众保持信息、情感、态度、行为四个层次的密切交流，以谋求公众了解组织的特色、理解组织的目标、拥护组织的行为，为组织创造良好的公众舆论。

1. 制造舆论，告之公众

"告之公众"是旅游公共关系传播沟通功能的首要任务，即向公众说明和介绍产品、设施及经营管理等方面的信息。特别是在组织开业之初或在推出新产品之前，公关人员要通过独具一格的创意及强有力的宣传，努力制造轰动效应，给公众留下深刻、强烈的第一印象。

2. 强化舆论，扩大影响

旅游公关宣传不能只图一时的舆论轰动，而是需要通过长期不懈的传播、沟通，潜移默化地加深并巩固公众对旅游组织及其产品的良好印象。因而，当旅游组织成功树立良好形象和声誉之后，仍需注重公关宣传，继续保持和维护组织的形象，进一步扩大知名度和信誉度。此时，一旦放松传播、沟通工作，就会削弱公众对组织的印象。持之以恒、锲而不舍地维系组织的形象与声誉，是组织稳健时期公关宣传的重点。

3. 引导舆论，控制影响

当旅游组织形象受到损害，公众对组织持观望态度时，公关部需要采取灵活多样的宣传沟通方式，积极引导公众舆论向有利于组织的方向发展。当旅游组织遇到危机，如客人大量投诉或由于公众误解、他人诬陷等对组织声誉造成损害，或由于国内外环境变化及突发事件导致客人流失，组织知名度、美誉度蒙受损害时，管理者及公关人员应迅速查明原因，及时向公众做出解释、道歉或澄清，向公众介绍组织处理危机的措施，设法将消极影响减小到最低限度，尽快恢复组织声誉，重塑组织形象。

【小贴士】

如何掌握舆论引导主动权

1. 第一时间发布信息

当前传统媒体和新媒体融合发展日渐深入，信息传播渠道多，传播速度快，在处置旅游突发事件中，我们要努力做到在人们对突发事件的认识处于空白或不确定的时刻，做出反应并发布权威信息，让公众了解事件真相，赢得公众理解支持，消除公众的焦虑恐慌，抢占舆论先机，掌握舆论主动权，避免事件进一步炒作和发酵，使自己陷入被动境地。

2. 事件处置过程公开透明

事件处置期间，按照速报情况、慎报原因、缓说结论、由简入繁、增信释疑的步骤，及时将权威信息发布出去，打破不实传言和虚假信息的不良影响，牢牢把握舆论引导权，为舆情事件妥善处置营造有力的舆论环境。公众获得的公开、透明、准确的信息越多，对事件处置主体的信任度越高，利于扭转不利局面。

3. 统一信息发布出口

事件处置过程中，如果涉及多地多个部门，应采取统一会商了解各地各部门处置进展、统一对外发布出口、统一各地各部门之间的数据关联和事实关联等有效方式，一个出口发布权威信息，避免发出混乱、无序，互相矛盾甚至对立的声音，误导社会和公众，引发猜疑和不信任，导致事件处置受到不必要的影响。

4. 加强媒体采访管理

事件处置中，一方面根据上级指示做好舆情管控，另一方面选派经验丰富的公共关系工作人员加强媒体服务和管理，全天陪同采访，做好联系沟通工作，随时掌握域外媒体所处位置和采访情况，便于做好研判和应对。

（三）管理职能

公共关系管理职能是社会组织对各类与公共关系相关的要素所实施的教育引导与协调沟通以及规划控制等各项职能。

1. 社会交往

旅游公共关系的任务之一就是成功编织组织的"关系网络"，使旅游组织与社会以及公众保持密切、良好的联系，获取公众的理解、信任和支持，使组织始终处于"天时、地利、人和"的环境中。公关人员一般按如下层次逐步与社会进行交往：首先是向交往对象传播他们感兴趣的信息，并通过各种形式的活动联络感情、结交朋友；其次是通过组织实施的行动和公关人员的努力来影响交往对象，使其转变观点、改善态度，成为组织值得信赖的朋友。公关人员可采用的交往方式多种多样，如组织参观、登门拜访，以及举办庆典、联欢会或信息交流会等。例如，荣获广州地铁十大优秀公关案例之"最佳公众沟通奖"的中铁十九局集团广州地铁四号线南延段项目部的公众沟通经验就很值得旅游企业学习借鉴：项目部先后与周边社区、塘坑村、南沙小学、边防派出所、交警中队及南沙团委签订了"阳光地铁，和谐共建"协议书，并开展各种有针对性的系列公关活动；举行"地铁开放日"，邀请村民代表到工地参观；为小学生义务担当交通协管员；投资10万余元制作了《地铁是怎样建成的》动画片，向社区群众播放。这些系列公关活动的深入开展，不仅彰显了央企的社会责任形象，而且密切了企业与公众的关系。（资料由广州市交通技师学院张国立提供）

2. 内外协调

旅游组织取得成功的关键是协调、保持内外环境的平衡与和谐，从而实现沟通信息、消除隔膜、达成共识的目标。"内求团结，外求发展"是公关协调工作的宗旨。

3. 教育引导

旅游公共关系工作的实质就是在公众舆论中雕琢旅游组织的形象，其一切活动都围绕组织和公众的共同利益开展，具有极强的从属性与服务性，仅靠一个公共关系部门或几名专业公关人员是不能完成这个艰巨任务的，必须依赖全体员工的共同努力，达成"对内教育，对外引导"的目标。

第二节 什么是旅游公共关系

一、旅游公共关系的构成要素

公共关系由社会组织、公众和传播三大要素所构成：社会组织在公共关系的三大构成要素中处于主体地位，它具有主导性；公众是公共关系的客体，具有权威性；传播是构成公共关系的中介，它具有效能性。旅游公共关系是指旅游组织（包括旅游行政和行业管理部门、旅游企业、旅游社会团体）以社会公众为对象，以信息沟通为手段，为树立、维护、改善或改变旅游企业或旅游产品的形象，发展旅游企业与社会公众之间良好的关系，营造有利于旅游企业的经营环境而采取的一系列塑造和提升组织形象的措施和活动。

旅游产品具有很强的综合性，它的"生产"需要社会各方的支持和配合，也就需要旅游企业与社会公众有着良好的关系。同时，在旅游市场竞争中，旅游产品所在的旅游目的地整体形象的好坏对于产品的销售将产生很大的影响。另外，旅游公共关系还有助于企业树立良好的法人形象，应对可能发生的不利谣言，增强员工的归属感、自豪感和凝聚力。所以，旅游公共关系对旅游业搞好市场营销、树立良好的社会形象有着重要意义。

（一）旅游公共关系的主体

旅游公共关系的主体，一般是指在公关活动中居主动地位、起主导性作用的旅游组织，主要有旅行社、旅游饭店、旅游交通、旅游风景点、旅游行政管理部门以及旅游行业协会。

作为旅游公共关系活动的行为主体，旅游组织一般均具有如下基本特征：

1. 营利性

从"十五"开始，国内旅游成为越来越显化的基础市场，扩大消费和平衡收支成为政策导向，并通过全域旅游和厕所革命让旅游业在更大的空间发挥作用。有些旅游组织是以营利为目的的，它们通过向旅游消费者提供食、住、行、游、购、娱等产品和相关服务，获得经济效益、社会效益与环境效益，争取可持续发展。营利性会促进旅游组织积极开拓客源，扩大市场占有率，提高利润率，增强旅游组织的综合效益，提升行业整体水平。根据文旅部数据，2019年中国国内旅游收入已达57 251亿元，2020年由于受新冠肺炎疫情影响，中国国内旅游人次及旅游收入大幅下滑，2020年中国国内旅游收入为22 286亿元。国际旅行的暂停为国内消费者提供了重新认识国内旅游的机会，"好物+美景+美食"的各种直播营销成功打造了旅游消费领域的新"国潮"，到2021年国内旅游已经恢复至2019年的六到七成。2022年旅游业已经带着挑战和活力继续前行。

2. 无形性

旅游已逐渐成为人们娱乐生活中不可缺少的一部分，人们除了能享受到旅游过程中的惬意与放松，还能对生活有更多的体味。"吃有肉、住有楼，还有闲钱去旅游"是老百姓对小康社会的朴素想象。在开启中华民族伟大复兴第二个百年梦想的今天，人民的旅游权利意识更加高涨，要有得游，还要游得起；要游得开心，更要玩得放心。人民对美好旅游生活的向往，就是我们的奋斗目标，也是新时期旅游工作的出发点。旅游组织的无形性就是表现在其提供的服务上。旅游组织的显著特点在于，其以提供服务设施、出售服务劳动而盈利，通过服务来销售实物形态的产品并使之增值。因此旅游公共关系要在保证服务质量、塑造形象和全员公关方面多加留意。例如，法国巴黎的里兹大饭店有这样一条制度，凡是到该饭店居住的客人，接待生在帮客人打开车门时，都必须记住客人搭载的出租车车牌号。为什么呢？经理解释：巴黎有14 000辆出租车，如客人有物品遗忘在车上，这是帮助客人找回失物最佳的方法。经理还说，接待生还必须记下客人大件行李的数目，一旦客人短少行李，能很快查出行李是遗失在机场还是在出租车上。凭借这类公关制度，里兹大饭店在顾客中赢得了良好的形象，在激烈的市场竞争中，一直保持很高的入住率。

（1）塑造组织形象。旅游组织形象直接影响旅游产品质量与旅游组织的生命力。要提升旅游组织形象，必须提高组织的知名度和美誉度，必须建立旅游组织文化理念，统一标志，构筑品牌形象，提高服务质量。同时，通过旅游组织建筑外形、内部装饰、员工制服、精神面貌、产品包装等，时时处处彰显组织的经营理念和格调，强化组织对内外公众的感召力。

（2）保证服务质量。衡量旅游产品质量的依据是旅游消费者对服务过程和服务结果的满意程度。旅游公共关系部门要协助旅游组织管理职能部门，做好公共关系服务教育引导工作，设法满足旅游消费者的需求，并争取提供超常规与超值的优质服务。

（3）全员公关管理。全员公关是指旅游组织的全体成员都具有强烈的公共关系意识，能随时从公共关系的角度思考，并自觉要求把日常工作与组织良好形象的塑造紧密联系起来。旅游组织员工的个人形象是组织形象的缩影，其个人的言行和服务质量直接影响到组织在公众心目中的印象。因此，旅游组织必须加强培养全体员工公共关系意识与主人翁责任感，使他们能自觉遵循组织公共关系的原则和要求，实现组织目标,同时,应正确引导并激励全体员工为实现组织的公共关系目标而调节自身的行为,把日常工作与组织形象塑造有机结合。例如,日本东京一家贸易公司的员工枝美小姐,专门负责为客商购买车票。有一位德国公司的商务经理,经常来往于东京与大阪之间,火车票都是枝美小姐购买。不久,这位经理发现,每次去大阪时,座位总在车的左边,返回时,又总是在车的右边。问其故,枝美小姐笑答曰:东京到大阪,富士山在车的左边,返回时在车的右边,外国客人都喜欢看富士山,所以替你买了不同位置的车票。这件小事使这位德国经理大为感动。他想,这些微不足道的小事,公司职工都想得这么周到,跟他们打交道还有什么不放心的呢。于是,他把与这家公司的贸易额提高了3倍。

3. 社会性

中国现在已经成为全球最大的国内和出境旅游市场。"十三五"期间人均出游超过4次,假日旅游成为新民俗,旅游成为小康社会人民对美好生活的刚性需求。为使旅游服务工作畅通无阻,顺利完成,所有旅游组织都必须直接或间接地依靠社会上其他组织(如政府部门、供应商、邮电业等)的积极配合、相互协调,才能为旅游者提供产品和服务。任何一个环节协调不足,都将导致功亏一篑。此外,由于旅游需求的不可替代性,同行业不同类型的旅游组织保持着在竞争中合作的微妙关系。据此,旅游公共关系活动应该积极履行社会交往与内外协调的职能,保证组织在激烈的市场竞争中持续发展壮大。

4. 竞争性

在激烈的市场竞争中,旅游组织所面临的压力是空前的。旅游组织只有通过开展公共关系的沟通宣传工作来积极配合市场营销工作,通过传播与公众沟通、联系,使公众知晓、信任组织,才能引导旅游消费行为,把竞争的压力转化为动力,提高旅游产品质量和服务水平,提高组织经济效益与社会效益。

5. 文化性

文化是一个国家、一个民族的灵魂。文化自信是一个国家、一个民族发展中最基本、最深沉、最持久的力量。向上向善的文化是一个国家、一个民族人民休戚与共、血脉相连的重要纽带。历史和现实都表明,一个抛弃了或者背叛了自己历史文化的民族,不仅不可能发展起来,而且很可能上演一幕幕历史悲剧。文化自信,是更基础、更广泛、更深厚的自信,是更基本、更深沉、更持久的力量。坚定文化自信,是事关国运兴衰、事关文化安全、事关民族精神独立性的大问题。中国旅游研究院戴斌院长在《"十四五"旅游业发展规划》专家解读与推进落实研讨会上指出,共同富裕不能只是物质充裕,还需要更多的文化参与。文化建设和旅游发展都是为了人民的美好生活需要,人民在旅程中领略自然之美和人文之美,提升了文明素质,增强了文化自信。游客越来越愿意到访文博场馆、历史文化名城和休闲街区、红色旅游景点,越来越愿意参与到非遗和民俗活动中。旅游业的经济属性强、市场化程度高,在文化传播、文化创造和文明互鉴的过程中发挥了重要作用。科技和文化从来没有像今天这样全面、系统而深入地推进旅游业的变革、创新和高质量发展。全面建成小康社会以后，旅游在扩大消费、繁荣经济、带动就业等经济社会发展方面仍将扮演关键角色，发挥积极作用。与此同时，我们更要关注旅游业在保障人民的文化权利，促进共同富裕方面的新内涵和新任务。文化创意、科技创新、投资创业正在取代传统的自然、历史和人文资源，成为现代旅游业的新动能。经过四十多年的发展，旅游业的贡献不能只限于消费、就业等经济领域，还要承载促进社会发展和文明提升的责任。旅游业既要推动文化和旅游进一步融合，也要推进文化和旅游相互借鉴，不断彰显旅游的社会属性。旅游业要承担"碳达峰、碳中和"的应尽责任，也要为传统文化创新性传承和创造性转化做出应有的贡献，让广大游客在行程中领略文化之美，增强文化自信。

总的来说，组织公共关系是组织与公众联系的一种客观状态，组织是该状态依存的中心。旅游组织一旦建立，无论是否意识到已存于各方面公众构成的公共关系网络中或是否有计划开展公共关系活动，总要与公众发生联系并相互作用。旅游组织是公共关系活动的实施者，尽管公众的态度与行为对组织的公关决策产生强烈影响，但最终决定权还在于公共关系的主体——各类旅游组织。旅游公共关系只有在更高的层次上推进入境出境旅游市场动态平衡和相互促进，我们才能真正融入世界，并促进全球旅游业的繁荣和可持续发展。旅游业应当在"一带一路"倡议，在亚太经合组织、金砖国家、上海合作组织、亚洲文明对话等多边机制和双边合作中发挥更大的作用，在世界旅游繁荣发展进程中讲好中国故事，贡献中国智慧。

（二）旅游公共关系的客体

旅游公共关系的客体（旅游公共关系的工作对象）——旅游公众，是指与特定的公关主体相互联系、相互作用的个人、群体或组织的总和。旅游公共关系没有旅游公众就不可能存在，不同的旅游公关主体有不同的旅游公众；同一主体在不同时期，公众也会随之不同。

1. 公众的特征

（1）广泛性。由于行业特点，旅游组织的生存和发展都离不开一定的公众环境（旅游组织所必须面对的公众关系和公众舆论的总和），不仅指多样性的群体，而且也指与旅游组织有关的整体环境，涵盖面非常广泛。如，在行业公众群体中有商人、艺术家、教师等；在媒体公众群体中有电视台、广播电台、杂志社等；在社区公众群体中有社团、社区居民等；在内部公众群体中有股东与员工等。公众的广泛性表明：对任何一类公众的忽视，都可能导致整个公众环境的恶化，从而影响旅游组织的生存与发展。

（2）同质性。同质性是指在旅游企业的公众中，由于共同的目的、需求、意向、问题等，使一群人或组织有相同或类似的态度和行为。例如，某饭店由于菜肴质量问题，导致在此进餐的消费者食物中毒，从而使这些本来互不相识的人面临一个共同的问题，即同质性的利益关系。他们共同关心的是饭店对此恶性事件的处理及对个人利益的维护，于是这一事故的受害者便成了该饭店某一时期的特定公众。

（3）层次性。旅游企业公共关系公众的存在形式是多种多样的，既可以是个体（如客人），也可以是群体（如社区居民），还可以是团体或组织（如报社），他们的职业、年龄、需求等均处于不同层次，公众对象的层次性决定了公共关系沟通方式和传播媒介的多样性。例如，前些年可口可乐在巴西市场打造了一次"为手机注满'可乐流量'"的精准营销活动，将目标锁定在新兴市场那些热衷移动设备和免费Wi-Fi的年轻人身上。参与用户拿着手机靠近贩卖机时，手机上会显示注满"可乐流量"的画面，而用户也可获得20M的免费流量。市场专家表示，现在的企业营销早已不仅仅停留于产品叫卖，精准地协助品牌制订和修正针对特定人群的产品、品牌、市场策略成为当下重点。

（4）可变性。社会环境是一个动态可变的系统，处于其中的公众也是不断变化的。一方面，随着旅游组织经营管理、服务产品的变动，公众的层次、数量、范围等会随之发生变化；另一方面，由于公众的价值观念、消费行为、思维方式及社会环境的变化（如"非典"后，公众对养生保健旅游的需求激增），旅游组织必须以发展与动态的眼光洞悉自己的公众对象，及时根据公众环境的变化采取相应的对策。

（5）可导性。公众的动机和态度具有可导性，其意见、观点与行为对旅游组织具有实际的或潜在的影响和制约，甚至决定着旅游企业经营的成败。有鉴于此，旅游公关工作应运用各种公关手段，尽力影响公众舆论与态度，将公众的行为向双方互惠的方向引导，防止不利于旅游组织的公众行为出现。公众的可导性是旅游企业组织与公众形成关系的关键。离开了可导性，公关工作就失去了存在的意义。

总之，在市场经济条件下，旅游组织的生存和发展有赖于政府的支持、相关部门的合作、公众的理解和认同。任何组织都不可能脱离社会而孤立存在，也就不能漠视社会的公众舆论。

美国公共关系学者康菲尔德曾经说过："在所有决策和行为上，均以公众的利益为前提。"旅游组织须具备强烈的公众意识，即能多方关注公众的利益、加强与公众的沟通、了解公众的动机、满足公众的需求，把组织利益、公众利益与社会利益紧密地结合在一起，争取公众的理解、赢得公众的支持，方能得到长期、稳定的发展。旅游行业中"客人永远是对的"的管理服务信条就是强烈的"以人为本"公众意识的体现。

2. 公众分类

（1）根据公众对组织的重要程度，可将公众分为首要公众和次要公众。首要公众，即关系组织生死存亡、决定组织目标成败的公众对象，包括组织员工与主要服务对象（如在长城饭店设宴的美国前总统、在白天鹅宾馆下榻的英国女王等VIP客人），对于这类公众，旅游企业组织必须高度重视。次要公众，一般指对组织生存与发展具一定影响但没有决定性影响的公众。一般而言，该类公众数量多但影响力稍弱，即使在他们那里投入巨大力量，组织收益也不会大。

因此，公共关系的主攻对象应为首要公众。但首要公众和次要公众的划分只是相对的,况且公众的可变性表明两者间存在相互转化关系,因而也要兼顾次要公众。

(2)根据旅游公众对组织的态度,可分为顺意公众、逆意公众和中间公众。顺意公众,是指对旅游组织的政策、行为和产品持认同、赞赏和支持态度的公众,一般来说,与旅游组织长期交往的客户均属顺意公众,他们是组织赖以生存的基本公众;逆意公众,是指对旅游企业组织的政策、行为和产品持反对态度的公众;中间公众,是指对组织的政策、行为和产品持中间态度和观点,或意见不明朗的公众。

旅游公关工作的策略应该是努力维系与顺意公众的关系,保障他们对组织的支持力度;坚持少树敌、多交友,尽量减少逆意公众,使其由敌对转变为友善、支持或中立;同时要努力做好与中间公众的沟通工作,争取他们对组织的理解,引导他们成为顺意公众,防止他们向逆意公众转化。

(3)根据公众对旅游组织的认知程度,可将公众分为临时公众、周期公众及稳定公众。临时公众,是指因旅游组织某一临时因素或专题活动偶尔形成的公众。公关人员一定要主动抓住时机向他们宣传自己,给其留下良好的印象,赢得他们的信任和支持。周期公众,是指按一定规律和周期出现的公众,如广州一年两度的中国出口商品交易会的来宾、旅行社接待的节假日游客等。周期公众的出现是有规律、可预测的,其中的一部分有可能转化为稳定公众。稳定公众,是指与旅游组织有稳定、持久关系的公众,如饭店的常住客、回头客及旅行社的长期合作单位以及组织所在社区的人士等,旅游组织往往对稳定公众采取额外的优惠政策,以加强联系,巩固关系。

(4)根据受旅游组织影响的程度,可将公众分为非公众、潜在公众、知晓公众和行动公众。非公众,是指处在旅游组织工作视野之内,但在一定时空内,与旅游组织不存在任何关联和相互作用的社会群体,此类公众应该暂时排除在公共关系工作对象外,以避免人、财、物与时间成本的无谓消耗。

潜在公众,是指一定时空内,面临由旅游组织行为所引起的潜在共同问题,却没有认识到问题的存在或问题后果的社会群体。由于潜在公众在一定条件下可能与旅游组织发生利害关系,因此公关人员要未雨绸缪,加强预测,做到防患于未然,将问题解决在萌芽状态。

知晓公众,是指那些由潜在公众发展而来的公众,他们认识到旅游企业组织行为及其所引起的问题,并要求对这些问题有较全面的了解但尚未采取行动,如因服务不周到给客人带来不便时,公关人员就应采取积极主动的姿态,及时与客人沟通,满足其知晓心理,以控制舆论局势,防止小道消息的自由扩散,增强客人对组织的信任感。

行动公众,是由知晓公众发展而来的公众,他们不仅意识到问题的存在,而且开始采取行动来解决他们和旅游组织之间存在的问题。此时,旅游公关人员对这类公众产生的压力或动力应予以积极反应,对于负面的行为要迅速采取补救措施,争取消除或淡化不良影响;对于正面的行为应予以鼓励、宣扬与利用,使之产生良性循环。

(5)根据旅游组织所处的内外环境,可将公众分为内部公众和外部公众。内部公众,是指与旅游组织具有最直接、最密切的利益关系的内部成员,如员工与股东,是旅游公共关系工作中最基本、最主要的公众。外部公众,是指与旅游组织密切联系、存在较主要利益关系的社会群体,其主要包括顾客群体、客源机构、社区、新闻媒介机构、政府部门、同行单位等,他们是旅游公共关系的重要目标公众,能否处理好与外部公众间的关系是衡量旅游组织社会形象的重要标准。

二、旅游公共关系的特点

旅游公共关系是一种促进旅游企业与公众良好关系的方式,如通过新闻报道宣传企业,通过参与社会公益活动展示企业奉献社会的良好形象等,旅游公共关系通过第三者发布信息,可信度高,往往有一定情节或趣味性,可接受性强;有效的公关活动有利于赢得公众对旅游企业的好感,建立企业与社会公众的良好关系,对于企业的发展十分有利。尽管旅游公关活动的影响很大,有利于迅速树立被传播对象的良好形象,但旅游公关活动设计的难度也较大,需要充分利用一切机会,并把握好时机,而且旅游公关活动不追求直接的销售效果,其运用受外部条件的限制较多。尤其是,旅游业是一种营利性的服务行业,也是一种具有高度依托性的行业,旅游业公共关系更具有其自身的特点。

(一)服务性

旅游业是服务性行业,其行业性质及产品特点决定了旅游业公共关系工作的基本点是为旅游业创造各具特色的形象服务。服务质量是旅游业的生命,服务质量的高低最终来自消费者的切身感受。因此,为公众服务是旅游业公共关系工作的核心内容和塑造良好形象的基础。例如,圆山大酒店只是北京市旅游局所属涉外三星级饭店,它却在高手如云的北京高星级饭店中,以微笑服务传播形象,树立起自己的品牌。圆山大酒店的300名员工都经过严格的训练,友善亲切的微笑是该酒店最突出的特点,只要你进入酒店,你就会从每个员工亲切的微笑中感受到一种家的温暖。正是因为这个特点,圆山大酒店多次被北京市政府指定为国际重要会议的定点餐饮住宿点,微笑酒店的形象获得入住者的好评。

【案例】

我们的思路人工智能了吗?

人工智能领域取得成功,需要三个先决条件:具备行业知识与经验,建立信任和网络信息安全保障,开展协作、构建生态。从这个意义上来看,文旅酒店行业如果希望能够在数字化方面真正实现突破,在人工智能的研发方面需要具备理论实施与实践经验相结合的专业化人才和团队,而不是目前的技术和业务部分脱节的两张皮现状。例如,一位企业家朋友的微信,反映了她在一家国内中高端酒店集团的服务体验。事情很简单,她是一家国内酒店集团的高端会员,在入住了该集团旗下一家酒店后,发现该酒店的床有些过软,影响睡眠体验,于是想通过该集团的微信小程序的服务反馈功能提出一些合理建议,但对方提供的微信小程序的人工智能助手(如果是真正的人工客服那问题更大)和她之间的反复答非所问的沟通让她极度不爽甚至有些抓狂(见图1-1),最终把一个原本善意的建议演变成了一个对于该集团服务管理水平质疑的抱怨。我想我们先不用讨论过于高大上的技术问题,先思考这样一件小事是否值得我们行业进行反思。

从图中沟通对话中可知,系统设置的自动回复不能满足客户的沟通需要,且沟通的具体问题没有得到解决。因此,企业在利用人工智能回复的时候,要多进行测试,增加用户的体验感。

(资料来源于香港理工大学赵晖博士微信公众号飞人物语)

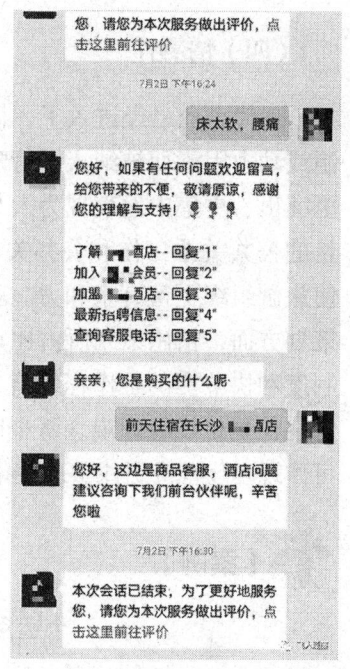

图1-1 客户体验反馈沟通图

(二)营销性

旅游业作为第三产业,经济效益是其追求的基本目标,要实现其经济目标,旅游业必须要在竞争激烈的环境中争取市场、赢得市场。公共关系之所以在旅游业经营管理中广为应用并有强大的生命力,其主要原因之一就是公共关系与其他管理职能特别是和市场营销相结合,有利于旅游业扩大客源市场,从而有利于旅游业经济效益的提高。因此,在实践中,旅游组织常常将公共关系与营销手段加以整合,以利于旅游产品的宣传、促销以及旅游地和旅游企业形象的塑造和推广。

例如,迈巴赫当年曾第一时间借"德国前总理默克尔访华,中国领导人邀请其至黄山旅行"事件借势营销,借助中国"迎客松"的文化深意与迈巴赫品牌创新理念实现融合,彰显目标车主对于显赫社会地位的追求,成为当年全球关注的焦点。

(三)全员性

旅游业服务的无形性使人们在评价服务质量优劣时,依据的是对服务过程和服务结果的满意程度。每一个员工的言行都直接关系到整个旅游服务的质量,关系到旅游企业的形象,因此,旅游业公共关系必须贯穿于旅游业的整个服务过程。旅游业应更加注重树立"全员公关"的公共关系意识,教育和引导员工自觉遵循公共关系的原则和要求:顾客满意就是良好的服务结果,不满意即是质量低劣。所以,创造顾客的满意,是旅游业公共关系的重要内容,而这是绝对不能背离公关工作的全员性的。

（四）情感性

现代企业已经进入了"情感化"的经营时代，即"情感"作为一种重要的激励机制或动力因素而被纳入了管理的过程，成为管理的一种重要方式。旅游业的经营过程更突出、更集中地表现为人与人的直接交往，旅游公共关系作为一种管理职能，在大量的公共关系工作和公共关系活动中比较突出地把"情感"这一重要因素导入其中，使旅游组织更富有亲和力。就世界范围而言，目前在不少大企业，在内部公共关系的策划方面，情感策划所占比重越来越大，很多企业都在尽可能地设法消除严格的管理制度和快节奏的工作程序给人们带来的压抑感和紧张情绪，这种做法所产生的实际效益往往是传统管理观念所难以想象的。倡导公共关系情感策划，其主要的意义在于它可体现当代社会更注重理性化的特点。

【案例】

一个运用情感来进行公共关系活动的典型案例

卡耐基叙述过一个真实案例：有一个油漆推销员为了发展新用户，第一次来到一家油漆大户，想找采购部经理谈谈，劝说他购买自己的产品，可是一连几天登门求见，均被秘书挡驾。推销员实在忍不住就问其原因，原来这个星期六是经理儿子的生日，这两天他正忙着为儿子收集他喜欢的邮票。第二天推销员匆匆赶来求见经理，秘书照样阻拦时，推销员说："我这次并不是推销油漆，而是来送邮票的。"于是秘书放行了。推销员进办公室后，把他收集到的许多珍贵的邮票放在采购部经理面前，使经理欣喜不已，顾不得问明来人身份，便开始与推销员大谈邮票"经"，两个小时很快过去了，当推销员告辞时，那个经理才如梦初醒，问道："对不起，你贵姓，为何事而来？"等他听完推销员简短的介绍后说："好，谢谢你的来访，明天请带上你的合同来见我。"推销员从见经理到离开，没讲过一句要推销产品的话，却做成一大笔生意，争取到了一个新用户。

（资料来源：戴尔·卡耐基.影响力的本质［M］.王隆，译.福州：海峡文艺出版社，2003.）

（五）复杂性

旅游业公共关系的复杂性表现在多个方面。

1. 旅游业公众的广泛性和复杂性

旅游活动不仅涉及面广，参加人数众多，而且已趋经常化，这就决定了旅游公关活动不能局限于某一领域或某一范围，也不能局限于某一时期。旅游客源市场不是单一的，依据国家、民族、地域、政治、经济、文化等不同的角度，可以划分为不同的客源市场类型。旅游组织和外宾、内宾、各种组织和团队以及不同身份、职业、层次的顾客都要打交道,所以,旅游组织的公共关系活动绝不能千篇一律、一概而论,必须区别情况,开展多形式、全方位的综合宣传活动,如各种会议、新闻简报、专栏、音像资料、团体活动、文娱活动等,以达到扩大影响面、提高组织声誉、增加客源的目的。

2. 旅游组织的多元性和复杂性

旅游公共关系的主体是各级各类旅游组织。旅游组织有多种类型,且其功能和隶属关系具有多元性。就中国而言,从级别上划分,旅游组织可分为中央的和地方的,中央的又可分为国家旅游部门直属或各部门所属,地方的则可分为省、市、县各级或各省市的区域性组织;从性质上划分,旅游组织可分为行政机构、事业单位、企业单位、社会团体等;从功能上划分,旅游组织可分为旅行社、饭店、旅游交通、园林景点、旅游商店、旅游行政管理部门、旅游教育单位和科研机构等多种类型。这些类型中,有的是直接、单纯为旅游者服务的组织,有的则同时为不同的对象服务,具有多种功能。

旅游行业同业之间既有竞争,又有合作。开展旅游公共关系活动,分工不同的旅游组织之间就必须加强沟通,注重相互协调配合,树立起旅游行业的整体形象,为实现旅游业自身和公众的利益创造一种最佳环境。

3. 旅游行业与社会其他行业和部门关系的复杂性

旅游是一种包含多种需求的综合性活动,旅游活动的完成,不仅需要旅游组织的经营,而且需要社会其他行业和部门的支持。例如,民航、铁路、商业等行业,直接为旅游者提供了服务;建筑、电力、石化等行业,为满足旅游者的基本需要创造了条件;环保、公安、教育、文化等部门,则在社会范围内为旅游者创造了一个良好的旅游环境。因此,作为旅游公共关系主体的各级各类旅游组织,不仅要加强相互之间的沟通与了解,而且要与社会其他行业和部门加强联系,与上下左右相互沟通,才能促进旅游业的发展。

(六)长远性

塑造旅游业的良好形象、营造旅游业的和谐环境、促进旅游业与社会公众的共同发展是旅游公共关系所要追求的最终目标,这是旅游业组织的一项长期战略,是旅游业公共关系不断努力的方向。实现这一目标需要旅游业各组织、各部门及相关人员克服各种障碍,齐心协力,持之以恒,立足长远。

三、旅游公共关系的作用

旅游公共关系,从通俗层面解释,就是旅游企业主体为了树立自身企业口碑和形象,促进内部凝聚力和外部吸引力,在市场生存的基础上,为自身服务、业务的良好发展而做出的一系列措施和行动。旅游公共关系也是一种企业文化,如何将自身建立的旅游公共关系文化更好地并且潜移默化地融入公众服务，是每一家旅游企业所必须研究和争取解决的问题。在今天旅游业兴旺发展的时期，旅游公共关系已经成为各旅游企业发展的重要力量，也是影响广大消费者评价和选择的重要因素。

随着旅游逐步深入生活，关于旅游的投诉也常见于报端。据最近的一次调查显示，五分之一的受访者对随团旅游表示不满意，不满意的原因主要来自导游和旅行社方面。以下引用曾经影响珠港澳地区的旅游事件，从中发掘公共关系的作用，对其进行分析。

某旅游团游客将导游李××在旅游大巴上谩骂游客的言行暗录下来，回去后将录像传至互联网上，引起社会广泛关注。网友戏称导游为"恶女××"。旅游协会对本案涉及的旅行社和导游进行了查处。该协会认定导游李××违反了《导游作业守则》的相关规定，严重损害了旅游业的形象和声誉，施以暂停导游证六个月的处罚，其后如果再次违反有关规定，将被永久吊销导游证；同时对指派她接待旅行团的D旅行社处以4.75万元罚款。

此类案件其实在实际中并不少见，在旅游行程中，由于旅游地的地域文化和出发地的差异，导游或者市民与游客的冲突频繁出现。上述案件中导游强逼游客购物并且辱骂游客，我们可以从中发现几个问题。

首先，强迫购物问题。旅游目的地购物点购物已经成为当代旅游业的"潜规则"，除了所谓的"纯玩团"，其他各种各样的特价团、低价团都是购物点聚集的行程。从企业利益出发，购物点十分必要，因为低团费就意味着导游的工资难以得到保障，导游只能通过各种购物点的提成来赚取额外收入；从旅游公共关系或者消费者角度出发，这并不利于旅游企业自身的公关服务和良好口碑的形成，消费者的目的都是为了游玩和见识，对于林林总总的"被购物"，只会持反感态度。旅游企业和消费者的这种矛盾相信在日后的很长一段时间依然存在。

其次，导游的素质不高。导游素质是影响企业良好公共关系形成的重要因素。此案例中的导游就是一部分素质不高的导游的缩影，导游的素质是影响企业利益的最主要、最直接的因素，因为如果导游素质低，服务不到家，则消费者就会不买账，进而旅游公司的口碑就会下降，盈利自然下滑。因此，企业自身必须做好导游的素质培养工作，导游作为旅游公共关系的"第一角色"，必须是代表公司形象和利益的。辱骂游客这种已经不在讨论范围之内了，在一些与游客发生的小口角、小矛盾事件中，以及游客与第三方发生的种种意外或者事件中，导游都起着"调节剂"和"缓释剂"的作用，导游的处理方式，时刻影响着游客对其所属公司的印象和评分。只有导游清晰地了解到公共关系在旅游中的作用，其素质才能得到提升，旅游企业的利益才能得以保障。

最后，在旅游业发达的今天，旅行社数不胜数，数量多，往往意味着质量参差不齐。如何把握好和监管好旅行社的发展，成为旅游协会和监督机构的重要任务。这是一个宏观层面的循环问题，监管不力，就产生不合格的旅行公司，进而有不合格的导游和服务，最后导致消费者成为"受害者"，接着各种"差评声音"充斥，令旅行公司利益受损，监督机构受指责。要解决这一恶性循环，必先从源头抓起，严格的旅游准入机制和审查措施，必定能够在旅游公共关系中起到积极作用，使旅游业得到良性的发展。

从旅游公共关系在上述案例中的体现，我们也可以看出旅游公共关系的现实作用：

（1）旅游公共关系是旅游业务推广的良好平台。旅行社可以运用各种活动展览，创造特色服务或优惠，拉近与消费者的距离，从而开拓旅游业务，使自身的产品深入消费者心中。

（2）旅游公共关系是树立企业口碑文化的媒介。如果企业自身始终有着为消费者服务，为大家创造优秀旅游产品的理念，消费者就会潜移默化地在心中形成对该公司的良好印象，有了良好的口碑，客源问题就迎刃而解。

（3）旅游公共关系是旅游业服务素质的体现。旅游从业人员是旅游企业的缩影，其行为时刻影响、代表着其所属的旅行公司，其服务质量就是旅游公共关系的体现，因而要提升旅游从业人员的旅游公共关系能力，使他们树立大局意识，提高公关能力，做到对游客高度负责，服务到家。

（4）旅游公共关系是巩固企业持续经营的基础。经济基础决定上层建筑，有口碑，则得民心；有民心，则得利润。旅游公共关系就是一基础工程，只有具备过硬的服务质量，得到消费者的肯定，旅游企业的经营才能够长久不衰。旅游作为一个服务行业，消费者花钱购买的即旅行社和导游提供的服务。对于旅行社来说，其所提供的服务并非杀鸡取卵的短期利益行为，所带来的回报应是长期收益。

总之，旅游公共关系在当今的旅游业中不可忽视，旅游行业的激烈竞争，更凸显旅游公共关系的重要性，正确把握好旅游公共关系核心作用的旅游企业，才是市场经济竞赛的大赢家。

四、旅游公共关系的职能

公共关系职能是指以优化公众环境、树立组织形象为任务的一种传播沟通职能，即运用各种传播、沟通的手段去影响公众的观点、态度和行为，争取公众舆论的理解和支持，为组织的生存和发展创造良好的社会环境。旅游公共关系的职能是指公共关系对旅游业及其各类组织所担负的职责和所发挥的直接作用。旅游公共关系的职能是多方面的，可以概括为以下几点：

（一）公关调查，搜集资讯

旅游组织的生存和发展离不开客观现实的环境。所以旅游组织必须时刻进行相关方面的调查分析，如质量调查（主要是游客的感受、满意度以及评价）、专题调查（如调查展销会组织者的情况；调查即将建立业务关系的国外客户的财务情况等）、企业情况调查（包括本组织的市场定位、业务进展、人才流动、发展趋势、竞争企业、竞争能力以及所提供的产品等情况）、形象调查（主要是指本旅行社的知名度和美誉度以及与其他旅行社之间的形象差距方面）等。如旅行社应该针对旅游市场（主要了解旅游市场状况、变化及发展趋势等）、客源调查（客源国和地区的经济、历史、社会风尚、习俗、消费习惯，甚至地区带薪假期的长短、出国携带外汇限量规定等）这些方面进行公关调查，搜集有关信息。

再比如，饭店通过一系列调查活动，了解公众对饭店的态度，掌握饭店行业的最新动态等，以此为基础来评议饭店方针、政策和计划的合理性与可行性，研究服务项目变动的可行性，从而为饭店管理者提供完整信息，使其做出科学决策。

另外，一些受周围大环境影响严重的旅游组织，如旅游交通部门，其运营环境变化性强，极易受社会环境的制约，因此，旅游交通公共关系必须不断地监测旅游社会环境的变化、游客密集程度的变化、重大活动与季节的变化、公众旅游兴趣的变化以及有关的政策法令的变化等，并对监测结果进行分析，预测其发展趋势。只有这样，才能适应随时变化的社会环境，不致出现混乱与脱节，搞好旅游交通组织的工作。

旅游公共关系信息搜集的方法有很多，主要有观察法、访谈法、问卷法、普查法、抽样调查法、态度测量法、个案研究法、实验法等，通过这些途径可以获得第一手资料，也可以通过报纸、电视、广播、书刊、文件、网络等渠道获得第二手相关信息。

（二）把握时机，出谋划策

旅游组织公关人员通过收集、分析大量的信息，能适时把握市场机遇，及时为决策层出谋划策、提供方案。公共关系部门和人员向旅游组织领导层和各管理部门提供的咨询建议主要包括组织形象的咨询、产品形象的咨询、市场动态的咨询、公众心理的咨询、公众舆论的咨询等。

【案例】

学生出游市场动态的专项调查

学生最爱去哪里玩？哪里的学生最爱玩？学生最爱怎么玩？……

中国旅游研究院和去哪儿网联合课题组依据专项调查、在线预订和订单数据，盘点了2019年学生游市场的主要热点。学生最爱到哪里玩？数据显示，2019年国内学生游十大热门目的地城市为上海、北京、成都、重庆、昆明、西安、广州、海口、深圳和乌鲁木齐。美食、美景、网红以及影视剧IP是学生群体的主要出游动力，成都的火锅、西安的面食、广州的茶点、北京和上海的热门打卡，无不吸引着学生群体。其中影视剧热播带火了不少网红城市，形成旅游热。如2019年7—9月《长安十二时辰》带火了西安，电影《少年的你》上映时，重庆旅游热度亦快速上涨。

学生游丰富多彩，文化游特色更加突出。学生出境游追求多样化。去哪儿网搜索和预订数据显示，后疫情时代学生的极致之旅：最北去到冰岛的雷克雅未克，地理上非常接近北极圈，是全世界最北的首都；最南去到南美小城乌斯怀亚（Ushuaia），也称世界尽头。除了所谓"极致",目前对于敢玩、爱玩、爱冒险的年轻人而言,潜水运动越来越被接受。排名前十的泰国、马来西亚、美国等出境目的地热门国家,海岛相伴,拥有世界知名的潜水圣地,从"陆地生活"穿入到"海洋生活",潜水则成了学生解压尝试的不二选择。学生旅游文化特征显著。后疫情时代学生游排名前30的国内景点包括故宫、秦始皇陵博物院、拙政园、南京总统府、八达岭长城、圆明园、颐和园等历史和文化景点,还包括迪士尼、长隆、欢乐谷等主题公园,以及成都大熊猫繁育研究基地、海洋世界、植物园等亲近大自然的项目。充分表明,传统旅游六要素"吃住行游购娱"对学生群体的吸引力有限,学生们更愿意去体验鲜明的文化、时尚的主题和健康的生活。

学生出游更愿意与家人共同出游。更注重陪伴,更愿意与家人、伙伴一起分享美好、有品质的生活。调查显示,疫后有33%的同学选择和家人一起出游,与好友结伴出游的比率为28%。

调查显示学生更多选择国内中短程和城市周边游,低价促销活动关注度高。针对疫情后的低价旅行促销活动,调查显示有69%的学生会及时计划旅行,对价格敏感度较高;疫情期间有92.7%的学生关注机票打折情况,其中通过去哪儿网等旅游网站关注机票信息的单项占比为22.1%,通过旅游网站关注为39.7%,通过航空公司网站关注占比30.9%。

(资料来源:中国旅游研究院、去哪儿网联合课题组)

(三)宣传推广,传播形象

旅游组织公关人员必须致力于宣传推广该组织的形象,使其被广大受众所知晓。

如旅行社可以通过公关宣传和灵活多样的促销形式,来进行自身形象的推广,比较常用的是利用大众传播媒体进行公共关系宣传和组织、参加展销会进行群体传播。

饭店可以通过"软形象"的设计,把企业理念、企业文化这种无形的东西通过员工的服务折射出来,展示在公众面前。公关人员在设计"软形象"时,既要考虑公众的期望与心理需求,又要考虑饭店自身的客观条件与优势,从而形成鲜明的组织形象。

例如,广州白天鹅宾馆在建立之初,考虑到大批海外华人侨胞回到家乡的心情,在饭店大堂中设计了宽阔高大的中庭园林,让常年奔流不息的瀑布水帘汇入中心水池,高高的假山石壁上赫然镌刻着"故乡水"三个大红字以突出"思乡"的主题,让无数归国侨胞倍感亲切、心情激荡。同时,该饭店凭"温馨、周到、细致、入微"的服务特色为中外宾客创造了像回家一样的感受,"宾客之家"的形象油然而生。广州长隆旅游度假区将满足游客"巅峰游乐、亲近动物、品味吃住、时尚运动、合家赏乐"的多元化旅游度假需求,作为倾力打造一站式旅游休闲度假区公共关系形象的切入点,集乘骑游乐、特技剧场、巡游表演、生态休闲、特色餐饮、主题商店、综合服务于一身,让具有国际先进技术和管理水平的超大型世界顶尖主题游乐度假区的企业形象深入人心。

厦门悦华酒店是厦门第一家五星级饭店，也是福建省第一批五星级饭店之一。该酒店每年都接待大量会议和重要客人，管理和服务都比较细腻到位。由于厦门离台湾地区比较近，客房里给客人提供了一些台湾产的水果莲雾和火龙果。这些水果平时客人吃得比较少，也了解得不太多，因此饭店在上水果的同时，旁边还附了一张水果说明书，注明该水果的营养成分及有关功效，以帮助客人更好、更深入地了解饭店提供的产品，让客人在品尝饭店美味产品的同时，也增长对该产品相关知识的了解，更增加了饭店的美誉度，可谓一举两得！这也是饭店公共关系传播亲民形象的用心体现。

【案例】

一项利民利己的宣传推广，传播形象良举

据《中国商业电讯》消息，近日，某民族企业捐建的"大地之爱——母亲水窖"首批工程奠基仪式在革命圣地延安举行，某民族企业将在一年内通过义卖捐出不少于100万元的款项，在陕西、四川、云南、河北四省修建1000余眼水窖，改善中西部地区的用水条件。

在我国西北部分地区，人、畜用水几乎全靠蓄积雨水，人们在地下修建的蓄积雨水的容器被称为水窖。因无足够的资金对这种水窖内部进行混凝土硬化，会很快出现渗漏。为帮助当地群众特别是妇女迅速摆脱因严重缺水带来的贫困，中国妇女发展基金会实施"大地之爱——母亲水窖"工程，向社会募集善款捐建混凝土构造的水窖。

某民族企业作为中国名牌、国内著名环保品牌，20余年来始终如一地关注、关爱社会公益事业，先后多次向教育、环保等爱心工程及赈灾救助贫困民众等社会公益事业捐款捐物共计5000多万元，不断回报广大消费者和民众对自身品牌的厚爱。在得知中国妇女发展基金会正在为西部修建水窖募捐后，该企业决定一年内捐出100万元爱心善款，为此，企业发起了爱心义卖活动，只要购买该企业指定产品，该企业就将以客户名义捐出10元人民币，用于为缺水地区修建水窖。

企业存在于社会中，其生命更维系于社会，一个不懂得主动回馈社会的企业是不可能拥有长久生命力的。很多国际品牌企业是如此，诸多国内优秀企业也不例外，而今该民族企业本着对西北人民生活的真心关爱，为改变西北百姓缺水状况助力，此心可敬，此情可亲，不愧是一项利国利民利己的宣传推广，实为传播形象良举。（资料来源于大河报，有改写）

（四）处理危机，纠正形象

在各类旅游活动中，难免会发生意外事件或投诉，不仅给旅游组织带来直接的经济损失,而且对旅游组织的形象和声誉都会带来极大的损害。公共关系人员应协助有关部门及时、得当、公正地处理意外事件,做好信息处理、传播和沟通协调工作,总结教训、归纳问题,尽量消除危机的负面影响,扭转公众态度,矫正企业形象,争取变不利为有利。

美国一位饭店总经理说:"顾客肯上门来投诉,其实对企业而言实在是一次难得的纠正错误的好机会。"许多顾客,尤其是男性客人,每逢遭遇不良服务时,因怕麻烦或不好意思而放弃投诉,但企业的坏名声、坏印象却印在他们的脑海里。

【案例】

"蟑螂"越长越大

××居是广州的一个老字号旅游企业。有几位顾客在××居就餐当中,在喝汤时,竟然发现汤中有一只蟑螂。酒楼碰见这种情况,一般的补救措施是撤下这碗汤,再换成别的菜品,或者是把这一桌酒席打个折。但是这几位顾客不同意这种常见的处理方式,他们要求酒楼赔偿其交通费、精神损失费、医疗费等。在争执中,楼面经理口不择言,不慎说出了"蟑螂是中药,那么蟑螂汤也就没有什么危害,同时,汤都是高温煲出来的,也不会有细菌"等话,勃然大怒的顾客于是迅速抱起这碗蟑螂汤来到《羊城晚报》。由于××居的领导一直没有高度重视此事,甚至其办公室主任对采访的记者也态度粗暴,终于使"蟑螂汤事件"一发不可收拾。这本来并不是一个多么难以处理的问题,甚至在这个过程中,顾客与报社给××居提供了两次台阶,但遗憾的是他们选择了放弃,而终于使这只"蟑螂"越长越大,仅在《羊城晚报》的头版就"趴"了一个礼拜,最终使××居停业整顿。

旅游消费心理学研究表明,在实际工作中对有抱怨的顾客,只要在心理上给这样的顾客一种如愿以偿的感觉,并尽量在少受损失的前提下满足他们物质上的诉求,使他们尽量满意而归,那么企业将受益无穷:因为他们中有的会给你做义务正能量广告。实际上投诉是一个信号,它可以使我们发现自身管理的缺点和不足,给我们及时处理、尽力补偿、挽回影响的机会,也可成为我们据以改进工作的动力。从积极的心理学角度来讲,及时有效地处理好顾客的投诉,有积极的作用:(1)从顾客的意见中可以看到顾客对我们的服务质量的评价。(2)服务问题的暴露会使有问题的人和事无法继续隐匿。(3)可及时改善服务并避免更多类似问题的发生。(4)扭转顾客对酒店的不良印象,进一步维护和宣传公司的良好形象。(5)增进与顾客的沟通,加强对服务质量的控制。(资料来源于《羊城晚报》,有删改)

(五)协调关系,增进协作

旅游行业是一个复杂的体系,各旅游组织之间关系紧密、不可分割。因此,公关人员要注意在组织内外部发挥平衡、协调的作用。

如我国规模较大的国际旅行社都有庞大的体系，下设分支社，员工人数多，各旅行社之间、旅行社的体系内部以及相关行业之间的顺利沟通协作显得尤其重要。因此，旅行社公关人员应设法协调沟通、解决矛盾、增强协作，增进旅行社界的整体力量。

比如饭店公共关系要在组织与公众间建立起深厚的友谊，强化公众对饭店的认识、了解及认可；饭店公关部门还要了解和熟悉新闻媒介，与其保持密切联系，及时向其公布饭店发生的种种重要情况，利用新闻媒介传播出去，借此提高组织的知名度。

作为社会的一个构成部分，饭店还应积极参加社会公益活动，支持社会公益事业，以此来赢得优异的社会形象。例如，天津喜来登饭店向福利院儿童捐款的公共关系活动，获得了社会舆论的普遍好评。

另外，饭店还应注意与同行业建立起既竞争又合作的伙伴关系，共同提升服务水平、管理水平以及行业水准，必要时彼此间相互支援，共同扶持行业的健康发展。

第三节　互联网时代旅游公共关系发展的新趋势

习近平总书记在网络安全和信息化工作座谈会上发表讲话，强调按照创新、协调、绿色、开放、共享的发展理念推动我国经济社会发展，是当前和今后一个时期我国发展的总要求和大趋势，我国网信事业发展要适应这个大趋势，在践行新发展理念上先行一步；推动我国网信事业发展，让互联网更好造福人民。习近平总书记指出："我国有7亿网民，这是一个了不起的数字，也是一个了不起的成就。""我国经济发展进入新常态，新常态要有新动力，互联网在这方面可以大有作为。""着力推动互联网和实体经济深度融合发展，以信息流带动技术流、资金流、人才流、物资流，促进资源配置优化，促进全要素生产率提升，为推动创新发展、转变经济发展方式、调整经济结构发挥积极作用。"

历史上每一次媒介技术的革新都被公共关系所利用，并促进了公共关系的发展。19世纪中期在美国兴起的报刊宣传运动被认为是现代公共关系的发端。后来广播、电视等的发展都极大地影响着公共关系的发展。随着技术的进步，像手机、电视、互动电视，特别是互联网等新媒体出现了，互联网已经成为信息传播的主要途径。由于其成本低廉，传播迅速，已经成为人们获取信息的主要渠道。如今，旅游公共关系的媒体已从传统媒体时代进入互联网时代。

一、旅游公关的媒体已进入互联网时代

如何有效地利用互联网的传播力，塑造旅游公关传播主体良好的形象，实现旅游企业利益，有效预防网络的公关危机，已经成为旅游企业必须面对的一个重要话题。

例如，广东省文化和旅游厅在海外互联网媒体平台开展广东旅游形象营销推广活动，通过 Twitter（推特）、Facebook（脸书）、Instagram（图片共享应用）、YouTube（视频网站）等社交媒体以及 Google（谷歌）、TripAdvisor（猫途鹰）等搜索引擎、旅游社区网站，吸引更多的外国人到广东旅游观光。广东还在美国硅谷开展为期一周的"广东硅谷文化周"活动；同时还与几大海外互联网公司合作举办一场"高端旅游+互联网"论坛活动。

在传统媒体条件下，旅游企业出现了负面报道，旅游公关从业人员有比较充裕的时间去澄清基本事实，进行公关应对。而在互联网时代，旅游企业的一个负面报道会在非常短的时间内呈现在互联网的各个角落，从而使得旅游公关人员的应对时间被极大压缩，旅游公关工作也面临极大的挑战。

在互联网时代，旅游公关人员面对的媒体日益增多，尤其需要随时追踪新的技术、动态和关注点。例如一开始网民可能会在若干的门户聚集，后来网民的兴趣分散了，可能会在一些大型的论坛聚集，而现在的网民则可能出现在一些社区，比如 51 网、人人网，或者是一些更加新型的 web2.0 社区空间。而旅游公关人员如果想要针对受众进行定向传播，就必须研究网络受众的行动规律，从而找到传播的规律。

传统媒体与网络媒体的互动对旅游公关从业人员的素质、技能提出更高的要求。在以往，传统媒体记者的新闻来源比较有限，而现在他们往往会从网上很方便地找到企业的某个负面或者热点话题，接着开始深度报道。网络编辑则会将传统媒体记者的深度报道在网络上进一步转载，使事态不断升级，进而影响到更多地域的平面媒体和网络媒体的关注。这样网络媒体与传统媒体的互动轨迹就很清晰了：①传统媒体从网络新闻、论坛或是其他地方寻找相关负面信息然后开始报道；②网络媒体跟进报道；③传统媒体根据网络最新报道及时跟进，循环往复。传统媒体和网络媒体互动后危机会明显扩大。此外，公关从业人员需要协调的各方力量趋于多元与复杂，要应对的舆论压力也会很大。现在消费者也可以把自己的意见发到论坛上，使自身的利益需要得到尊重和满足。另外，一些传统媒体的记者也会就某个厂商的负面话题建专题网站，然后将专题链接在记者群中扩散，引起舆论热点。这就给公关人员带来新的挑战。

在互联网时代，新技术和新应用层出不穷。旅游公关人员必须随时予以关注，否则将被时代很快淘汰。正如时代不能同情一个不会电脑打字、不会在手机内书写短信的人一样，互联网时代也不会原谅一个对 Google Trend（谷歌趋势，是 Google 推出的一款基于搜索日志分析的应用产品，它通过分析 Google 全球数十亿计的搜索结果，告诉用户某一搜索关键词各个时期下在 Google 被搜索的频率和相关统计数据）和最热门在线游戏一无所知的旅游公关人员。

互联网把旅游企业的公关活动带到了一个虚拟的平台上，在这个平台上，旅游企业的公关行为不再受时间或地域的局限。传统的报纸或杂志需要每天或每月才发行一次，而通过互联网企业可以全天 24 小时随时公布企业新闻。传统的媒体会受到媒体发行区域的局限，而全世界连接到因特网的用户都可能通过访问该网络媒体得到企业的信息。

互联网技术使得旅游企业与客户、媒体与受众之间的即时互动成为可能。旅游企业可通过网上公关活动的开展，与受众进行实时的互动交流，向受众传递企业的信息，收集用户对旅游企业的评价与反馈。互联网为旅游企业公关提供了多种多样的公关渠道与形式。互联网的即时性、娱乐性、个性化和互动性等特点，将大大增强旅游企业公关的效果。

网络公关更加人性化，受众的目的性更强。依赖传统的媒体，总是会造成过于单向的传播，受众处于被动接收信息的地位，而网络的平台，向受众提供了主动选择和接收信息的机会，从某种程度上说，网络更是大众的媒体，受众对于旅游企业公关信息的选择与公关活动的参与具有更强的主动性和目的性。

二、互联网时代旅游公共关系的新特点

互联网时代旅游经济的形式已渐渐从需求性经济转化为体验式经济，相应地，旅游公共关系也呈现出新的特点。

（一）互联网时代旅游公共关系需要新鲜感

虽然说，新鲜感不等于市场，但不代表旅游公共关系不需要新鲜感。建立品牌的前提是让品牌受到关注，显然具有新鲜感的事物，是最容易被关注的。例如，在"海底捞"餐厅等候的顾客，可以免费做美甲，可以享受超出一般的服务，这本身就是一件非常有新鲜感的事，同样也促进了受众的关注。例如，5G已经领跑在世界的前沿，全球5G专利获得最多的就是中国的华为，在互联网的时代，国内的不少企业也都拔地而起，成为互联网企业的巨头。2020年我国北斗三号全球卫星导航系统最后一颗组网卫星在西昌卫星发射中心成功发射，意味着我国在军事上、民用上可以独立使用卫星导航系统了。旅游品牌的核心诉求是什么，新鲜感就围绕什么，否则一切也就是花边新闻。如盲盒的营销，在新冠肺炎疫情常态化背景下，盲盒成为文旅营销模式创新市场方向的一个细分新领域，出现了文创盲盒、机票盲盒、酒店盲盒、微度假盲盒以及其他的细分领域盲盒等，盲盒的低门槛特性和有趣的玩法吸引了新一代的消费群体，同时，智能化元素、科技化元素不断渗透到文旅的设备领域，增加了互联网时代旅游公共关系的新鲜感。

（二）旅游公共关系更需要体验

如何正确理解体验？"体验"有三层意思：一是指亲身经历，实地领会；二是指通过亲身实践所获得的经验；三是指考察。体验是感觉记忆，是由许多同样的记忆在一起形成的经验（古希腊哲学家亚里士多德）。在心理学领域，体验被定义为一种情绪。在商业领域，体验则是一种经济手段。体验的独特之处在于它是可回忆的，它让我们感受到了快乐、感动、幸福、温馨、痛苦，但无论是哪一种，在感受到的瞬间，我们

都获得了独特的体验。从商业的角度，"体验"有六个维度：第一个维度，体验是企业的战略行为。第二个维度，体验即品牌。第三个维度，数字化技术助力体验更好地落地。第四个维度，好体验是设计出来的。第五个维度，体验是系统工程，也是一把手工程。第六个维度，体验需要企业持续地创新。围绕第四个维度，顾客体验可分为：三个层次，分别是需求满足、容易性和心情愉悦；四个要素，即人、流程、技术、一致性。围绕这三个层次和四个要素展开针对性的设计即能够给顾客带来好的体验。

如何通过基于体验的思维逻辑去洞察消费者需求的新变化？马斯洛是美国著名的社会心理学家、第三代心理学的开创者，他认为，人的需要是由五个等级构成，依次是生理的需要、安全的需要、归属与爱的需要（感情需要）、尊重的需要、自我实现的需要。这五种需要可以分为高低两级，其中生理需要、安全需要和感情需要都属于低级的需要，而尊重需要和自我实现需要是高级需要。同一时期，一个人可能有几种需要，但每一时期总有一种需要占支配地位，对行为起决定作用。从消费者需求及行为变化的整体趋势的维度出发，主要有三个变化：第一个变化，消费者的需求正在从生理层面逐渐向精神层面转变。第二个变化是行为方面的变化，"在线化""碎片化""宅"在家成为很多人生活和消费的常态，移动互联网让消费变得更加容易和便捷，在线消费逐渐成为人们的生活方式。第三个变化，兴趣驱动，社交引领。

从90后消费者的需求及行为的变化特征维度出发，具体体验有以下几个方面：一是追求个性和独立的人格，"你可以指点我的生活，但不能对我的生活指指点点"是他们的基本价值理念；二是90后消费时更追求品质，即使一个人也要享受品质；三是90后对互联网接受程度非常高且是主要的网络活跃人群。

从消费者需求及行为的新变化维度出发，与以往相比变化在于，今天的消费者外出就餐不仅仅是为吃饱肚子，更多的是体验美好生活的需要、社交的需要，他们尤其需要更好的食材、更好的环境、更好的服务品质、更便利的方式。这些需求本质上是对美好体验的追求。

因此，我们旅游公共关系工作人员必须改变思维方式，运用基于体验的思维逻辑去构建全新的运营模型，这样才能迎合消费者需求及行为的新变化，立于不败之地。

因此，互联网时代的旅游公共关系，应该考虑的是，将别人的体验传递出去，变成可以感知的自我体验。例如，连续几年的"双11"，相比于2020年双11的成交额4982亿元，2019年的2684亿元，2018年的2135亿元，2021年天猫、京东总销售额再创新高，超8894亿元。与此同时，直播电商的快速发展为"双11"期间电商销售额的高速增长也贡献了较大力量。而很多人即便没有购买东西，心中的认知也同样是"双11"买东西便宜。这就是一个很好的将别人的体验转化为自我的体验的公关，淘宝也由此创造了电商的传奇，"双11"也成功建立品牌认知。又如，熊猫不走蛋糕店，送蛋糕的工作人员会装扮成熊猫的模样，给你唱歌、跳舞、做游戏。正是这个独特的场景设计，让"熊猫不走蛋糕"获得了众多顾客的喜爱。顾客购买蛋糕不是单从蛋糕产品本身出发，熊猫不走蛋糕店的蛋糕并不比其他品牌更独特，顾客更喜欢的是装扮成熊猫模样的工作人员唱歌、跳舞、做游戏的场景，以及在这个场景下顾客自己惊喜、快乐的心情。互联网时代的体验式公关，自媒体必不可少。当每个人都是媒体的时候，传播变得更简单。自媒体传播的内容通常也很简单。公关应对自媒体的原则就是简单。体验需要产品。美国最新营销专著《定位》一书中说，认知比产品更重要。但是，受众最终体验的往往就是产品。哪怕旅游公共关系势能再大，旅游产品一塌糊涂，最终旅游公共关系效果只会适得其反。反之，回归旅游产品体验的公关，结果却能事半功倍。例如，广东饮食品牌"壹号土猪"，所有公关都是围绕着其产品核心"土猪肉"，从而形成消费者可感知的体验，如此不仅成功建立了品牌认知，市场也越做越大。互联网时代的旅游公共关系：体验为重。

（三）如何设计旅游企业的场景体验？

2021年国庆节，长沙海信广场的"超级文和友"餐厅取号超过2万个，单天最多接待1.2万人。"超级文和友"不仅是外地游客到长沙的打卡地，而且吸引很多明星纷纷到此打卡。平日里这里也是天天排队。"超级文和友"的成功在于打造了一个独特的场景，这个场景就是"20世纪80年代的老长沙社区"，在总计7层楼、2万平方米的空间内，"超级文和友"还原了一个20世纪80年代的老长沙社区。"超级文和友"的复古设计让那些年岁记忆中已经消失的老街鲜活起来，整体空间环境承载了人们20世纪80年代的真切体验与情感，消费者从时代文化中获得体验与感知。设计体验就是解读人们的心态、行为、情感和欲望，并将其转化为实用的解决方案，从而将人们联系在一起，并给他们的生活带去积极的影响。

如何才能设计好独特的场景体验呢？第一步，设计场景体验的主题；第二步，从顾客的角度出发，寻找顾客与行业相关的痛点，提供场景解决方案；第三步，基于场景体验主题，打造与众不同的五觉体验，给顾客独特的生理感受，进而引发精神层面的感受。

具体来说就是要打造独特的五觉体验。例如旅游餐饮的顾客体验，就是顾客在餐厅消费过程中的亲身经历与体会，是对餐厅的场景、菜品、服务的综合感受，以及在此基础上形成的某种记忆。餐饮的顾客体验分为四个维度：场景体验、菜品体验、服务体验和数字化体验。场景体验：场，是时间和空间，餐厅就是场。景，是情景和互动。顾客的情感需求就是景。场景体验，是顾客在特定场景下获得的生理和心理的综合感受，生理感受主要指的是"五觉"感受，分别是味觉、视觉、听觉、嗅觉、触觉五个方面的感受。菜品体验：主要就是顾客味觉方面的体验。菜品体验是一切的基础，如果菜品不好吃，顾客也就不会再选择上门了。服务体验：指的是顾客针对门店所提供的服务的综合感受，包括进店前、进店中和离店后三个环节。数字化体验：一方面，是餐厅借助各类数字化工具给顾客带来高效、便捷的体验；另一方面，是餐饮企业借助各类信息化工具和顾客实现更多场景下的连接，加深品牌与顾客之间的互动。

除了针对顾客的体验设计，还需要做好旅游企业员工的体验设计。旅游企业一线服务人员的精神面貌、工作状态以及工作技能会直接影响到顾客体验的好坏。员工体验，是员工在企业中的所有感受，和顾客体验一样，员工体验也不是某一个单一点上的体验，而是贯穿于员工从入职到离开企业的整个过程。

三、互联网+旅游行业发展的新趋势

中国旅游研究院院长戴斌教授表示，从产业层面来看，旅游业的市场主体在创业创新的驱动下，越来越多元化，旅游已经成为"大众创业、万众创新"最为活跃的领域之一。随着GDP（国内生产总值）提升带来的消费升级，旅游也越来越成为人们必备的生活方式之一。广东省政府针对互联网+旅游，出台对策：加快建设智慧旅游城市、智慧旅游乡村、智慧旅游景区、智慧旅游企业，建成省级智慧旅游公共服务网络平台，提升旅游管理、服务和营销能力；发展在线度假租赁、旅游网络购物、在线旅游租车平台等互联网旅游新业态，开展旅游宣传推广、智能导游、电子讲解、在线预订、旅游信息推送、咨询投诉等服务；建设全省旅游大数据平台，逐步推动旅游信息向各级旅游行政管理部门、旅游企业及电子商务平台开放；开发推广基于移动互联网的旅游APP（应用），为游客提供个性化、互动式旅游服务。

互联网+旅游业说到底就是运用网络实现产品延伸，延伸可在行业内，也可以跨界，这是资源的整合，是当下和未来的探索新课题。互联网改变了人们的生活方式，给旅游业也带来了巨大的革命：旅游业实体企业大量亏损，而OTA企业利益丰厚。网络订房快捷、便利。客源范围扩大至五湖四海。但是酒店管理上稍有不慎，网上差评也可以使企业美誉度受损，加上目前网络管理还存在不足，"水军"可以利用网络颠倒是非，混淆黑白。酒店处于被动状态。OTA居高不下的佣金增加了酒店的负担。加之近年来抖音等自媒体软件的兴起，各种内容创作发布者良莠不齐，更加剧了酒店网络管理的难度。

互联网+旅游行业今后发展的十大新趋势，对旅游公共关系的发展的影响值得研究。

（一）非标准住宿将引爆生活新消费，成为旅游经济新触点

吃与住是决定旅行质量最关键的因素，当下越来越多的旅游爱好者期望能够在旅行中体验到当地的风土人情。随之国内逐渐掀起一股以短租界鼻祖Airbnb为模板的非标准住宿平台创业潮。如以小猪短租、蚂蚁短租、大鱼、度假客、住百家、自在客等为代表的垂直类非标准住宿平台，同时更有不少OTA巨头的布局，例如驴妈妈旗下度假酒店品牌"帐篷客"，去哪儿推出的酒店住宿平台"去呼呼"。而国内三大经济型连锁酒店集团华住、如家、铂涛也已开始做自己的长租公寓"城家""逗号""窝趣"。非标准住宿将迎来一个黄金发展期。在住宿领域，民宿集群成为重要的创新载体。民宿承载了很多品牌，更凝聚了民宿业主们的独特情怀，除了是一种资本的投入，更多地承载了一种人文情怀的切入感。伴随着新的消费群体的出现，具有社交性、高颜值、

品质性的新兴旅游住宿设施，这两年也获得了不少的市场空间。特别是民宿的情怀打造，健康休闲领域里面的情绪化介入，还包括品质性的房车营地以及以打造精致露营为产品发展方向的新兴领域，都获得了市场较好的回报。

（二）度假市场成为兵家必争地，OTA巨头加速布局催生新并购

度假旅游产品是消费者旅游体验的核心部分，同交通、住宿产品相比，其产品的细分品类和组合方式更加多样，市场和目的地端的落地服务都是在线度假旅游市场未来发展的主要机会点。携程加速布局在线度假领域，对于一直深耕在此领域的途牛、同程甚至驴妈妈等企业无疑造成威胁，同时也将对在线度假垂直类平台带来挑战，在线度假市场稳步上升，甚至催生更多的并购。

（三）旅游业抱团取暖成趋势，进军国际市场打造国际新企业

随着去哪儿和携程的联姻，掌握绝大多数酒店资源的携程无疑会造成垄断。但携程一贯以来对酒店业的高压政策无疑倒逼着酒店业抱团取暖。酒店行业自建平台后可以以较低成本为成员酒店输送客源，并稳定现有直销客户，减少对OTA的依赖。除此之外，酒店行业也不断上演并购潮，锦江收购了铂涛，万豪收购了喜达屋，不少业内人士认为随着携程去哪儿的"联姻"将使国内旅游行业产生千亿市值的公司。与此同时，中国互联网的并购会越来越多，国内即将迎来产生国际性大公司的机会。

（四）自由行使行程规划类个性定制平台产生新变化

移动互联网的到来改变了传统旅游行业的效率，技术的驱动能够让旅行中的行程规划变成一件简单而有趣的事情。2015年中国出境游的总人次达到了1.2亿人，其中70%的人选择了自助游方式，近年来增长迅猛的市场规模无疑将会促成行程规划类定制平台的创业大潮，相信会有更多的创业者以及资本方踏入这一市场。

（五）旅游跨界玩法或成企业寻求利益的新捷径

文化、旅游、科技和互联网平台的深度融合已经成为现实，以内容为驱动，打造更强的体验性、互动性，形成更长的产业链，成为文旅跨界融合领域里面的新态势，文旅数字化技术的新引领。这种数字化技术包括体感技术、装置技术、增强现实和虚拟现实等，对文旅产业的业态、商业模式创新和产品创新都带来了重大影响。如何建设以内容体验和衍生品开发为主要特色的文旅综合体，以及利用互联网平台和数字技术开展文旅营销服务，已经是摆在我们面前的现实。旅游平台跨界玩法无疑成为OTA企业创新的新潮流，在跨界金融方面，目前市场上旅游金融类产品呈多元化，像携程的"携程宝"、去哪儿推出的"拿去花"、驴妈妈曾推出"小驴分期"、途牛的"首付分发"和"途牛宝"等。在国家政策大力支持互联网金融发展的前提下，旅游业跨界金融无疑将成为旅游企业寻求创新的一种方式。还有新潮经济元素和文旅产品的互动，

比如国风国潮的打卡、盲盒的潮玩、宠物旅游等。还有生态经济、颜值经济等一批新潮的文旅经济业态。这些新潮元素在跟文旅产业进行互动的过程中，为目的地产品创新提供了新鲜的血液，也为整个文旅行业的创新提供了一种很好的思维路径。文旅行业，已经摆脱传统的资源依托型的既定发展架构，朝着文化、科技、人文、新技术与新渠道共同为旅游产品的创新贡献力量的集合经济新时代发展。在跨界产品的融入方面，至少在中国的文旅行业领域里，得到了更多的探索，也实现了较好的市场价值。文旅场景的创新，各种沉浸式活动，让旅游消费者进入特定的场景中，从主题巡展、沉浸式密室，再到情境式演绎、戏剧演出、VR的主题乐园等，在疫情常态化背景下，呈现出了较好的市场价值。文旅企业引入像元宇宙这样的概念，在跨界元素和文旅IP元素上找到某个切入点，都是很好的创新路径。

（六）旅游行业细分市场亲子游、周边游、邮轮游、微度假新升级

亲子游——全面放开一对夫妇可生育两个孩子的政策，催热了亲子游领域，各大旅游企业都纷纷重点布局亲子游市场。目前包括携程、途牛等平台在内的OTA企业的布局已经收到良好效益。与此同时，亲子游领域滋生一批垂直类平台，像麦淘亲子游、偶们、童玩儿、三只熊、童游、童子军户外网、多宝、宝贝走天下等。随着三孩政策的放开，再加上目前一些亲子类综艺节目的热播以及OTA巨头的加速布局，相信近年亲子游领域将再次火爆升级。

周边游——携程旅行网成立周边游事业部，未来将与其他相关事业部高效配合，完成携程周边游场景的建立；而同程旅游周边自由行事业部希望业务由"酒店＋景区"业务向"酒店＋X"业务延伸，构建一站式周边自由行产品线体系。此外，滴滴出行旗下的滴滴巴士已悄悄开通50条左右的旅游专线，同时随着美团和大众点评的合并，对于拥有庞大的用户量以及价格优势的新"美大"而言，未来无疑会对周边游、短途游等价格敏感型业务加速布局。除此之外，一些垂直类平台要出发、周末去哪玩、一块去旅行等也纷纷获得资本市场的认可。周边游产品在旅游领域中作为低价高频次的旅游产品，相对于游客而言更有忠诚度，未来将得到爆发。

邮轮游——中国邮轮作为新兴产业起步较晚，相对已经发展了几十年的欧美发达国家，国内邮轮市场增速惊人。中国交通运输协会邮轮游艇分会提供的2015年数据显示，中国游客乘坐邮轮出境游突破百万人次，已经占亚洲邮轮市场总量的40%以上，中国已经跃升为全球第八大邮轮旅游客源国，并成为全球邮轮旅游发展最快的新兴市场。中国邮轮旅游将迎来大发展的"黄金期"。

微度假——精致度假的兴起。近几年来，城市周边的微度假，或者叫作精致度假，已经开始崛起，而且正成为现代都市旅游的一种新常态，特别是在珠三角、长三角这样的发达地区。市场端已经涌现出一批包括主题营地、微度假民宿在内的一批较高质量的产品，并且开始获得市场的认可。

（七）传统旅游积极拥抱线上，线上线下新融合

旅游产业线上与线下企业渗透与融合加剧，不少互联网旅游企业加速落地，与此同时不少传统的旅行社巨头也在积极拥抱线上。目前来看，旅游产业线上线下加速融合可分为三种模式：线下资源+线上平台；综合资源+线上平台；线上渠道+线下渠道。互联网旅游经历了市场发酵后迎来了大爆发，随着去哪儿和携程的"联姻"，在线旅游行业提前终结斗争，上下游加速整合、抱团取暖，未来旅游企业线上线下的双向互动及融合将成为必然趋势。在创新驱动领域，包括在消费发展方面，新中产、新圈层、新青年，包括Z世代、她经济等消费群体不断崛起；在营销领域，抖音、小红书等新媒体传播渠道成为新的消费体验；新消费元素在文旅产业的新场景、新模式、新文化和新营销中不断涌现。创新驱动领域的技术进步，共同推动了文旅生态的新发展，它涵盖了产品端、技术端、营销端、人工智能，还推动文旅产品的场景性、沉浸性和虚拟性进一步增强。

（八）旅游B2B领域继续迅猛发展，或将产生新巨头

旅游B2B领域能在短时间内火爆主要基于两方面原因：一是受美国市场影响；二是基于国家政策创造的大好环境。旅游B2B平台可以有效解决行业信息集中度低、业务半径小、管理落后的问题，这是旅游B2B平台勃发的第一个环境背景原因。促使旅游B2B勃发的另一个时代背景原因是旅行社面临着业务的散客化、个性化趋势。线下旅行社希望从线上得到丰富的产品，而线上的企业也希望把他们的产品导入线下销售，这种愿望释放出对同业B2B的需求。在资本市场的推动下，旅游B2B迅猛发展，或将有巨头产生。旅游未来发展模式只有两种：一是往上升，如云端、大数据、大平台；二是往下沉，如深度O2O，根扎得很深，抢占资源端。旅游会在移动互联网时代形成新的三级：以机票酒店标准产品为核心业务以其他为补充的平台型企业，以休闲非标产品为核心业务以其他酒店机票为补充的平台型企业，往资源端下沉的占据线下终端资源的深度O2O企业。

无论是O2O还是互联网+，旅游产业进行互联网升级必然是大势所趋。对于旅游创业者而言其关键都在于踏实做好产品，服务好用户，致力于运用互联网提升旅游产业效率。旅游永远要做好的三件事是，资源、渠道、服务，在线旅游行业的创业企业应上下游一起把资源、渠道以及未来的服务能力协同起来，铸造自身真正的核心竞争力。

（九）旅游景区已成为旅游活动的核心要素

经过40年的发展，中国的旅游景区总量有3万多家，中国文化和旅游部2022年的公布数据为全国共有A级旅游景区13 604个，相比2020年增加了1000多个，其他的非A景区占据全国总景区数量的一半以上。旅游景区经过多年的发展，数量、规模都实现了较快的增长。有关研究资料表明，同期旅行社行业的营业收入和星级酒店的营业收入加起来仅相当于A级景区营业收入的一半。由此可见，旅游景区已经成为旅

游活动的核心要素,在旅游业发展中起着不可忽视的作用,是旅游消费的吸引中心,也是旅游产业链的中心环节,是旅游业的核心基础。

(十)乡村旅游已提升到了一个新高度

国家注重发挥乡村旅游综合带动作用,带动周边民宿景区、特色农产品、文创产品等销售,更好地服务于乡村经济及社会发展。乡村是具有自然、社会、经济特征的地域综合体,兼具生产、生活、生态、文化等多重功能,与城镇互促互进、共生共存,共同构成人类活动的主要空间。乡村兴则国家兴,乡村衰则国家衰。2021年4月29日,第十三届全国人大常委会第二十八次会议表决通过《中华人民共和国乡村振兴促进法》。全面建成小康社会和全面建设社会主义现代化强国,最艰巨最繁重的任务在农村,最广泛最深厚的基础在农村,最大的潜力和后劲也在农村。实施乡村振兴战略,是解决新时代我国社会主要矛盾、实现"两个一百年"奋斗目标和中华民族伟大复兴中国梦的必然要求。实施乡村振兴策略一直以来都是我们国家的一个大政方针,旅游和乡村结合也做得越来越多,现在更是把乡村旅游提升到了一个新高度,强调旅游的个性化、特色化。同时,十九大报告中,也强调了生态文明、人与自然的和谐发展。国务院还专门发布了一个关于促进全域旅游的指导意见,把乡村振兴和城乡一体化发展作为一个战略提出。到了2021年,休闲农业和整个农业的发展,更是成为重中之重,中美贸易摩擦对我们的农业、畜牧业包括饲料的影响还是特别大的,但也给我们休闲农业和乡村旅游发展带来了很大的新契机。随着逆城市化现象的出现,尤其是疫情之后,短途旅游,特别是我们近郊的自驾旅游也有了特别强劲的需求,对文化和生态度假产品的需求也有较大的发展。如何形成智能化的农业乡村家园和文旅一体化的发展系列,加上大数据、传感器、农业机器人等新的发挥,通过自然环保的开发,为未来的文旅+农业去做一个范式,把智能的、标准的技术带到农村,去建立我们新兴的乡村的家园,使乡村文旅成为赋能式的开发,提升式的开发,而不是掠夺式的。从人的天性和自然出发,秉持尊重自然和生态的设计理念,同时打造旅游度假和农业相结合的复合功能的乡村旅游度假区。

四、"互联网+"旅游行业发展的新课题

(一)培育建设国际消费中心城市,启动现代旅游新引擎

作为全面促进消费的举措之一,"培育建设国际消费中心城市"被正式写入中国"十四五"规划和2035年远景目标纲要。商务部等14部门联合印发的《关于培育建设国际消费中心城市的指导意见》提出目标,利用5年左右时间,指导基础条件好、消费潜力大、国际化水平高、地方意愿强的城市开始培育建设,基本形成若干立足国内、辐射周边、面向世界的具有全球影响力、吸引力的综合性国际消费中心城市,带动形成一批专业化、特色化、区域性国际消费中心城市,使其成为扩大引领消费、促进产业结构升级、拉动经济增长的载体和新引擎。国际消费中心城市的重要特征之一就是高度国际化,高度国际化衡量标准包括外贸进出口规模、入境旅游人数规模和外国居住人口规模等。以深圳为例,外贸进出口一直领跑全国,据深圳海关统计,2020年,深圳外贸总额,增至3.05万亿元。同时也应看到,与纽约、伦敦等世界城市相比,中国城市还有不小差距,如服务环境还不到位,贸易便利化程度不够高,服务质量有待改善,能熟练与外国人对话的服务人员不足,商品标志、包装等细节也未能充分照顾到外国人的需要。

国内城市如何建设国际消费中心城市呢？最关键的是要有特色,依托地理位置、历史文化、产业基础等特点,增加优质商品和服务供给,在文化上做文章,增加文化体验,营造良好的消费环境,如智慧购物场景、体验式消费场景等,扩大对外开放,提高贸易便利化水平,塑造独具特色的城市,如此,才能实现"买全球""卖全球",成为具有全球影响力的城市。

(二) 精神文化消费成为国民消费升级的新标志

中国旅游研究院戴斌教授的研究表明,随着全面建成小康社会,精神生活和文化消费在人的全面发展中的重要性必将进一步上升,成为国民消费升级的重要标志。文化消费作为满足人们对美好生活向往、丰富游客深度体验的重要途径,持续为旅游业的高质量发展提供全新动能。根据中国旅游研究院发布的近年全国文化消费数据报告,超过九成的受访者表示文化消费比衣食住行等物质消费更重要,或者同等重要。这意味着阅读、朗诵、影视、戏曲、音乐、舞蹈,甚至喝咖啡、逛博物馆、打电子竞技,诸如此类在老一辈眼中"不能当饭吃"的事项,已经成为人民群众日常生活的刚性需求。调查表明,超过八成的受访者在外地旅游时参与和体验了当地的文化活动。这意味着公共文化建设和文化产业创新可以极大提升城市旅游的竞争力,也可以有效丰富旅游项目、产品和服务体系。2022年,一则湖北农民工在东莞图书馆的留言刷屏了：我来东莞十七年,其中来图书馆看书就有十二年……想起这些年的生活,最好的地方就是图书馆了……识惠东莞,识惠外来民工。东莞图书馆官方微博随之转发原稿图片,表示"我们一直在,等您再来"。在人社部门的帮助下,这位坚持读书的农民工获得新的工作,并可以继续在图书馆阅读了。在我看来,这样的充满温情的文化互动和网络传播,远胜那些巨资打造的城市宣传片：一个如此重视外来务工人员文化生活的城市,才是包容共享的世界旅游目的地题中之意。

(三) "新老年人"正成为旅游的主力军

"新老年人"正成为旅游的主力军。他们身体还比较好,八九十岁的病痛尚未到来,四五十岁时的负担又已经卸去,这个年龄段被许多老年人称为"第二童年"。同时,这些老年人经济上有一定积蓄,时间上能避开法定节假日高峰期出游,这都激发了其旅游热情。调查显示,中国每年老年人旅游人数已经占到全国旅游总人数的20%以上。途牛旅游网发布的《中国在线邮轮旅游消费分析报告》显示,近几年中国邮轮游游客中，有近三成是60岁以上的老年人。中青旅一位从事邮轮票务代理的工作人员告诉笔者，在歌诗达、皇家加勒比等大型邮轮公司的邮轮上，最常见的游客群体就是60岁左右的老年人。另外根据笔者2022年暑假去黑龙江哈尔滨市、鸡西市、依兰县、黑河市等地的实地考察，"新老年人"中的时尚是做候鸟老人。尤其是近年来，城市老人到农村体验田园生活，农村老人进城享受城市生活，北方老人到南方越冬，南方老人到北方避暑，已成为不少老年人提高生活质量和康养水平的一种新型生活方式。从南方的三亚、大理，到北方的烟台、威海，全国各地的"候鸟老人"现象都在增多。专家指出，这部分老年人出生于新中国成立后，求学就业多数赶上了恢复高考和改革开放的春风，退休后又正是中国从"富起来"走向"强起来"的好时代，医疗和养老保障水平不断提高。"新老年人"文化程度较高，有闲也相对有钱，而且普遍子女较少，基本完成了买房、子女教育的大块支出，现在他们愿消费、敢消费的现代旅游消费习惯逐步形成。已经成为现代旅游的主力军。

（四）大众旅游已经成为不可逆转的新趋势

国务院《"十四五"旅游业发展规划》指出，"十四五"时期，我国将全面进入大众旅游时代。大众旅游的参与群体正在不断扩大，消费升级和市场下沉已经成为不可逆转的大趋势。旅游已经成为国民大众的日常生活选项，近年来，技术快速发展为旅游业赋能，改变着旅游业的整体生态。5G、大数据、云计算等技术应用在流量监测监控、科学引导分流、建设大数据平台等方面，提升了服务水平；VR、AR、智能旅游装备等新技术应用在文物和文化资源数字化展示、创意产品开发等方面，增强了旅游产品的体验性和互动性，刚性需求特征日趋明显。

从宏观层面来看，大众旅游的重要标志是旅游权利的普及化；就个体而言，则是旅游消费的日常性。在相当长的历史时期里，"读万卷书，行万里路"只是人民对美好生活的向往，是少数人的享受，而不是人民的权利和生活必需品。解决了"三不愁、两保障"的贫困问题以后，人们才有可能考虑旅游需求及其实现问题。20世纪90年代人民群众对小康社会的想象是"吃有肉、住有楼，还有闲钱去旅游"。随着人民收入水平的提高，人们逐渐习惯在周末和节假日出游，旅游逐渐融入城乡居民的日常生活，消费需求开始趋于刚性。例如，坐船游览荷花大观园、文化苑、欢乐岛，在木船里深入白洋淀生态保护区最深处的原生态芦苇荡，沿途欣赏白洋淀水乡婚俗、响板惊鱼表演、鱼鹰捕鱼表演，河北白洋淀景区通过整改提升，将红色文化、水乡文化和生态文化结合起来，景区内容和形式更加丰富。"旧时王谢堂前燕，飞入寻常百姓家"，旅游已经成为日常生活必不可少的组成部分。受新冠肺炎疫情影响，2020年的旅游市场规模大幅度下降，但是从季度数据来看，降幅逐季缩窄，2022年五一节假日已经恢复甚至超过疫前峰值。预计到2025年我国居民年均出游仍有望达到6次，国内旅游人数达到75亿人次，大众旅游发展的市场基础进一步增强。（有关数据资料来源于中国旅游研究院戴斌教授）

（五）文旅全产业链要有新格局

文旅全产业链要有新格局。旅游本身就是一个链条长的产业，要是旅游+N就会变得更长。虽然长链条与广消费，必然会造就大产业，但同时也会要求参与的人根据自己的能力做好精准定位，这才是文旅大行业里的生存基本法则。

高质量发展是文化旅游产业融合发展的主旋律；但是，高质量发展必须摆脱传统投资拉动模式和重资产经营模式，必须以IP内容、品牌来引领文化旅游打造全产业链，促进全域旅游品质的全面提升。文旅全产业链需要文化创意内容具有持续传播价值和衍生品开发空间，如果文旅企业过分依赖门票，或者是单一的收入，可能就会快速地进入到死胡同。文创产品的开发和创新，在疫情常态化的背景下，在数字化文创方面呈现出了较好的苗头。例如滕王阁景区，上线了一款数字文创产品，游客可以在30秒内制作完成打卡短视频。例如2021年比较火爆的文创雪糕。还有文创和盲盒的跨界互动，许多博物馆、文化馆、文旅目的地，都推出了系列文创盲盒。这些典型的案例市场反响都不错。

我们要以文化产业的商业模式来开展文旅融合、促进高质量发展。同时，要以IP（包括挖掘当地传统文化）作为头部内容，以室内文化体验园（文旅与科技融合）作为线下融合场景和线下消费场景。要对游客进行二次开发、三次开发，即需要以IP及新媒体增值服务平台作为"一鱼永吃"和"一鱼多吃"业态模式的新的载体。只有文化产业的融入，把IP当成重点运营，项目的个性特征才会越来越鲜明，讲好故事、做好文创，其生命力会越来越强。也就是说，精准是基础，内容是产品，服务是保障，持续是机制。

（六）合法合规是旅游企业的最强竞争力

从社会学的角度来讲，技术发展是一个不可逆的过程，是一个不可阻止的方向，技术发展给社会生活带来大量的便利。数字化转型，就是企业应对数字经济新常态必须做好的功课，在将来的世界，所有企业都必须融入互联网生态中去。网络和信息系统就是企业生存的基础，基本上所有平台型企业，都是通过互联网技术来实现经营，如滴滴、阿里、京东等典型的平台型企业。但2021年7月初，网络安全审查办公室对几大平台启动"网络安全审查"，让数据安全这个话题再次进入公众视野。2021年6月30日滴滴公司在美国低调IPO事件刷屏力度空前，在舆论上造成的震撼已经超过了2020年11月3日蚂蚁金服被暂缓上市那件事。滴滴目前拥有最核心的地理（道路）数据，如果叠加卫星高清图片，再用各种软件构图，再渲染，整个中国的地理数据和地图场景就完全制作出来了。这种模型一旦被敌人掌握，在战争时期将使整个中国完全暴露在敌人的轰炸机和导弹的精准轰炸之下。从这个角度看，滴滴拥有的中国最核心的数据，直接关系到国家生死存亡。2021年7月2日，中国网络安全审查办发布公告，将依据《中华人民共和国国家安全法》和《中华人民共和国网络安全法》对"滴滴"进行调查，导致滴滴股价大跌。2021年7月4日，中国国家互联网信息监管机构发布通告称,中国网络租车平台"滴滴出行严重违法违规收集使用个人信息",并宣布滴滴出行下架。

因此,旅游公共关系工作人员应该不忘初心,牢记坚守合法合规是旅游企业的最大竞争力。所有旅游企业的所有经营行为,都必须受到以《中华人民共和国国家安全法》《中华人民共和国网络安全法》《中华人民共和国数据安全法》《中华人民共和国个人信息保护法》这四部法律为纲的立体法律框架体系的规范。否则,任何企业都是无法生存的。

本章小结

旅游公共关系承担着搜集信息、咨询决策、内外协调、社会交往、传播沟通、服务教育、促进行业发展等任务。要形成有特色的旅游公共关系,就要坚持以塑造形象为宗旨,不断强化全员公关意识并加强全员公关管理。高效到位的公共关系工作是旅游组织在激烈的市场竞争中立于不败之地的法宝,是保障旅游组织生存、发展并壮大的必由之路。互联网+旅游是新的趋势。坚守合法合规是旅游企业的公共关系最大竞争力。

思考与练习

1. 什么是公共关系?结合实例谈谈互联网+旅游公共关系的新特征。

2. 公共关系具有哪些职能?旅游公共关系的基本职能有哪些?

3. 为什么旅游组织要特别重视全员公关意识的培养?请运用所学公共关系原理,策划一次"全员公关意识的培养"主题班会活动。

4. "一带一路(The Belt and Road Initiatire,缩写B & R)"是"丝绸之路经济带"和"21世纪海上丝绸之路"的简称。"一带一路"贯穿欧亚大陆,东边连接亚太经济圈,西边进入欧洲经济圈。无论是发展经济、改善民生,还是应对危机、加快调整,许多沿线国家同我国有着共同利益。历史上,陆上丝绸之路和海上丝绸之路就是我国同中亚、东南亚、南亚、西亚、东非、欧洲经贸和文化交流的大通道,"一带一路"是对古丝绸之路的传承和提升,获得了世界很多国家的广泛认同。中国某国际旅行社的公关人员了解到这些信息,于是,迅速抓住机会,向领导提出方案,率先推出"'一带一路'旅游路线",产生了巨大效益。

如果你是中国某国际旅行社的公关人员,你会提出什么样的公共关系方案?(可收集网上有关资料,分组讨论后,各组推选代表交流)

拓展阅读

1. 戴斌.服务"国之大者",拓展旅游业高质量发展新格局[N].中国旅游报,2021-01-07.

2. 张佳仪.2022上半年全国文化消费数据报告[R].文化和旅游部数据中心,2022-07-09.

第二章 旅游公共关系的传播与内外关系协调

学习重点

- 旅游公共关系传播的四种主要类型、传播效果,以及常用的传播方法
- 旅游组织内外部旅游公共关系协调的要点

普林斯顿大学对1万份人事档案进行分析,结果显示:"智慧""专业技术""经验"只占成功因素的25%,其余75%决定于良好的人际沟通。旅游公共关系工作本质上是一种信息传播与沟通活动,是旅游公共关系主体为营造其与公众之间相互理解、相互支持、相互依存的旅游公共关系状态,通过科学、系统、有效的旅游公共关系手段和方法与公众之间进行双向的信息传播和沟通的过程。旅游公共关系传播是旅游公共关系运作的重要手段,是旅游公共关系主体与公众之间相互联系的桥梁与纽带。内外关系协调是旅游公共关系运作的基础工程。

本章主要介绍旅游公共关系的传播、传播效果及影响因素、传播的手段与艺术以及旅游组织内外的协调等内容。

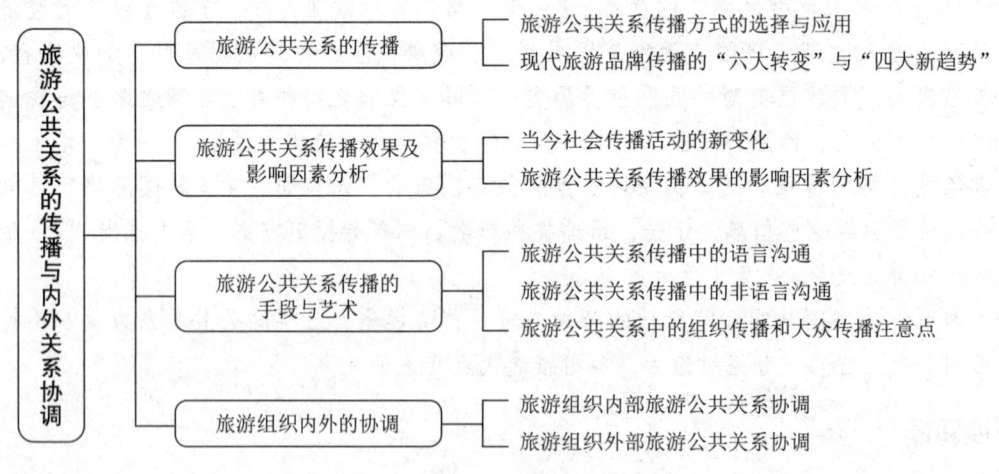

第一节　旅游公共关系的传播

旅游传播是一种沟通方式。旅游公共关系传播，是指旅游主体与旅游公众之间通过一定的媒介和渠道，达到信息交流、融通和分享的过程或活动。旅游公共关系传播是塑造主体良好形象的重要手段，也是旅游公共关系目标得以实现的重要途径。一个地方的旅游业发展得好，其中一个重要原因是传播做得好，但是我们都知道，一道天价菜、一条鱼、一只虾，甚至只是一幅图片、一条微信，就可以导致我们做的大量传播工作付之东流。

旅游传播不仅仅是一种宣传手段，不是自上而下你想说什么就说什么的一种运作，更重要的是它应该是一种沟通的方式。旅游传播有别于宣传，不是政府的管理者或者景区运营者对消费者、旅游者做单向传播，而是包括政府、旅游者等在内的多种主体共同在做一件事，这才叫传播。

旅游公共关系传播和一般宣传同属于传播范畴，均通过媒介向公众传播信息。它们的区别体现在以下几个方面：其一，旅游公共关系传播注重信息的"双向沟通"，宣传则侧重于信息的"单向灌输"；其二，旅游公共关系传播必须尊重事实，既"报喜"又"报忧"，宣传则有"报喜不报忧"之嫌；其三，旅游公共关系传播是由旅游公共关系主体来操作和进行的，不带强制性，而一般的宣传是由权威性部门进行的，很大程度上带有某种强制性。

一、旅游公共关系传播方式的选择与应用

根据传播途径的不同可把传播划分为四种形式：人际传播、大众传播、群体传播和旅游组织自控媒介传播。

（一）人际传播

人际传播，是指个体与个体之间的沟通交流，包括个人与个人之间、个人与群体之间的交往、沟通、交流、联络等最基本的传播方式。人际传播可划分为两种形式：一种是面对面的人际传播，即通过语言、动作、表情等媒介进行交流。例如，导游的景点讲解服务，酒店前台服务员的对客服务。另一种是非面对面的人际传播，主要利用书信、电话、电邮等媒介进行交流。

人际传播、沟通是人类最为普遍和重要的活动。有社会心理学专家指出："除非我们进行人际沟通，否则在社会中我们就不能生存。它们能使我们在社会中有效地发挥作用和维持我们生活中重要的相互关系。""许多发展心理学研究表明，人际沟通对于幸福、快乐和生活中的满足感具有重要意义。"

1. 人际传播的优势

（1）双方参与性。人际传播中，传播双方既传播信息又接收信息，参与性、针对性强。

（2）传播符号多样性。人际传播的传播符号多种多样，既有语言，又有眼神、表情、动作、姿态、服饰等，可使双方从感观上受到多种信息的刺激。

（3）反馈灵敏性。在人际传播交流中，双方不仅可以根据反馈信息及时表达自己的情绪或意见，有针对性地交流，而且能够通过观察对方的反应及时调整自己的传播内容、方式或符号，做出随机应变的处理，以便消除隔阂、减少误会、增加共识。所以，人际传播过程中的信息反馈灵敏，易于传播双方相互调整和适应。

（4）沟通情感化。目前世界各国都提倡在标准化、程序化的基础上，注重细节服务和情感服务，满足旅游者的精神需求。有效的人际传播沟通是情感化服务的积极促进因素。

【案例】

不会沟通，从同事到冤家

小贾是旅游公司公共关系部一名员工，为人比较随和，不喜争执，和同事的关系处得都比较好。但是，前一段时间，不知道为什么，同一部门的小李老是处处和他过不去，有时候还故意在别人面前指桑骂槐，对跟他合作的工作任务也都有意让小贾做得多，甚至还抢了小贾的好几个老客户。起初，小贾觉得都是同事，没什么大不了的，忍一忍就算了。但是后来，看到小李如此嚣张，小贾一赌气，就告到了公共关系部经理那儿。经理把小李批评了一通，从此，小贾和小李成了绝对的冤家了。

案例点评：小贾所遇到的事情是在工作中常常出现的。在一段时间里，同事小李对他的态度大有改变，这应该是让小贾有所察觉的，应该留心是不是哪里出了问题。但是，小贾只是一味地忍让，这种忍让不是好办法，更重要的是应该多沟通。小贾应该考虑是不是小李有了一些什么想法，有了一些误会，才让他对自己的态度变得这么恶劣，他应该主动及时地和小李进行一次真诚的沟通，比如问问小李是不是自己什么地方做得不对，让他难堪了之类的。任何一个人都不喜欢与他人结怨，可能他们之间的误会和矛盾问题在比较浅的时候可以通过及时的沟通而得到解决。但是结果是，小贾到了忍不下去的时候，选择了告状。其实，找主管来说明一些事情，不能说方法不对。关键是怎么处理。但是，在这里小贾、部门主管、小李三人犯了一个共同的错误，那就是没有坚持"对事不对人"，主管做事也过于草率，没有起到应有的调解作用，他的一番批评反而加剧了二人之间的矛盾。正确的做法是应该把双方产生误会、矛盾的疙瘩解开，通过加强员工的沟通来处理这件事，我想这样做的结果肯定会好得多。因此，旅游公共关系工作人员应该学会主动地沟通，真诚地沟通，有策略地沟通。所谓的情商高，就是让自己舒服，也让别人感到舒适。

2. 人际传播的不足

传播范围狭小、传播效率不高是人际传播的不足之处。人际传播主要是个人与个人或个人与群体之间面对面的沟通，信息传递受到时间和空间的制约，传播面较窄、传播速度慢。同时，由于个人素质、观念、态度、情绪、语言等因素的影响，可能使信息失真，形成人为的传播障碍，这是人际传播的弱点。

3. 人际传播的选择与应用

旅游组织可选择应用的人际传播方法有以下几种：

（1）旅游者传播。旅游者传播，是指旅游组织直接针对旅游者或通过旅游者间接针对潜在旅游者进行的传播活动，它贯穿于旅游活动的每个细节中，是旅游公共关系中最重要、最广泛的传播渠道。这种旅游者现身说法的传播方式，可信度较高，能形成极好的"口碑效应"。具体可通过组织促销团赴海外推销、组织演讲团去各地进行现场或即兴演讲做宣传，还可举办或组团参加各种国际旅游交易会、展览会及博览会，开座谈会、研讨会等。

（2）政府组织传播。政府组织传播导向性很强，权威性和说服力较高。在旅游公共关系传播中，适时、适度地转引政府组织的评价，如"质量信得过单位"、星级评定等，会产生良好的效果。因此，旅游组织必须重视开展对政府组织的传播工作，以获得政府组织的好感和信赖。具体可通过人际交往方式主动向政府组织汇报工作，介绍企业现状，或邀请政府领导及有关人士视察本组织等。

（3）特定人物传播。特定人物传播，即选择具有特殊身份和特定地位的人物进行传播的方法。目前国际上使用较为普遍的手段有以下几种：一是邀请外国旅行社代理人、旅游批发商来访。根据旅行社的经验，该类客人属于权威公众，常常会左右一个时期的客源市场。二是邀请外国记者来访。这是一种成本低、效果好的旅游公共关系传播手段。三是邀请政府首脑及名人，借助"名人效应"实现特定的传播效果。例如，首届广东国际旅游文化节开幕式晚会上，香港旅游形象大使成龙参加演出，取得了非常好的轰动效应。

【案例】

中国北方第一个天然氧吧城市成功公关创建

黑龙江省伊春市进行了一系列旅游公共关系活动，终于在中国气象服务协会组织的全国第三届氧吧产业发展大会暨"中国天然氧吧"媒体推介会上被授予"中国天然氧吧城市"称号，与丽水、红河州、三门峡、永州一起，成为目前全国仅有的5个天然氧吧城市，并且是东北地区唯一全域创建成功的城市，也是中国北方第一个天然氧吧城市。

伊春市地处小兴安岭腹地，是国家重点生态功能区，空气中负氧离子平均每立方厘米4000多个，夏季平均气温22℃左右，优良天数达99%，是夏天时北纬47度上最宜人的地方。近年来，伊春市精心打造"氧吧伊春""绿色伊春""碳汇伊春"。中国北方第一个天然氧吧城市的成功创建，将有力提升"林都伊春·森林里的家"品牌效应，为伊春生态旅游发展增添动能。

（资料来源：黑龙江日报，记者贾红路）

（二）大众传播

大众传播，是旅游职业传播者借助大众传播媒体（如报纸、杂志、电视、广播、网络等）将大量复制的信息传递给分散的公众的一种传播活动。它是旅游组织塑造良好形象、提升知名度与美誉度不可或缺的重要手段之一。

大众传播的主要形式有：召开新闻发布会、记者招待会，在报纸、杂志、广播、电视、网络等各种大众传媒上发表、登载文章、消息、新闻报道、照片、广告、录音、影视作品、著作，等等。

1. 大众传播的优势

（1）传播机构和传播手段高度专业化。

（2）覆盖面广、传播迅速、感染力强、影响力大。

（3）具备强大的舆论导向能力。

2. 大众传播的不足

大众传播的不足体现在以下几个方面：信息反馈困难、缺少人情味；受众面分散广泛、受众的针对性弱；传播消息稍纵即逝、难以达到传播沟通的情感层面；信息反馈间接而缓慢，效果难以把握；受场地、设备条件限制，传播成本较高。

3. 大众传播媒体的选择和应用

大众传播媒体的基本类型有报纸、杂志、广播、电视、网络。旅游公共关系人员应根据大众传播媒体的各自特点适宜地选择最佳媒体才能获得令人满意的传播效果。

（1）报纸

报纸传播的优点：信息容量大，阅读方便，便于保存和查阅，成本较低。

报纸传播的局限性：传播速度不如广播、电视快，与广播、电视相比，表现力、感染力均显逊色，传播范围有一定的局限。

报纸传播的应用方法和原则：

①要熟悉全国和当地有哪些报社，报社出版的报纸的性质，本行业报纸的主要读者的基本情况，如文化程度、年龄特征等；

②要熟悉想利用的报纸的各种版面，了解各个版面的主要读者对象，要在目标客源对象经常看的版面上刊登广告或文章；

③了解要合作报纸的发行量与海外发行的状况，因为发行量愈大，受众率就愈高，传播效果就愈好；

④努力争取报纸版面编辑与主编的支持，争取将组织所发布的信息刊登在重要版

面上；

⑤发布新闻稿一定注意配上照片，以增加信息的可信性。

（2）杂志

杂志传播的优点：内容丰富、系统，图文并茂，有较强的感染力，拥有比较稳定的读者群。

杂志传播的局限性：出版周期较长，时效性差，和报纸的局限相类似。

杂志传播的应用方法和原则：

①旅游公共关系人员应具体了解海内外有影响的杂志和与本行业有关的杂志；

②注意宣传的时效性，了解杂志的出版周期，计算好杂志发行时间，保证文章及时发表；

③向杂志社提供文字材料时，应尽可能多地提供图片资料，以增强宣传效果；

④可在杂志的封面、封底及插页刊登大幅彩色照片和彩色图画，形成较大宣传影响力。

（3）广播

广播传播的优点：传播速度快、范围广，大众感染力强，收听无独占性，即可以边听边做其他事。

广播传播的局限性：受时间限制，受众的选择自主性小，不便保存信息和事后查阅。

广播传播的应用方法和原则：

①必须要及时传达给社会公众的信息可采用广播手段；

②广播成本较低，适合资金有限时运用；

③广播新闻稿写作尽量用口头语，更为亲切、流畅；

④尽力争取在黄金时间段播出；

⑤面对国际公众时，最好利用国际广播电台，可以采用多语种播出。

（4）电视

电视传播的优点：真实感强，生动、形象、可信，传播速度快，感染力强，表现手法多样，具有其他媒体无法比拟的传播效果。

电视传播的局限性：观众的选择性小，信息不便保存和查阅，节目制作成本高，观众的收视率受设备、时间与空间的限制。

电视传播的应用方法和原则：

①为获得良好效果，应熟悉电视的频道及节目播出时间，针对目标受众的观看习惯安排播出；

②制作节目时充分发挥电视图像、音响、文字的感染力，使三者融为一体，美上加美；

③最好能安排重复播出；

④制作时内容一定要真实，形式上一定要有创新；

⑤由于电视影响大，对受众导向作用强，所以最好在电视报上预先介绍，渲染气氛，以利于收视率的提高。

（5）网络

网络传播的优点：

①网络传播的广泛性；

②网络传播信息的非强迫性；

③信息受众数量的可统计性；

④网络信息传播的感官性；

⑤网络信息传播的交互性；

⑥网络信息传播的灵活实时性；

⑦网络传播的快捷性。

网络传播的局限性：网络传播的特性决定了它与传统大众传播方式截然不同，也就不可避免地带来了一系列负面作用，如意识形态和文化渗透、假新闻假信息传播、色情泛滥、个人隐私遭到侵犯、知识产权遭到侵犯等。

（6）短视频

随着泛媒体时代的到来，自媒体营销群体的行为范围被进一步扩大，普通受众不再仅仅满足于信息内容的单向输入，更多的参与模式与更强的参与体验的要求使得互动营销传播媒介应运而生。短视频APP为最初的自媒体运营者们提供了一个广泛的互动传播空间，信息共享与传播速率大幅度提升，公众的参与热情大大增强。

短视频传播的优点：摆脱了传统媒体的单向信息输入模式，把受众作为传播媒介，这是互动营销传播的新颖之处。让广大受众成为相互短视频作品的传播者，从而形成独特的"抖音"文化潮流，这样的趋势也让"抖音"拥有不断更新的发展机遇。

短视频传播的局限性：超低门槛的群体准入机制，过于追求信息发布的即时化，从而导致对于用户发布内容的监管疏忽；竞争对手不断涌入，有较强的可替代性，新的同类型APP，如"腾讯微视"等，正在慢慢削减"抖音"的流量，还有更多的潜在竞争对手也对于短视频互动营销这一领域虎视眈眈。

总之，任何事情都有两面性，要有自己的判断能力，不要随波逐流。除了运用大数据技术的分析推荐外，还需要充分了解受众的生活习惯、心理诉求等。对于不同客户群体进行市场细化，然后将各个细化市场进行分类整合，在求同存异中探索有利于形成共鸣的旅游营销模式。只有正确把握信息、媒介、公众三者的特点，才能选择最有效的媒体，以达到最佳的传播效果。

（三）群体传播

所谓群体传播，是群体所进行的非制度化的、非中心化的、缺乏管理主体的传播行为，是传播者面对相对集中的相关公众面对面或通过媒介，向众多公众进行直接的信息传播。如进行演出、演讲、记者招待会、座谈会、视频会议、组织举行的开放参观和展览等。随着微博、微信等自媒体形式的流行,一个"人人都有麦克风"的群体传播的时代已经来临。在群体传播时代,传播主体有以下几个传播特征:自恋主义是推动群体传播时代来临的基本心理基础;消除孤独感是推动群体传播行为的主要动力;打破传统规则、凸显个性化是群体传播时代传播主体的主要特点。

1. 熟人类型

在有网络之前,传统媒体主导下的群体传播主要是熟人模式。这种模式更多的是依靠人际传播的积累,换句话说,这时候的群体传播就好像是人际传播的量变走到了质变。这种类型很像是圈子的传播,圈子是无组织的组织,文艺界的圈子会不同于学术界的圈子。圈子并不一定依赖于行业。可以说圈子是原始意义上的组织,而组织是现代意义上的圈子。好的组织通常会催生坏的圈子。反之亦然。圈子和组织在当代好像是有了更多的对抗色彩。

就熟人间传播而言,如果这些熟人彼此传播的是一件生事,那还好说。假如是一件熟事,那可就难办了。最理想的传播模式莫过于生人对生人传播生事。但是,记者是生人还是熟人呢?或者说记者要扮演的是生人还是熟人的角色?问题在于,事随人走还是人随事变呢?熟人社会和生人社会有什么区别?在中国,认识了村里的一个人,几乎就等于认识了半个村的人。一个省会城市的人做了坏事,需要媒体报道才能让全城皆知。而像北京这样的超大城市,会有更多的人是通过网络认识的。在一个人出国以后,他的关系网就重新格式化了。在传统社会里,可以看到三种比较典型的人际关系。第一类是中心型,周围的关系都以他为中心,他容易成为聚会的焦点,名人多属于此类型。第二类是中介型,他不是人际关系的中心点,但是,他是枢纽,社会交往圈内的很多人都是通过他才认识彼此的,新闻记者多是这样的人。第三类是紧密型,他的圈子里的所有人都和他保持着最短的人际关系距离,这有点类似交际花的特质。而今天网络发展的正是这第三类关系。

2. 生人模式

网络是虚拟世界,它让虚拟关系成为一种可能,在这个意义上,可以说群体传播是大众传播的人际化,也可以说是人际传播的大众化。在此之前,我们是很难想象人类的关系会变成这个样子。陌生人组成的群体和熟人组成的群体在沟通上会有很大的不同,这在网络上比较容易发现。在生人群中,你不知道在和谁说话。而在熟人圈内,你会心中有数。人毕竟是人际传播的媒介,而非大众传播媒介。所以说一对一似乎是变陌生为熟悉的最佳途径。老师和领导在沟通的时候通常使用的是一对多人际传播模式。新媒介技术似乎让我们疏远了老朋友。按理说技术是提供了人们沟通上的方便性,但是,这里似乎也隐藏了一个趋势,就是技术让我们越来越勇敢地和陌生人联络,技术在这个意义上是去陌生化。而与此同时,技术让我们与自己熟悉的人疏离了,他们变成了一种新的陌生人。

随着人们生活节奏的不断加快,人们关注媒介的时间正在不断地被"碎片化"。碎片化的时间产生了碎片化的传播结构,这些碎片化媒介带给用户的,是与众不同的用户体验。旅游企业应更好地把握群体传播时代传播主体的心理特征，更好地了解当代年轻人的现状，更清晰地把握当下信息传播的机制，理解当前的媒介环境，为群体传播时代的来临选择更有效的旅游公共关系传播方式。

【案例】

"弹幕"成为时下最受年轻人喜爱的交流方式之一

弹幕传播现象是一个典型的群体传播案例。随着新媒体技术的发展，互联网与文化产业出现了进一步的融合，因此出现了弹幕视频。以前的影视剧往往只是被动观看的文本，而现在，它更多地成为大家主动诠释和分享的话题。所谓弹幕，就是指视频播放器上方飘过的评论文字，由观看弹幕的观众边看边发评论而形成。弹幕一词原为军事用语，指的是大量或少量火炮提供密集炮击。后来，伴随着日本弹幕射击游戏的兴起，这个词被引入动漫文化中。随后，某日本动画网站播放器增设评论功能，使得观众在观看视频的同时，能看到大量吐槽评论叠加在视频上飘过，看起来很像横版弹幕射击游戏，弹幕视频因此得名。据统计数据，目前，已有40%的年轻人在观看视频的时候会打开"弹幕"。而在这些用户当中，90后、00后的比例占到了80%。由此可以看出移动互联网时代社会心态的改变，涉及自恋情结、消除孤独感欲望、打破传统规则的快感、游戏化心理和碎片化阅读等方面。一条条在屏幕上方迅速飞过的言论，一段段密密麻麻、不断涌现的观影感想，与所播放的视频一起，构成了年轻人观看视频的乐趣。弹幕的"只言片语"迎合了碎片化传播社会的整体趋势。

（四）旅游组织自控媒介传播

旅游组织自控媒介传播是旅游公共关系传播的一种形式，是指传播者面对相对集中的相关公众进行的一种临时性传播。它通过举办会议、出版刊物、制作电子传播媒介，举行开业庆典、星级评定、挂牌仪式，举办专题演讲与报告、新闻发布会、记者招待会、展览会、大型演出活动等手段，进行"内求团结、外求发展"的旅游公共关系活动。旅游组织自控媒介传播具有隆重、正式的特点，可充分展示旅游公共关系人员的组织能力、社交水平及业务能力，往往能给公众留下深刻印象。

1. 旅游组织自控媒介传播的优势和不足

旅游组织自控媒介传播具有相对集中、面对面、可及时反馈等优点，便于传播者纠正、补充所传播的信息内容，易于制造热烈的气氛，有时还会形成轰动性传播效应，是企业组织对内、对外常用的一种有效传播手段。如世界园艺博览会在昆明召开，就多次采用新闻发布会的形式强化宣传力度，从而使"让云南走向世界、让世界了解云南"的目的得以实现。

旅游组织自控媒介传播的不足之处主要是成本高，以及对旅游企业的组织能力要求较高。

2. 旅游组织自控媒介传播的选择与运用

旅游公共关系人员可根据传播信息的内容要求，选择适当的旅游组织自控媒介传播方式。如旅游组织有重大喜庆之事，可通过举办各类庆典活动来增进与同业人员及社会公众的沟通；如旅游组织欲向社会公布重要事件或澄清重要事实，可举行新闻发布会或记者招待会。

【案例】

墨西哥如何吸引前来观看火山喷发的旅客

在墨西哥一个旅游胜地附近曾经发生过一次火山爆发，引发了地震。据新闻报道，当晚，该旅游地的饭店就接到很多游客的电话，声称取消旅游计划，要求取消客房的预订，当地旅游业因此面临重大损失。当地有关部门马上请美国著名公共关系公司为其策划公共关系方案以解决该危机。旅游公共关系专家通过实地考察，在飞机上发现与该地同名的火山实际上距离较远，旅游区并未受到影响。专家们马上拍了一部电视片：一边是完好无损的旅游区，一边是正在喷发的火山。他们还组

墨西哥普埃布拉州一座火山喷发

织了探险旅游团专程来观看火山爆发。电视片播出后，打消了游客的恐惧心理，不仅挽留了已有的旅客，而且吸引了更多前来观看火山喷发的旅客。墨西哥旅游业很好地利用电视传播速度快、覆盖面广、影响力大、公众接触率高、感染力强、直观等特点，巧妙地消除了旅游区的一场危机。

（资料来源于《太阳报》2020年10月8日的报道）

旅游组织自控媒介传播的种类很多，每种媒介所发挥的作用各不相同，旅游公共关系人员应有针对性地选用。

（1）内部书面信息传递

旅游组织内部书面信息传递形式多样，有自办的报纸、杂志、书籍、板报、宣传栏等，通过播发企业新闻、传达企业精神，让员工了解组织政策、经营状况，使组织明了员工的想法，丰富员工的业余生活。

（2）会议、会谈

策划和召开各种会议、会谈，起到双方或多方相互会面交换意见、传递信息、增强沟通、联络感情的作用，是旅游公共关系工作常用的自控传播方式。

（3）旅游组织自拍电影、幻灯片

旅游组织公共关系部有时会采用播放电影或幻灯片的手段开展旅游公共关系活动或促进销售、培训职工；有时还会制作一些风光电视片、电影纪录片等，介绍某地的自然风光、文物古迹、旅游发展的历史和成就等，或者介绍企业文化建设、产品开发、人才培养、新型管理经验等，展现组织的整体风貌，树立独特的组织形象。但是，电影纪录片、电视风光片不易操作，对摄制设备要求高，制作费用昂贵，有时还会给人以冗长乏味的感觉，因此，选择这类传播媒介时，需要慎重考虑并精心构思与创作，强化艺术性、增强娱乐性、趣味性与可视性等，以确保旅游公共关系传播的效果。

（4）旅游组织自办电台或电视台

为了更好地传播、沟通信息，旅游组织常建立自己的有线广播系统或闭路电视系统。它们都具有可控性强，传播信息及时、迅速的特点，对于及时沟通组织内部信息，增强企业向心力和凝聚力起着很重要的作用。如北京长城饭店的"长城之声"广播电台，就是一家很有代表性的企业自办电台，在企业管理中发挥着积极的作用。

（5）协商、谈判

旅游组织与内外公众关系既有协调、和谐的一面，也有对立、冲突之时。协商与谈判是解决旅游组织与公众之间矛盾、冲突的有效手段。通常，非原则性的或利害关系较轻的矛盾通过协商去解决；而谈判用于解决组织之间利害冲突较大的矛盾，是一种以协商为手段，比较注重形式的语言沟通方式。

以上各种传播方式既自成体系，各自具有不同的结构、要素、形式、功能和特点，又互相联系、补充，旅游公共关系人员应根据不同的需要灵活运用。

二、现代旅游品牌传播的"六大转变"与"四大新趋势"

（一）"无传播不旅游，无旅游不传播"的含义

中国传媒大学学术委员会副主任、广告学院院长、国家广告研究院院长丁俊杰教授指出，中国旅游发展到今天，要想和世界同步，中国的旅游业发展必须多学科介入，打通旅游与传播的行业壁垒，为旅游品牌国际化传播搭建共享平台，不能就旅游而旅游，必须多学科、多领域、多视角来管理和运营旅游公共关系。

从概念的角度讲，针对不同的主体和人群，"无传播不旅游，无旅游不传播"有不同的含义。

从消费者、旅游者角度来讲，现在旅游者不再是游山玩水，旅游不仅仅是观光，不再是吃喝玩乐，更重要的是旅游之前，他已经做好了各种传播的准备，所以作为管理者、运营者，是否知道这种准备的兴趣点、观测点在哪儿很重要。为什么说无旅游

不传播？对于消费者来讲，旅游已经成为他与社会沟通、与好友沟通、与朋友圈沟通的重要的生活话题。这里面就包含当下互联网共享经济的概念。也许有人说这是一个"个人秀的时代"，一个"个人炫耀的时代"，实际上这就是网络带给我们的分享概念。

旅游从传播的角度讲，就是一门沟通的技术，与游客的沟通、互动是要着重研究的。传播过程中，传播的内容分为计划内信息和计划外信息，计划内信息是提前策划和规定好的，这些内容是想对外传播的，一定程度上也是可以操控的。信息时代，计划外的信息可能更重要，但计划外信息是不可控的，是超旅游的，一般左右不了，但它又是客观存在的。

信息时代，旅游传播已经发生了根本性的变化，就是从以往静止规划的静态传播向互动性传播过渡。现在已经进入一个大数据指导的精准传播时代。一些旅游部门，尤其是国外旅游部门，旅游者还没有下订单，还没有确定要去哪儿旅游，有些后台的数据已经精准算出他想要的东西，这就是大数据指导精准之后的传播，这种传播给我们带来的思考是颠覆性的。例如，一般的旅游目的地网站会以呈现观光景点为主，但韩国观光公社却设计了一个互动网页——感触韩国（Touch Korea），人们可以通过网站上的互动小游戏来实际体验韩国美食、韩国传统文化、韩国日常生活等，将文化与观光细致地结合起来，帮助游客大大提升了体验深度。韩国旅游网站跟消费者的沟通，体现的是一种互联网思维，这是信息时代一种新的沟通方式。

从这个角度来讲，强调无旅游不传播，至少有以下三个方面原因：

（1）从消费者的层面讲，旅游者、消费者也是旅游传播者。

（2）旅游产品变成了旅游传播媒介。

（3）旅游过程就是一个传播过程。

（二）旅游传播的新特点：从旅游宣传到旅游传播的六大转变

1. 新概念

在这样一个智慧时代、体验时代、沟通时代，旅游传播在以消费者为主、多元参与的基础上有了新的含义：旅游传播是指以旅游消费为核心的多元参与（参与者包括旅游主管部门、当地居民、企业、社会组织等）驱动来生成传播内容，并通过媒体形态进行扩散、关联以达到价值共建与共享的互动和沟通集合。

2. 新方法

过去是从"下定义"到"摆事实"，传播从"点"到"面"，现在有了一些新的思路、新的做法，旅游成为围绕衣食住行等各方面全方位的传播。过去是某某地方给游客带来什么特殊感受，现在是什么地方能看什么，能吃什么，能做什么，能玩什么，能感受什么，从方法论上进行了重新梳理。

3. 新过程

以往的旅游传播是一个线性的过程，虽有反馈但缺乏真正的互动，缺乏真正的用户思维。新的旅游传播应该是可设计的互动和沟通行为，是体验和价值的集合，旅游传播不由任何参与的一方所控制和主导。

4. 新内容

旅游传播不再单纯围绕景区和目的地做推介，过去有什么就推什么，现在是用户想要什么，就生产什么，就传播什么。这表示旅游传播进入了一个新的境界。在信息更加开放的今天，旅游口碑传播和黏性分外重要。

5. 新媒介

从沟通和互动角度来讲，可以说有多少内容就有多少媒介。伴随着互联网技术的发展，媒体的种类更加丰富，媒体的形态更加多样，媒体之间更加融合，这些是媒介生态的特点。旅游传播需要灵活适应媒介融合发展创造的新语境。

香港理工大学酒店与旅游管理学院赵晖博士的研究表明，中国经济型酒店的黄金10年是从2001年开始的，而推动这个市场发展的却是一群并非传统酒店行业出身的互联网人。无论是如家、汉庭的创始人季琦，还是7天的创始人郑南雁，他们都是IT人，他们进入这个市场几乎都是因为在互联网技术发展的年代看到了经济型酒店标准化复制简单，并能够利用自身公司技术优势扩大战果的特点和商机。季琦是推动在线OTA携程上市的携程四君子之一，而郑南雁是为酒店行业提供PMS系统的千里马的创始人。而同样地，他们也都看到了中国经济高速增长所带来的商务住宿需求的巨大空间，以及中国城市化发展过程中的商业物业的快速发展带来的匹配载体空间和租金利差机遇。也正是在这样的天时地利人和新媒介条件下，成就了现今HOTELS 325规模排名中中国酒店品牌军团能够有一席之地的格局（最新的规模排名中TOP20中已经有7家中国本土酒店品牌集团）。

6. 新目标

以往的旅游传播最主要的目的就是产生消费，就是让来的人越多，消费越多，以经济交易为主要目标。未来从旅游传播的角度来讲，旅游不仅仅是为达成交易，更重要的是产生与分享价值，形成基于旅游传播过程的全价值链。这会使旅游传播的价值更丰富，对一个社会和地区的影响会更大。"旅游传播的全价值链"的价值不属于某一群体，而是属于参与价值链共建的所有群体。而且，最后形成的不仅仅是经济效益，更重要的是着眼于社会大价值。

（三）旅游传播的新趋势：多元参与，讲究共建

旅游传播是追求多方共赢的一种结果，旅游传播是贯穿于旅游发生全过程的，而旅游全价值链的构建，也存在于旅游传播的全过程。这样一种趋势之下，有四点值得旅游公共关系工作者关注。

（1）旅游传播要有指数研究。

（2）旅游广告投放效果要进行评估。

（3）注重数据在旅游传播当中的应用。"大数据"的数据智能既要注重大数据，也要注重小数据，更要注重中数据，不是说大数据就可以替代一切，小数据的价值也许

更有效,这一切都依赖于传播。

(4)组建旅游传播专家智库,以更开放的姿态和多样的形式营造旅游传播的话语环境和氛围,集合众人之力做好旅游传播研究,讲好旅游故事。

大众媒介对于城市和旅游来说,是一种传播渠道,网络是一种传播渠道,其实旅游本身也是一个城市和景区的传播媒介,只不过这种媒介是综合性的媒介,是一种立体的媒介,一种参与性媒介,一种情景共享的媒介,是一种可以跟所有其他媒介共同对一个城市和景区形成形象的一种媒介。所以,我们说一个城市或者景区在某个方面有缺陷,通过旅游这一媒介,好的一面可以被放大,不好的一面也可以被放大。

所以,旅游目的地的传播意识的统一和强化,以及传播立场的强化是当下亟待解决的。旅游是一盘棋,传播是最高神经,甚至超过了旅游内容的概念,因为旅游内容的规划设计只是与旅游有关。如果传播不规划好,则会涉及当地的经济、文化、民生的方方面面,旅游只是其中一个点。有人认为发展旅游,来的游客越多越好;但如果你的旅游规划做得不好,城市规划有缺陷,来的人越来越多,暴露的问题也会越来越多。

旅游目的地的传播不仅仅跟旅游有关。我们要立足旅游,更要超越旅游。

第二节 旅游公共关系传播效果及影响因素分析

一、当今社会传播活动的新变化

近年来,旅游行业内出现了 OMS 管理平台,它通过把酒店前厅、客房、工程等各部门的工作内容全面线上化,帮助酒店提升管理能力。一方面,它通过把酒店的运营 SOP 数字化,使酒店能够更好地实现标准化运营,在运营过程中就防止服务失败,其实质就是通过数字化的手段提升运营执行力,保障品质。另一方面,在日常运营中,系统自动产生了全面的运营过程数据,能够帮助酒店实时发现问题,快速迭代优化运营。那么,当今社会传播活动的新变化具体内容如下:

(1)信息的数量以几何级数急剧增长,其传输和更新的速度都大大加快,人们获取信息的成本则越来越低,信息的时效性也随之大大缩短。

(2)信息的多源、多样和多渠道传播的特点,将彻底打破以往少数人、少数机构垄断信息资源的状况,使人类第一次有可能实现最大限度的信息共享。

(3)在信息传播中,必须在高度重视公众知情权的基础上,尊重公众选择信息、参与传播、发表意见的权利,形成传播者与接收者之间良好的信息交流和互动。

(4)随着公众对信息的敏感程度不断降低,传播活动的效益普遍减退,所传递的信息往往很难引起不同类型公众的广泛关注,对公众和信息的细分及针对性传播日渐重要。

（5）传播活动及所传播的信息、采用的媒体等必须具有很强的创新性，更有创意和吸引力；在体现信息的价值和实用性的同时，更讲究传播的技巧、方法和艺术，注意旅游公众的心理，使信息增添一定的趣味性、娱乐性等附加成分。

二、旅游公共关系传播效果的影响因素分析

（一）利益因素

旅游组织在向公众传播信息时，必须首先考虑到对方的利益和需求，尽可能从这些角度出发，选择和传播信息。

（二）文化因素

不仅处于不同文化背景中的人们会对同一种表述方式形成截然不同的理解，即便是在同一种文化背景下生活的人，由于文化程度的不同，也会对同一种表述方式产生不同的理解。所以，在开展旅游公共关系活动中，在向公众传播信息时，一定要注意消除可能产生的文化和符号差异给沟通造成的障碍，尽可能考虑目标公众的文化品位和理解能力，多用通俗易懂、准确无误的语言，以免使相同的信息在不同的公众中因理解上的差异而产生歧义。

（三）心理因素

笔者在北京师范大学发展心理研究院的研究表明，心理因素会成为双方沟通的障碍，尤其是双方在知觉、态度、情感等方面存在较大距离，无法实现认同的情况下，双方就会在许多方面格格不入，进而影响各自的认识与立场。实际上，人们的认识和相互的了解，往往受各种成见甚至偏见的影响。

因此，在旅游公共关系的传播活动中，旅游公共关系人员一方面要切实了解目标公众的群体心理，另一方面要使自己的言行尽可能积极主动地适应公众的心理，并通过各种手段，缩小旅游公共关系人员与公众的心理距离。

（四）环境因素

在旅游公共关系活动实施阶段应注意环境因素的作用，努力创造有利于信息传播的时空条件，科学地掌握向目标公众传播信息的最佳时间和时机。同时，在活动安排上应尽量避开社会上的重大节日、事件或邻近组织的旅游公共关系活动，以免因各种不同信息过于集中而使公众目不暇接，分散注意力，影响传播的效果。例如广州的农家体验、绿道漫步、赏花摘果等休闲式乡村游产品受到热捧。2021年国庆假期广州市乡村游接待市民游客570.20万人次，同比增长31.52%，占假期接待游客总量的49.44%。从化乡村精品民宿预订率超过九成，菁木山舍、田缘花舍、稻喜湾民宿等网

红民宿更是一房难求,莲麻村游客量同比增长48%,溪头旅游村的游客量是上一年同期的两倍。

(五)技术因素

在旅游公共关系传播中,许多技术层面的因素也对传播效果有直接的关系。如信息传播的渠道是否畅通,信息传播的媒介、信息表达的方式是否适合目标公众的特点,信息传播的时机选择是否恰当,各种传播手段的组合是否合理,不同信息的搭配及传播顺序是否恰当,信息传播的频率、强度是否恰到好处,等等。这些都需要从目标公众的实际情况出发,按照传播活动特定的需要和信息传播的科学规律,进行精心的筹划。

第三节 旅游公共关系传播的手段与艺术

一、旅游公共关系传播中的语言沟通

旅游公共关系人员与公众的语言交流是十分普遍的,如果再将文字算在其中,所涉及的范围就更加广泛。例如各种拜访、交谈、演讲、电话、书信、电子邮件、博客论坛,等等,都需要用到语言的艺术。

旅游传播、交往中的语言艺术大致可分为两个层面:第一,把话说对;第二,把话说好。

二、旅游公共关系传播中的非语言沟通

在旅游公共关系传播中,不仅有语言沟通,而且有更大量的非语言沟通,即借助语言之外的多种符号,如身体、动作、表情、声调、服装等所进行的沟通。

非语言沟通的形式有很多种,涉及身体语言、辅助语言、吸引力、服装、个人空间、接触和时间等。这里仅着重介绍身体语言和个人空间。

(一)身体语言

身体语言也称作"动作语言",主要包括交流中人的面部表情和身体动作、姿势。

面部表情(Facial Expressions)和眼神"是非语言信息的最丰富的源泉"。它主要是由人面部各部分肌肉的活动而构成的喜怒哀乐等各种表情。在多数情况下,面部表情所透露出的是人们内心深处思维、情感活动下意识的表现。

动态的身体语言(Gestures),是指人通过身体不同部位和四肢的动作,来表达某种意愿、情绪、心态,其中传递着极其丰富的信息。如手势,手臂动作的大小,既反

映一个人的性格,也表现他此时的情绪。

静态的身体语言(Posture),是指人们的身体或四肢保持某种姿势,如站姿、坐姿等。它们更多地出自习惯,往往在不经意间"暴露"出人们不打算泄露的信息。

(二)个人空间

个人空间也称"交往界域",即人们在交往中保持的不同的空间距离,它同样包含丰富的信息。20世纪60年代,社会学家霍尔提出,人们在交往中,按照关系的不同,会形成四种类型的空间距离,如表2-1所示。

表2-1 人际交往距离"关系"表

距离	名称	关系程度
45厘米以内	亲密距离	属于彼此求爱、安慰和保护等亲密关系的双方所处的空间距离
45~122厘米	个人距离	一般是密友和家人共处的空间距离
122~365厘米	社会距离	是一般交往的人们在公众场合彼此间经常保持的距离
365厘米以上	公众距离	是群体传播中经常选择的空间距离

三、旅游公共关系中的组织传播和大众传播注意点

(1)精心选择、确定所要传播的信息和内容。

(2)能够熟练掌握、使用进行组织传播所需要的各种工具、手段、方式及其操作技术。

(3)了解各种大众传媒及相关栏目的特点和要求,与媒体公众建立紧密联系和良好的合作关系。

(4)需要有较强的策划新闻、事件的能力,能够引起媒体公众的关注和兴趣。

(5)应掌握撰写各种高质量的媒体稿件的能力,能够设计、制作高质量的照片、录音、录像和电视作品。

总之,旅游公共关系人员进行组织传播、大众传播并要取得较好效果,就必须充分考虑旅游组织自身的需要、目标公众的需要和传播方式、媒体的需要,寻找这三种需要之间最佳的结合点;同时,用自己高水平的创意、策划,专业的传播技巧,选择并通过最适合的传播方式、手段、途径和媒体,将各方面都需要、都感兴趣的信息以艺术的形式,准确、及时、有效地传递给旅游目标公众,取得预期的传播效果和最大的投入产出比。这是一个相对复杂的传播过程,常常需要对组织、公众、媒体和信息、表达方式、传播渠道、传播方式,进行有机、合理、巧妙的整合。

第四节　旅游组织内外的协调

旅游公共关系工作对象可分为两种类型：内部公众和外部公众。下面对旅游组织目标公众的关系协调列举如下：

一、旅游组织内部旅游公共关系协调

（一）员工关系协调

员工是旅游组织赖以存活的细胞，员工关系是旅游组织首要的内部旅游公共关系，良好的员工关系是整个旅游公共关系工作的起点。要营造良好的旅游组织形象，必须培养员工对组织的认同感、归属感，着力构筑一个组织与员工"同呼吸、共命运"的牢不可破的利益共同体，使处于旅游公共关系第一线的员工明晰自己是组织无形的旅游公共关系人员，使其自觉在各自的工作岗位上积极主动地工作，这对提高旅游组织知名度和美誉度起着重要的作用。

【案例】

员工的乐园

在业界，一提到员工满意度，人们就不能不提到在旅游购物中经常遇到的超级食品王国——亨氏公司，它在处理劳资关系方面，被认为是现代企业的楷模，被誉为"员工的乐园"。

亨氏公司的创始人海因茨是一个处处想着员工的企业家，他总能让他的员工感到感动和兴奋，进而拼命地为公司工作。有一年，海因茨去佛罗里达旅行，但是没过几天，他却回到了公司。当员工们问他为什么这么快结束旅行时，他说："你们都不在我身边。我一个人玩着也没意思。"随后，他指挥工人在工厂的操场上安放了一只大玻璃箱，员工们跑去一看，原来里面是一条重达363千克，身长4.6米，150岁高龄的短吻鳄。员工们从来没有看到过如此大的短吻鳄，大家都十分高兴。海因茨指着短吻鳄对他的员工说："这家伙给我的旅行带来了快乐，我想请大家和我一起快乐。"员工满意度指标，是旅游企业的一个非常重要的指标。员工满意是客户满意的前提，难怪希尔顿经营旅馆业的座右铭是："你今天对客人微笑了吗？"

1. 员工关系协调的作用

旅游组织员工关系协调的基本作用在于营造和谐的工作环境，激励全体员工的士

气,使组织的生存和发展有一个良好的基础。

(1)强化组织内部的纵向联系。促进管理决策部门与下层部门及员工之间的相互了解,使员工更好地理解和自觉执行各项规定及措施,增强其对决策的信心。

(2)增强组织的横向联系。强化内部的横向信息交流,增进部门之间和员工之间的相互了解,树立整体观念和协调观念。

(3)培养员工为旅游组织工作的自豪感。让员工知道企业的成就及在社会上、同行业中的地位,鼓励全体员工齐心协力为企业的生存和发展而努力。

(4)提高员工的自信心和责任心。要使员工明确认识到企业需要他们每一个人,重视每一个员工的贡献,珍惜每一个员工的付出,从而调动广大员工的主动性和积极性。

(5)增强员工对企业的向心力和归属感。关心员工的福利,让员工感受到企业的人情味,强化员工与企业之间的感情联系。

【案例】

为什么 SAS 的流失率只有 3%

SAS 是一家私营企业,公司的 CEO 古德奈特(Jim Goodnight)坦言,他对待员工比上市公司的 CEO 更有人情味。作为一家年销售额达到 10 亿美元,拥有 9000 名雇员的软件公司,SAS 对员工总是以诚相待,充分尊重,并让他们知道公司非常感谢他们所做出的贡献。他通过以下做法表明对员工的重视:

● 为员工提供一个具有现代水准的健身中心;
● 实行弹性上班制度,鼓励员工在一周 35 个工时的时间之内完成工作;
● 耗费三分之一的正常成本为员工提供四个 SAS 蒙特梭利日托计划;
● 外聘社会劳工帮助员工处理"日常生活"难题;
● 聘请两位擅长艺术创作的员工设计在公司内部展出的艺术品。

SAS 从未陷入过低谷,也从未解雇过任何员工。它的员工都拿着优厚的薪水,所以对公司也保持着难以置信的忠诚度,这在以员工流失率居高不下著称的行业和年代里是难能可贵的。在软件行业,员工的平均年流失率超过了 20%,而在 SAS,流失率却只有 3%。

诚然,企业在实施以人为本的管理方法时的确需要进行权衡。有的企业所掌握的资源有限,对员工不可能有求必应。很多企业并没有足够的财力像 SAS 那样为员工提供那么好的福利待遇,但同样可以像 SAS 那样营造信任的气氛。重要的是每个 CEO 都要像古德奈特那样关心和尊重员工。

2. 员工关系协调的要点

(1)营造良好的工作环境,满足员工的精神和物质需要。

（2）注重员工的旅游公共关系培训与教育，强化激励机制，充分调动员工的"主人翁"意识。例如，美国的蓝鸟饭店以优质服务享誉世界。而它的优质服务形象则是由一件件小事积累起来的。1867年，蓝鸟饭店开业时，总经理罗伯特立下一个规矩，员工如有优质服务建议被采纳，饭店奖励其30美元。100多年过去了，这个规矩仍然保留着，只是奖金增加到100美元。在执行过程中，许多建议被采纳。如服务生早晚对客人礼貌的问候、记住老客户的习惯和特点、在大厅设置雨伞取放点、在客房中放置电话簿等。蓝鸟饭店的优质服务形象就是在这一点一滴的积累中树立起来的。

（3）重视信息双向沟通。通过开会、公告牌、内部刊物、员工手册、员工信函等途径增强与员工的信息交流。国外有些饭店甚至把股东年度报告简要地印发给员工，强化员工的参与意识，增强他们对组织的信任感。

（4）密切与员工的情感交流。定期组织员工生日会以及举办舞会、郊游、文体比赛等各种文娱活动，以联络、协调员工之间的感情和关系。例如，广州花园酒店把员工放在第一位，尊重他们的劳动和尊严；酒店决策层把每月的固定一天作为员工日，届时，高层管理人员一起下厨为员工炒几道拿手菜；定期邀请员工亲属出席"酒店与员工家庭亲善会"，征询意见，争取"后院"的理解和支持；总经理为取得成绩的员工签发嘉奖信并为过生日的员工赠送生日贺卡等。酒店的这些做法协调了员工关系，激励了员工士气，员工第一效应使花园酒店的形象和经济效益得到了很大的提高。

（5）营造独特的、共同认可的企业文化，培养员工与旅游企业共荣辱的归属感与向心力。设计旅游组织的口号、歌曲、徽章及制服等，增强员工心理、精神上的归属感。例如，美国某跨国公司每年都要举行一次隆重的庆功会，对那些在一年中做出过突出贡献的销售人员进行表彰。这种活动常常是在风光旖旎的地方，如百慕大或马霍卡岛等地进行。庆功会对3%的做出了突出贡献的人进行表彰，被称作"金球庆典"。在庆典中，该公司的最高层管理人员始终在场，并主持盛大、庄重的颁奖酒宴，然后放映由公司制作的展示那些做出了突出贡献的销售人员的工作情况、家庭生活乃至业余爱好的影片。在被邀请参加庆典的人中，不仅有股东代表、工人代表、社会名流，还有那些做出了突出贡献的销售人员的家属和亲友。整个庆典活动，自始至终都被录制成电视（或电影）片，然后被拿到该公司的每一个单位去放映。公司每年一度的"金球庆典"活动，一方面是为了表彰有功人员，另一方面也是同企业职工联络感情、增进友情的一种手段。在这种庆典活动中，公司的主管同那些常年忙碌、难得一见的销售人员聚集在一起，彼此毫无拘束地谈天说地，在交流中，无形地加深了心灵的沟通，尤其是公司主管那些表示关心的语言，常常能使那些在第一线工作的销售人员"受宠若惊"。正是在这个过程中销售人员更增强了对企业的"亲密感"和责任感。

（6）注意与员工中的"意见领袖"打好交道。旅游公共关系人员要善于与员工中的非正式群体，尤其是与员工的"意见领袖"（员工的代言人）进行有效沟通，协调好关系，在任何情况下都要表示出对他们的重视和信任。具体可建议管理部门尽可能让"意见领袖"担负一些比较重要的职务，使其成为组织内的正式领导者，这样可以将正式信息交流同非正式信息交流有机结合，达到双重控制的目的。平时要及时把组织的各种情况转告"意见领袖"，以争取他们的合作和支持；遇到有新规定、新决策需要向下传达时，先向"意见领袖"做些解释，认真听取他们的意见与建议。切不可使用任何行政压力使任何一个"意见领袖"变成组织管理层单方面的"传声筒"，否则，其威望和作用都可能荡然无存，甚至被他人取代，这对协调员工关系百害而无一利。

【案例】

Oceans Eleven 度假村集团的员工关系协调方略

旅游组织需要面对的最重要的"公众"之一，就是自己的员工。作为实施旅游公共关系努力的第一步，组织管理层应该首先与自己的员工进行有效的沟通，否则组织的经营目标就不可能实现。Oceans Eleven 度假村集团通过对员工出色工作的表彰和奖励，并提供娱乐和自我提升的机会等旅游公共关系活动，极好地协调了员工关系，且因此获得过年度"AH & MA 旅游公共关系金钥匙特别成就奖"。

Oceans Eleven 度假村集团在佛罗里达州拥有和经营着 6 家酒店和餐厅。集团开展的多项旅游公共关系活动，其目的就是提高和保持员工的士气，真正保证客人享受到一流的服务和舒适的住宿。活动包括：

● 6 家酒店分别开展了"月度/年度明星员工"评比。月度明星员工将得到一天的带薪假日，或者折合成奖金，另外还有获奖证书，照片将刊登在酒店的内部刊物上。年度明星员工的奖品是一个纪念盘和 100 美元的现金奖励。

● 每个季度，员工的薪水袋中都会附上一份酒店内部新闻稿，上面刊登的都是关于公司的消息和文章，如升职、获奖、业余爱好、社区活动等。

● 举办形式多样的讲座和员工保健活动，帮助员工自我提高、自娱自乐。这项名为"BREW（Beach side Recreation for Employee Wellness，海滨员工保健）"的活动由各个酒店自行设计，具体内容不尽相同。典型的活动有戒烟讲座、个人理财讲座、健美操课以及保龄球、排球和垒球锦标赛，员工可以获得免费的全面体检，检查项目包括血压、血糖、视力、心律等。

● 每年举办一次员工野餐，各种活动丰富多彩。

● 集团赞助代表所在社区参加比赛的体育团队。

● 对于存在健康、家庭、财务和心理问题的员工，集团积极帮助其与 United Way 等咨询机构取得联系，为其争取适当的援助。

● 集团总裁会以亲笔信的方式，向获得"月度/年度明星员工"的个人、为酒店服务届满周年的员工、收到客人表扬信的员工等，表示祝贺。

● 集团下属的最大一家酒店专门成立了一个名为"第一助手（First Mates）"的部门，负责为集团内部各个酒店、各个部门提供协调和帮助，同时鼓励所在社区的各个组织和机构，充分利用酒店的设施开展各种各样的活动。

通过上述活动，员工逐步意识到，酒店集团不仅认可，而且非常重视自己的努力。这种团队合作精神激励着每位员工，使员工在为客人提供服务的时候，不仅能够履行职责，而且要力求完美。客人不断发来的表扬信和正面评价表明集团的服务水平有了显著的提高。

（二）股东关系协调

所谓股东关系就是旅游组织与投资者的关系。处理好股东关系是旅游公共关系的一项重要任务。

首先，针对股东普遍存在的"主人意识"和"特权意识"，旅游公共关系人员应及时将组织的发展动向和经营成果以及各种相关信息向其汇报。

其次，从旅游公共关系的角度来看，股东关系不仅是金融关系，而应视股东为企业的主人，是最知己的内部公众，是最可靠的顾客群。例如，某旅游组织有100个股东，每一个股东有15个亲朋好友，组织就拥有1500个潜在顾客。优良的股东关系，不仅关系到组织财源的稳定，而且可利用其广泛的社会关系，进一步扩大旅游组织的知名度与美誉度，开辟新的市场。

二、旅游组织外部旅游公共关系协调

外部旅游公共关系是组织与其外部各方面关系的总称。任何组织都生存于一定的社会环境中，都需要与外界各方公众发生广泛的联系，组织生存与发展必须依赖良好的外部公众环境。

（一）宾客关系协调

1. 树立正确的"宾客导向"的服务营销思想，维护宾客正当合法的权益

2021年7月4日国家互联网信息办公室依据《中华人民共和国网络安全法》相关规定，通知应用商店下架"滴滴出行"App，要求滴滴出行科技有限公司严格按照法律要求，参照国家有关标准，认真整改存在的问题，切实保障广大用户个人信息安全和合法的权益。

2021年7月20日，河南郑州突降百年一遇特大暴雨，受灾严重的地铁5号线成关注的焦点。尽管当日18时10分，郑州地铁下达全线网停运指令，但仍有几百名群众受困，12人经抢救无效死亡、多人受伤。可是，一位暴雨中滞留郑州的旅客在微博中爆料称，20日晚郑州某酒店涨价到2888元。对于此事，该酒店于22日凌晨发布致歉声明，称是加盟店违规操作，将积极配合相关部门监督检查，向该客人表示歉意。7月22日，郑州市12315举报投诉维权中心一位工作人员告诉记者，监管部门已经介入调查。

这两个案例正说明，企业组织必须树立正确的"宾客导向"的服务营销思想。

被誉为日本经营之神的松下幸之助认为:"强烈的顾客导向是企业成功的关键。"树立"宾客至上"的经营思想是做好宾客关系的前提,因此CS(Customer Satisfaction,"让宾客满意")活动在旅游饭店业迅速兴起并影响其他行业。"宾客满意"体现宾客对企业的忠诚,表现在其对旅游产品的"重复购买"。追求利润最大化是任何组织的基本动因,最根本的途径就是以优良的服务质量使组织的形象得到公众的认可与青睐,方可通过满足社会需求来获取利润。

以美国学者凯斯特为首的研究小组在研究服务利润链时发现,对服务质量感到"比较满意"的顾客中只有不到40%的人有再次购买的意愿;而在"非常满意"的顾客中,90%的人有再次购买的意愿。另有调查显示,服务型企业中,45%的客人是靠口口相传选择购买的,而只有15%的客人通过广告进行选择。因此,饭店和旅行社作为服务型企业,服务营销理念和旅游公共关系意识要深入灌输到每个管理者和每个员工的头脑中,并在工作实践中身体力行。

"宾客导向"服务营销就是在营销过程中,把服务作为营销的一个重要环节予以实施。它有一个最基本的观点,即服务就是再销售。确实,在市场竞争非常激烈的环境下,"今天的质量就是明天的市场"。今天的服务工作做好了,产品质量能较好地满足顾客的需求,明天的市场才有保证。例如,广州一家新开业的酒店在经营过程中,销售部门好不容易争取来了一个著名大学的大型国际会议,但主办单位在开会时却对饭店诸多环节的服务都不满意,提前八个月预订的几十间客房等到客人到会时却没有房源。如此一来,该酒店销售部门下次再要从主办单位争取大型会议就很难了。

现在有些旅游企业在经营管理实践中,通过服务创新,既形成了旅游企业的服务特色,又使其成为企业营销的一种手段。例如阿联酋的7星级超迪拜帆船酒店,就根据旅游市场的变化,对传统意义的带房服务进行更新,对商务客人提供一项新的服务方式——"管家带房"服务,即在亲切招呼和热情问候每一位在前台登记的客人后,再像对待重点客人一样带客人去房间,并辅以沿途介绍酒店设施服务,而进房后客房服务员会马上送来热茶和香巾,让一般客人享受非一般的VIP礼遇。而且,酒店要求在工作中突出重点,做到"五个必带",即首次入住客人必须带房;VIP客人必须带房;曾经投诉的客人必须带房;常熟客人必须带房;促销成功、高房价客人必须带房。实践证明,"管家带房"不仅让客人在第一时间了解酒店,对酒店产生好感,而且带房人员也能对客人进行及时了解,为提供个性化服务打下基础。近年,汕头金海湾大酒店也进一步深化服务内涵,对曾经给予带房服务的客人、在店期间沟通愉快的客人、对酒店印象良好的客人、在店期间有过投诉或不快的客人、常熟客或重点接待客人5类客人提供真诚的送行服务。酒店抓住客人离店的最后一次时机,与客人进行再一次的深入沟通,为客人提供倾诉、发泄或褒扬的空间,这无疑是酒店服务营销的创新之举,为客人日后再次登门做了最好的铺垫。

由于旅游企业内部的每个员工都可能直接面对顾客开展服务活动,因此,培养具有顾客旅游公共关系意识的员工,创建旅游公共关系服务文化是至关重要的。这就要求员工在与顾客接触的过程中，具有较好的态度，向顾客展示"真实的瞬间"，以实现顾客的满意。迪士尼公司在培训新招聘员工的第一课上会讲道：如何在第1000个客人向自己询问洗手间在哪里时，还能够像回答第1位客人一样礼貌周到。

做好"宾客导向"服务营销，及时的"服务补救"也是非常重要的。例如，有一次，国内某知名饭店的一位客人离开饭店，坐上机场班车向机场代表偶提一句，下次再也不住该饭店了；机场代表感到事出有因，马上主动征询客人意见，原来客人在订房时，预订员答应给他打八折，可是结账时却按全价收费，因而客人十分生气。机场代表迅速与前台联系、查询，原来是沟通环节出了问题。于是酒店向客人道歉，并主动将客人住店的差价退还给客人。客人十分惊喜，表示下次还住该饭店，并愿意介绍其他朋友来住。

【案例】

南航微信：服务即营销

在"互联网+"时代，旅游出行各个环节的电子化产品和服务都受到了旅客的重视，自从南航微信发布第一个版本，随着功能的不断开发完善，机票预订、登机牌办理、航班动态查询、里程查询与兑换、出行指南、城市天气查询、机票验真等这些通过其他渠道能够享受到的服务，用户都可通过南航微信公众平台来实现。现在，南航微信小程序累计使用人数突破3000万，同比增长约31%。南航微信小程序是航旅出行"触手可及"的服务平台，丰富了南航与旅客及合作伙伴的连接渠道，具有易分享、多入口、使用便捷、随用随取等特点，从出行前服务预订到出行后里程应用，为旅客提供航空出行全流程的卓越服务。

随着科技的进步，南航微信小程序在原有的服务基础上，将与用户关联度高的服务场景进行持续串联，相继推出了行李破损一键申报服务，新增了"飞递物流"入口、酒店预订模块、"小明珠"会员卡兑换商品功能等，进一步强化了亲和精细的服务品牌，为旅客打造了更智能的吃、住、行、游、购、娱一站式服务平台。

不仅如此，南航微信小程序还紧跟市场需求与消费者习惯转变的潮流，在保障各项功能运行质量的前提下，经过持续迭代，以每月2~3个版本的频率完善航旅出行服务，逐步完成对"行程"界面、微信小程序首页、南航机场触点集合页模块的升级改版。此外，南航微信小程序还推出签到有礼工具、营销工具白名单、个人店铺等工具，有力支撑不同主题、不同玩法的推广活动，持续为南航会员带来更多福利，打造多元化服务场景。

（资料来源于中国民航局，2022-02-22）

2. 加强与宾客的信息沟通，摸清宾客的消费心理

美国企业公共关系专家加瑞特（Paul Greet）曾说："无论大小企业都必须永远按照

下述信念来计划自己的方向,这个信念就是:'企业要为消费者所有,为消费者所治,为消费者所享。'旅游组织的公共关系部门只有通过双向沟通,了解了宾客的各种需求,准确把握宾客的脉搏和动向,才能使组织的经营服务得到社会的认可。"

旅游心理学的研究表明,宾客的需求可分为生理需求和心理需求。一般呈现以下特征:

(1)多样性。宾客由于性别、年龄层次、性格爱好、文化水平、经济能力、欣赏角度、传统观念等差异,消费需求呈现多样性。

(2)内潜性。内潜性包含两个方面,一方面是由于经济能力或其他因素的制约,消费动机呈潜伏性,一旦时机成熟再加上合适的消费引导,内心驱使与外部环境接轨,易马上形成消费行为;另一方面是指宾客的消费行为只是消费动机表面化的现象,而导致消费动机产生的真正因素是其内在的心理状态。旅游公共关系工作的目标之一就是深挖潜力。

(3)发展性。由于宾客收入水平的限制,其消费需求会呈现由低到高的发展过程。因此,服务强调的是对任何宾客均应一视同仁,旅游公共关系的工作亦要注重持续性、发展性。

(4)从众性。某一典型宾客的"示范作用"和相关公众的影响会激发其他宾客的从众心理,继而彼此相约,步调统一。因此,旅游公共关系要善于识别"权威公众",灵活运用公众的这一心理。

(5)时代性。宾客往往受时尚、社会风气、新潮观点的影响,追逐时代潮流,使其消费需求呈现时代性与一致性。旅游公共关系要善于营造时尚,吸引公众的注意力。

【案例】

差异化细分市场,才能满足宾客的各种心理需求

旅游组织和旅游公共关系人员要熟悉了解宾客的各种心理需求,才能有的放矢地开展旅游公共关系活动。

中国女性人口占总人口近一半,其中大约有1亿女性生活在城市,近40%的女性的年龄在20~40岁。上海世博会的主题是"城市,让生活更美好"(Better City, Better Life),其举办的黄金时期恰逢中国的暑假,由于中国家庭重视孩子的教育,很多家庭都认为这是一次难得的不出国门就能了解世界的机会。通常中国家庭的钱袋子掌握在女主人手中,暑假也是亲子游的最好时期。各旅游企业纷纷把目光投向了广大的女性消费市场。由于竞争激烈,珠海华美达国际旅行社分析市场后决定实行差异化细分市场策略。梁水强总经理根据由于女性的年龄层次与社会角色不同而造成的想法和旅游消费行为差异,将世博期间可能出游的女性分为以下三类:

青春单身型:未婚的年轻职业女性,既有经济实力,又没有家庭消费的负担。

贤妻良母型:35~55岁的女性,她们有母亲、女儿、妻子、主妇等多种社会角色,

家庭观念重。随着子女的不断长大,母亲出于增长孩子见识和家庭娱乐的需要,有了比较强烈的出游动机,也会相应增加旅游消费的开支。

"空巢"女性旅游者:所谓"空巢",是指家里的子女已长大成人,考上大学开始住校生活或已成立小家庭,家里只剩下老夫妻两个人。

营销部门根据这三类女性的经济情况、期望值设计出800元世博二日游、1200元世博三日游、2500元华东世博六日游等几条线路,其主力线路是针对第二类女性出游者,然后培训营销人员的世博知识和销售技巧,并将线路分销给同城的其他旅行社。在六月试探性组团获得成功后,正式在暑假期间组织专列,最终实现了较好的收益。

3. 妥善处理好投诉

国内的旅游公共关系和旅游心理学专项研究资料显示:60%以上的顾客流失是服务态度的轻慢所致,而不是因为产品的质量和价格,如果企业对服务过失给予快速关注,70%对服务不满的客户还会与其进行商业合作,如果企业对投诉能够迅速处理的话,这一数字竟高达95%。国外的旅游公共关系和旅游心理学专项研究也表明,90%左右对旅游服务感受不满意的客人不会投诉,但他们至少会将此次不愉快的经历讲给326个左右的亲朋好友听,这种反面宣传的结果,又会使旅游企业失去十几位潜在的顾客。而那些极少数投诉的人,如果他们的问题得到及时解决的话,他们就会继续对企业忠诚。

所以,旅游组织一定要认真对待宾客的投诉。具体处理宾客投诉的原则如下:

(1) 建立专门负责处理宾客投诉的机构;

(2) 及时表态,在倾听完投诉后,不管客人意见正确与否,先对其表示谢意,把其投诉看作对旅游企业的爱护;

(3) 立即调查核实,提出解决方法,该赔偿的就赔偿,该道歉的就道歉,不能相互推诿、扯皮,但也不能轻易许诺,以免被动;

(4) 如遇客人投诉的问题是普遍的,且在社会及公众中产生了不良影响时,就应由旅游企业通过适当途径予以致歉,加以说明、解释,以此来消除不良影响,重新赢得客人信任;

(5) 如接信函投诉,亦应认真了解,及时以旅游公共关系经理或旅游企业负责人的名义将处理意见函告客人。

4. 把现代化的旅游伦理提升到重要位置

《全球旅游伦理规范》指出,"旅游是一种最经常和休息、放松及健身相联系且接近文化与自然的活动……当怀着一种非常开放的观念从事旅游活动时,它便成为自我教育、相互容忍和了解不同人民和文化之间的合理差异及其多样性的一种不可替代的因素","在尊重人们将闲暇时间用于休闲或旅行方面的选择的基础上,促进负责任的、可持续的、可为全球所接受的旅游",让"旅游对促进人民和社会之间相互了解与尊重的贡献"得到积极落实。这就是现代化的旅游伦理。

旅游不仅是游山玩水，也是一次凝重庄严的道德之游、文化之游、精神之游，通过旅游，人们净化身心，美化思想，纯化文明素养，使人格得以发展，道德得以涵养，像青山秀水、善美山水一样。建立在厚德载物、温文尔雅的精神格调上，旅游者才能和旅游产品、旅游服务、旅游文化，完成亲密和谐的精神共振和对接。因此，应把现代化的旅游伦理提升到重要位置。

其一，旅游公共关系工作人员应该改变对旅游的重新认识和定位，当今的旅游，已经不再是一个奢侈品，而成了普通家庭的日常消费品，像空气一样平常简单，旅游公共关系工作人员更应该按照生活化、社会化的要求，来推行旅游发展，在其中注入更多的美德成分以及公共涵养。

其二，协调相关职能部门、旅游部门、公共机构、民间机构，把对不文明旅游的批评和纠正，提升到社会高度。就像重视公共道德一样，重视文明道德、文明习惯的养成，比如应该出台积极的奖惩条例，比如有的旅游景区出台的"用垃圾换取纯净水"的做法就有效遏制了乱扔垃圾的现象。再比如，有些地方出台的"旅游红黑榜"，对不文明旅游者、不光彩的角色，进行公共曝光，用这种公共奖惩条例倒逼旅游者提升文明素养、公共道德素养。

其三，旅游公司、旅游景点的公共关系工作人员也应该多进行美德反哺、精神反哺，多为客户提供温情脉脉、公平厚德、赏心悦目、不宰客的旅游公共产品和旅游服务，让客户处在美好优雅的旅游服务中，培养文明旅游种子，让旅游发展更上一层楼。

（二）旅游国际公众关系协调

旅游国际公众，是指旅游组织的各项活动在涉外领域所面对的他国公众对象，包括客源国的旅游者、外国驻华使节、外国驻华专业人员和来华投资的外商等。从传播学角度讲，他们是积极受众；从旅游公共关系的角度看，他们是旅游公共关系的行为公众。他们对旅游组织的印象决定着旅游组织在国际市场上的形象。旅游组织进行国际旅游公共关系工作就是要争取国际公众对旅游组织的了解、认可和支持，塑造良好的形象，创造良好的国际声誉。

开展涉外旅游公共关系工作的方法有如下几种：

（1）开展别出心裁的涉外旅游活动。

通过各种渠道和富有创意的传播手段，生动、风趣地展示旅游组织的经营特色、技术力量、独到的管理观念和鲜明的外观形象，以引起外国公众的注意，并留下深刻印象，提升组织的知名度、美誉度，为组织发展、壮大铺平道路。

（2）进行适当的监测和预测工作。涉外旅游活动包括监测客源国政治、经济、市场、社会舆论和公众需求的变化等，在监测的基础上进行分析、预测，为旅游组织确立总体目标和决策提供咨询依据。

（3）搜集信息，扩大宣传。搜集、分析各种信息情报，编纂和印刷组织专刊，制作和发行宣传材料，加强宣传攻势，吸引外国公众的关注，引导其消费行为。

（三）媒体关系协调

由于大众传播媒介具有制造舆论的本质以及操纵和改变公众观念和行为的强大力量，国外把新闻媒体视为继立法、司法、行政三大权力后的"第四权力"，国家赖以生存的第四支柱；媒体记者被誉为"无冕之王"，意即他们具有国王一样的权力与影响力。在信息高度发达的现代社会，与媒体的关系成为旅游公共关系工作中最敏感、最重要的一部分，旅游公共关系人员必须本着"加强联系、密切配合、以诚相待、一视同仁"的原则，高度重视与新闻媒介的关系。

1. 安排专门的通信员主动与新闻界保持密切联系

如重大节日向新闻界人士发送贺卡、纪念品；主动邀请记者前来参观、访谈、游览、联欢等；善于寻找一些双方都感兴趣的话题，为彼此创造良好的合作环境，增进与媒介人士的个人友谊。

2. 了解各类新闻媒介的特点和特殊公众群

摸清各类新闻媒介的报道特色、编辑风格、发行时间和渠道、发行地区和数量等特点（不同新闻媒体的优缺点见表2-2所示），掌握一些记者和编辑的报道偏好，及时提供他们感兴趣的、具有新闻价值的信息材料或新闻通信稿件，充分利用各类传播媒介为组织做有效的宣传。

表2-2　不同新闻媒体的优点和缺点

媒体	优点	缺点
报纸	适合登载较长篇幅的文章；适合对艰深问题进行解释性报道，图片，可以使用较为独特的协作和报道	每天只能出版一期；不能使用视频和音频；不能进行现场报道；截稿期限往往会对主题的深度报道有所限制；使透彻的分析有所限制
新闻杂志	报道较其他媒体有深度；可以使用较为独特的写作和报道；可以有非常精彩的图片；报道主题较为多样化	时效性差；不能使用音频、视频，不能进行现场报道
广播	方便；不需要全神贯注；时效性强；可以进行现场报道；可以使用事件或采访音频	很难进行深度报道，报道主题较窄；常常是娱乐节目的补充
电视	提供事件和采访的高质量视频，比较能够吸引观众；可以进行现场报道；时效性强；普及率高	很难进行深度报道，报道主题较窄；常常是娱乐节目的补充
网络媒体	时效性强；有图片、音频、视频；可以进行现场报道；比广播、电视等更加具有深度	受手机、电脑等终端的设备、网络限制，不利于信息快速获取（尤其在基础网络不好的国家或地区）；消息来源可靠性不高

3. 多方收集信息，建立信息库

适时召开记者招待会、新闻发布会，向新闻界提供有关组织的重要信息（如庆典安排、最新推介的旅游线路和服务、特色产品等），及时、客观、准确地为媒体提供新闻素材。

4. 适当给媒体提供经济、物质等方面的资助

如饭店免费提供住房、餐饮以赞助对方的活动；又如旅行社赞助媒体举办的活动等，争取坐上"新闻报道的顺风车"，以提高组织的知名度与美誉度。

5. 尊重媒体的权利

礼貌接待新闻界人士到访，不迫使对方发表有利于自己的新闻，不蓄意掩盖坏消息，不扣发负面新闻或阻挠采访，不无礼纠缠记者和新闻界，切忌以利诱惑、搞金钱交易等。

6. 正确处理新闻传播关系

无论新闻报道是否有利于本组织，均要认真、友善地对待。当媒体发表了对组织有利的新闻时，应及时表示感谢；当媒体发表了不利的客观消息时，应主动致歉，争取媒体把组织改进工作后的情况公之于众，恢复企业组织形象；如媒体披露了不实新闻，应直接向其提供证明材料，迅速澄清事实，决不能采取敌对态度，更不能未经调解便诉诸法律，造成与媒体的"敌对"局势。当与媒体代表晤谈时，首先仔细聆听，并适当提出疑问，但须注意提问技巧，不应令对方感到不舒服，因为企业组织不应得罪任何媒体，况且一般媒体代表具有双重身份，既要促销广告，也要撰写一些稿件或组稿，如稍不慎，可能会波及今后此媒体对组织的新闻报道，得不偿失。

另外，旅游公共关系人员在接待外国新闻界人士时应注意：

（1）拟订严格详尽的接待计划，尤其要注意外事纪律。

（2）配备知识丰富、外交经验多、反应灵活、外文水平高的陪同导游翻译。

（3）节目活动安排突出中国特色。

（4）生活接待细致周到、具有特色。

（5）安排好会见、座谈、采访、参观与游览节目，广泛接触群体公众。

（6）准备丰富的材料，有选择性地接受采访。接待人员语言要生动，表情应严肃，知识应丰富，反应须灵活。

（四）社区关系协调

社区关系是指旅游组织与所在地地方政府、社会团体、企业、居民等之间的关系，是一种以地域关系为纽带而形成的较为稳定的关系。社区公众属多层次、多种类且分散型社会公众，要搞好社区关系，必须抓住共同利益这个根本。

1. 维护社区的环境

旅游组织所在的社区是社区公众工作、生活的区域，有效控制"三废"，防止环境污染，是社会公众一项最基本、最合理的要求。组织应致力于保护生态环境，维护环保、健康、安全、合法的社区环境，承担必要的社会责任。对一切旅游组织来说，绿色营销（环保营销）是其发展的必要之路。

2. 积极参与社区的社会公益事业

参加各种集资、捐赠、赞助活动，热心支持教育、医疗、体育、卫生、社区福利事业以及社区的各项活动。

3. 当社区遇到危险情况时给予支援

火灾、车祸、暴力事件等灾难性事件一旦发生,旅游组织应挺身而出,积极配合社区有关部门采取各种应急措施,树立"同甘共苦"的美好形象。

4. 适时开放组织的部分服务和娱乐设施(如图书馆、娱乐场地等)

可组织社区居民进场参观,让其了解组织并对组织产生喜爱、信任之情。还可邀请社区居民代表参与组织举办的重大活动,如奠基仪式、周年庆典、联欢会、新产品面世等。

5. 积极开拓与社区居民沟通的桥梁

可与社区共建社区精神文明橱窗;共同办好社区广播站、社区闭路电视;也可通过散发印刷品、召开座谈会等形式促进组织与社区之间的相互了解,表达组织支持社区全面发展的良好愿望;及时收集社区的各种情报资料,了解社区公众的态度、意见,及时消除其对组织的不满和误解。

值得注意的是,旅游社区旅游公共关系在选择旅游公共关系项目时,应力求前瞻性,想别人不敢想,做别人不敢做。要把事情做到实处,不能只说不干,或三天打鱼两天晒网。

【案例】

<h3 style="text-align:center">蜡烛事件引发的酒店社区旅游公共关系案例</h3>

"和为贵"是中国人推崇的处世之道,与睦邻交好更是旅游公共关系非常重视的问题。而一个和谐融洽的社区关系已经成为旅游企业发展中必不可少的关键因素。例如,处于A市老矿区的一座单位公寓,因公寓内少有独立的卫生间,该公寓的住户长年累月使用该公寓内的一座公厕。一年前,该单位破产,致使该公寓内唯一的公厕,一到晚上漆黑一片,给公寓内的住户生活造成了很大不便。公寓楼内的待业青年杨明了解到了这个情况后,从超市买来一根根蜡烛,点好后,放在厕所里。这一举动使这位正在待业的、职业中专毕业的年轻人一下子就被推上了镁光灯和采访笔齐聚的舞台。B酒店旅游公关部敏锐地意识到,蜡烛事件正点亮A市人所有热情的眼睛,正温暖所有热情的A市人的心,这是一次开展社区旅游公共关系的极好机遇。于是酒店旅游公关部经理立即打电话到报社,表示愿意承担该公寓厕所用电的费用,并欢迎那个点蜡烛的待业青年到酒店来上班。结果,B酒店很快就在社区公众面前提高了自己的知名度、亲和力和美誉度。蜡烛事件的当事人杨明到B酒店上班后,因为蜡烛事件已经被当地媒体进行了全面报道,许多员工也知道了这件事情,现在终于能够与当下的明星零距离、面对面了,这也很好地协调了内部旅游公共关系,促进了员工精神境界和服务观念的改变。

(五)政府关系协调

任何旅游组织均须服从政府的宏观管理,各级政府是旅游组织的权力公众。协调并改善与政府的关系,对组织的生存与发展至关重要。

(1)熟悉政府颁发的有关政策法规和政府机构的职能分工。

(2)加强与政府部门的信息沟通。

(3)协调好组织与政府部门的利益关系。

(4)专人负责与政府部门的协调工作。

旅游组织应把握一切时机与政府有关人员建立经常而正当的联系。如邀请对方出席组织庆典、政策讲座、行业推广活动等,扩大旅游组织对政府部门的影响,增进双方了解。组织负责人及旅游公共关系人员要经常代表组织参加政府机构举办的各种活动,了解组织所需的各种信息以及政府对本组织的建议,及时调整自身的工作。

本章小结

传播是旅游公共关系活动得以顺利开展的重要条件,常用的旅游公共关系传播类型有大众传播、人际传播、群体传播等。各传播媒介的特点不一,各具优缺点,必须有选择地利用。旅游公共关系主体通过谋划,有目的、有计划地改善组织的内外关系,为组织创造和谐的旅游公共关系状态,使旅游组织得以健康发展。

思考与练习

1. 旅游公共关系传播有哪些类型?请分析一下各种传播类型的优缺点。

2. 分析大众传播和人际传播各自的优势与不足,谈谈旅游组织应如何选择与应用传播媒介。

3. 论述旅游组织内外关系的协调要点。

4. 请每位同学到旅游景区的公共场所与3个以上的陌生人进行沟通,然后结合传播原理相互交流感受。

5. 观察一位你认为人际交往能力值得赞赏的导游人员,然后思考:他(她)人际交往成功的特点是什么?

6. 目前旅游业已进入到微利时代。由于旅行社之间恶性竞争,一些旅行社为了谋取经济利益,不择手段,进行低端操作,严重扰乱了行业秩序。"广之旅"确立了"诚信经营,以人为本"的企业核心价值观,提出了"一切为了客人满意"的服务理念,并通过各种形式,从上至下对全体员工进行宣传贯彻,在企业内营造用户满意的氛围。"广之旅"的诚信经营包含五个方面的内容,即对社会守信,对行业守信,对消费者守信,对供应商守信,对员工守信。因此,"广之旅"获得了中国质量协会颁发的全国旅游业第一个"中国用户满意鼎"与"亚太地区诚信企业"大奖(中国地区唯一获奖旅行社),被国家旅游主管部门评为"全国旅游系统先进单位","广之旅"商标也成为全国地方旅行社中第一个"中国驰名商标"。

问题：

（1）如果你是"广之旅"的公关部经理，你将会如何处理与顾客、供应商和导游之间的关系？

（2）结合当前一些旅行社恶性竞争的现实，谈谈"广之旅"的诚信经营在协调内外旅游公共关系方面给我们带来哪些启示。

拓展阅读

1. 前瞻产业研究院.新起点·新征程：2021年智慧园区发展研究报告［R］.2022.

2. 戴斌.建设京张体育文化旅游带 构建冰雪经济发展新格局［N］.中国旅游报，2022-02-09.

第三章 旅游组织公共关系结构与人员素质要求

学习重点

- 旅游组织公共关系部设置的原则
- 旅游组织公共关系部的日常工作、定期工作以及专门工作
- 旅游公共关系人员的基本素质与行为准则
- 公共关系意识的内涵与培养途径
- 旅游公共关系接待礼仪
- 旅游公共关系社交礼仪
- 企业文化的概念

旅游公共关系工作是一项经常性、长期性、战略性的工作，需要有组织上的保障，并拟订必要的预算，因而必须设有专门的机构和专业人员具体从事此项工作。公共关系人员的素质、礼仪修养、专业技能、服务意识与公众意识以及带动"全员公共关系"的教育引导水平直接关系到公共关系活动的成败，影响旅游组织形象的塑造。同时，为营造组织"人和"的氛围，增强组织的凝聚力和向心力，就必须构建鲜明而独特的"企业文化"。本章着重介绍旅游组织公共关系部的设置及工作、公共关系人员素质、公共关系接待和社交礼仪以及企业文化的营造等内容。

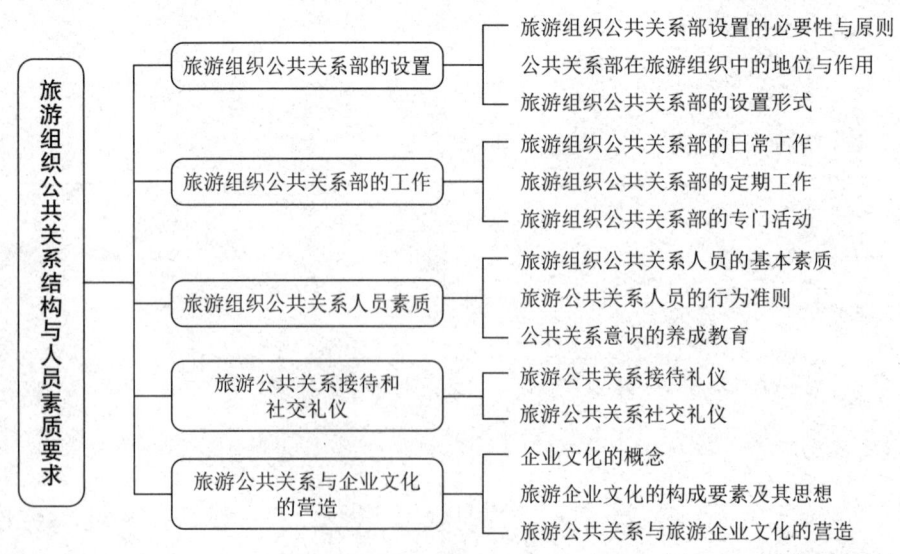

第一节　旅游组织公共关系部的设置

一、旅游组织公共关系部设置的必要性与原则

不同层次的公共关系工作会对管理产生不同的影响。最低层次的公共关系工作是接待和联系工作；第二层次公共关系工作是进行各种公共关系专门活动，如负责处理一些纠纷和突发性事件；第三层次公共关系工作是充分了解各类公众的意见，为组织的管理决策提供咨询建议；最高层次的公共关系工作，是直接介入管理决策中去，有计划地、主动地调整组织的行动以适应公众的需要，使公共关系思想能够渗入组织的每一个具体行动之中。

不同层次的公共关系之间并没有明确的分界线。但是，旅游组织是否成立公共关系部，成立的公共关系部的地位如何，无疑是衡量公共关系在组织管理中发挥哪个层次的作用的重要标志。

（一）公共关系部设置的必要性

1. 适应组织外部环境

为适应外部环境的要求，就需要建立一个专门从事公共关系活动的机构，来全面协调和处理组织对外的公共关系事务。另外，公共关系机构的建立对于完善组织的管理机构、在激烈的市场竞争中全面完成组织目标都有重大意义。

2. 适应组织内部环境

组织的生存和发展有赖于全体员工的精诚合作，必须依靠公共关系工作来协调和处理员工之间、员工与部门之间、员工与领导之间，以及部门与部门之间、部门与决策层之间的关系，以适应现代企业发展的要求。

（二）公共关系部的设置原则

1. 专业性

旅游企业公共关系部（简称为"公关部"）是为实现企业组织目标而专门设置的专业职能机构，它的每一项工作都涉及组织的形象与声誉。因此，必须保证组织上和工作内容上的专业化。一方面，公共关系部所从事的工作核心是实现企业目标、塑造企业形象，因而不能把公共关系部办成"接待部"，与公共关系无关的具体事务不应交由公共关系部处理；另一方面，公共关系人员必须具备强烈的公共关系意识，受过一定的专业训练，具有一定的业务能力及富于开拓进取的精神。

2. 协调性

公共关系目标是旅游组织整体目标的一部分，必须依赖组织内外公众的支持与配合，公共关系部从中起到统筹策划、协调组织、咨询沟通等作用。在开展公共关系活动的过程中，公共关系部对内要与其他职能部门紧密配合，建立良好的工作关系；对外要主动开展沟通与交流工作，建立友好的社会关系网络。

3. 权威性

公共关系部既是旅游组织的耳目、喉舌，又是组织的参谋部、智囊团。它对决策者所提供的信息、建议及对各部门活动的评价等，都关乎组织形象。

4. 服务性

作为高层次的职能管理部门，公共关系部是为营造良好的组织工作氛围与外部公众环境而服务于组织其他经营与职能部门的，是为创造良好的社会效益和经济效益而服务的，具有明显的服务性质。

5. 灵活性

由于我国旅游组织的规模、等级、所有制性质以及所面对的公众环境存在差异，因此各旅游组织公共关系部并不能采用一种固定的模式，而应随经营环境和企业目标的变化而调整，提升企业公共关系的有效性与科学性。

二、公共关系部在旅游组织中的地位与作用

（一）公共关系部在旅游组织中的地位

处于理想地位的公共关系部应具备以下四个明显的特点：①直接对组织最高领导负责；②能够与组织中的各个部门、各个层次保持密切联系，相互支持；③能够将信息迅速反馈到最高领导层或其他相关部门；④参与决策领导层的公共关系决策。

（二）旅游组织公共关系部的作用

1. 采集信息的"耳目"作用

通过信息的收集和整理，帮助旅游组织了解现状、预测趋势、适应变化、准确决策，起到收集信息的"耳目"的作用。

2. 外交宣传的"喉舌"作用

旅游组织需要公共关系部不断地向公众宣传组织的政策，解释组织的行为，增加组织的透明度。从这一角度来看，公共关系部在旅游组织中发挥的是"喉舌"或"外交官"的作用。

3. 协调关系的"桥梁"作用

旅游组织公共关系的工作目标是"内求团结，外求发展"，旅游组织与内部员工良好关系的获得和与外部公众良好关系的创造，都是通过公共关系部协调实现的，公共关系部在组织与员工和组织与外部公众之间所起的是"桥梁"作用。

4. 决策参谋的"智囊团"作用

在旅游组织中，公共关系部不是直接指挥和最后决策部门，而是在采集、整理、分析信息的基础上，提供可选择的决策方案，协助决策层进行重大经营决策。由此看来，公共关系部是旅游组织把握时代脉搏的"智囊团"或"思想库"。

三、旅游组织公共关系部的设置形式

公共关系部的设置涉及公共关系部的工作方式。依据旅游组织的主客体特点和公共关系工作的需要，公共关系部的设置形式有以下几种类型。

（一）按公共关系部的工作特点划分

1. 技术型公共关系部

技术型公共关系部是按照公共关系工作的技术手段建立起来的公共关系部（如图3-1所示）。此种形式的公共关系部具有技术职责明确，便于指挥、管理的特点。

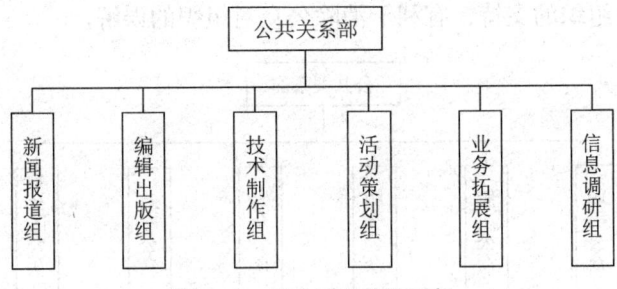

图3-1　技术型公共关系部

2. 职能型公共关系部

职能型公共关系部是按照公共关系职能的分类建立起来的公共关系部（如图3-2所示）。该种形式的公共关系部一般能够反映出组织对公共关系部的期望。

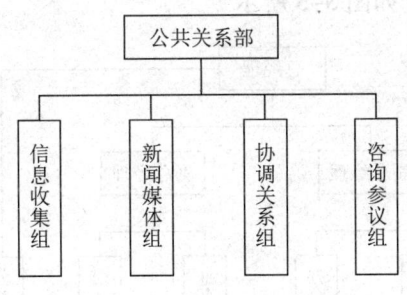

图3-2　职能型公共关系部

3. 区域型公共关系部

区域型公共关系部是按地区分类而建立起来的公共关系部（如图3-3所示）。该种形式的公共关系部比较适合大中型的旅游组织或公众分布广的旅游组织。

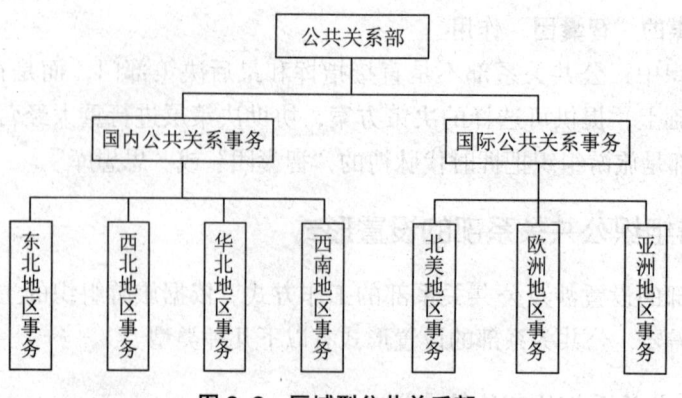

图 3-3 区域型公共关系部

4. 公众型公共关系部

公众型公共关系部是以不同的公众对象为原则组建的公共关系部（如图 3-4 所示）。此种类型的公共关系部有利于建立组织与公众的联系，有利于培养公众对组织的感情，有利于争取公众对组织的支持，有利于消除公众对组织的误解。

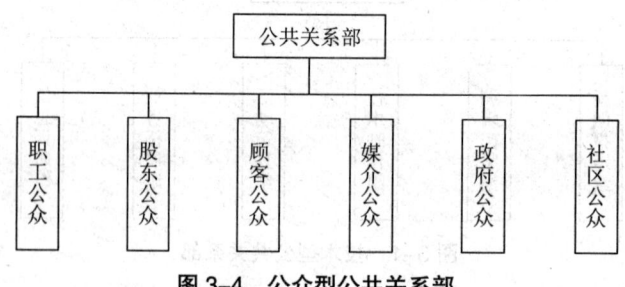

图 3-4 公众型公共关系部

（二）按公共关系部的隶属关系划分

1. 总经理直接负责型（如图 3-5 所示）

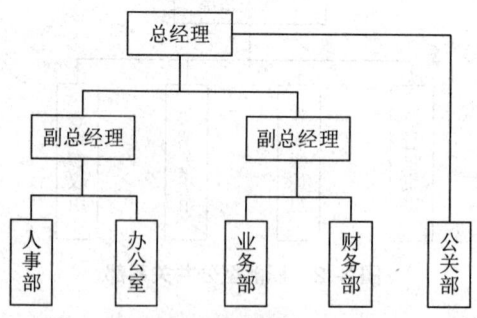

图 3-5 总经理直接负责型

2. 部门并列型（如图 3-6 所示）

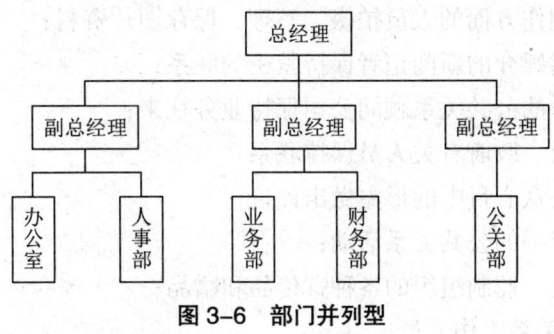

图 3-6　部门并列型

3. 部门所属型（如图 3-7 所示）

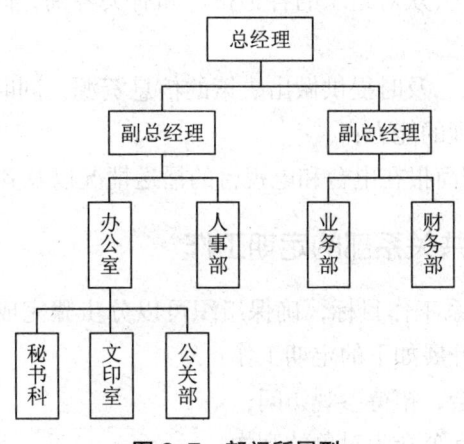

图 3-7　部门所属型

上述三种类型中，总经理直接负责型是较为理想的模式，公共关系部单独设置，直接受总经理领导，在组织形式上表明公共关系部的重要地位。

第二节　旅游组织公共关系部的工作

为配合旅游组织公共关系工作的全面展开，公共关系部的工作可分为日常工作、定期工作和专门活动三类。

一、旅游组织公共关系部的日常工作

旅游组织公共关系部的日常工作是指公共关系部为了实现旅游组织的总体目标和公共关系目标而从事的业务工作。其内容概括起来主要有以下几方面：

（1）随时搜集组织内外公众的各种意见；

（2）编写并向报界发布新闻稿、照片和特写文章，汇编有关的报刊目录；

（3）协同摄影制作方面的人员拍摄、整理、保存图片资料；

（4）与各种传播媒介的新闻记者保持紧密的联系；

（5）与长期合作的公共关系顾问公司保持业务往来；

（6）与主管部门、政府有关人员保持联系；

（7）对组织在公众心目中的形象做出评价；

（8）了解竞争对手的公共关系活动；

（9）设计、筹划、监制组织的各种宣传品和赠品；

（10）培训公共关系工作人员；

（11）在接待国家政府代表团和重要宾客时落实各项迎接和服务措施；

（12）代表组织接受公众对组织的各种投诉和有关咨询，向有关部门反馈信息，协助解决；

（13）加强信息输入，及时提供做出决策的信息资源，同时，主动向其他部门提供信息资源，提高经营管理的能力；

（14）负责监督新闻简报在电台和电视台的播送情况以及其他报道的反馈。

二、旅游组织公共关系部的定期工作

为系统完成公共关系工作目标，确保组织可以分步骤完成任务，不断积累工作成果，公共关系部要反复开展如下的定期工作：

（1）组织记者招待会，招待参观访问；

（2）编辑出版以目标公众为对象的刊物；

（3）编辑出版供组织员工阅读的内部刊物，组织其他各种形式的内部传播；

（4）编写并向股东提供各种资料，诸如组织历史、年度报告、新员工介绍等；

（5）参加各种管理会议，了解组织内部的管理状况；

（6）参加市场营销调研活动，了解组织的外部竞争情况；

（7）为管理部门安排报刊、广播和电视台记者的访问；

（8）同组织所在社区代表接触，建立良好的关系网络；

（9）策划、组织员工的各项文体娱乐活动；

（10）分析完成既定目标的情况。

三、旅游组织公共关系部的专门活动

公共关系部的专门活动，是为了达到若干特定目的而集中人力、物力和经费进行的。每一次公共关系专门活动，都应该起到一些明显效果。主要包括以下各方面的内容：

（1）制作与组织有关的影视作品，诸如纪录片、配音幻灯片、视频，并负责编目和播放等；

（2）委托和组织公共关系展览及演出等活动；
（3）筹划和监制公共关系广告，并监控其播放情况与效果；
（4）设计并制作组织的标志与吉祥物等；
（5）举办各种公共关系活动与仪式（如庆典、开业典礼等）；
（6）举办组织新服务（产品）介绍会；
（7）处理突发事件和危机事件；
（8）筹划、安排"制造媒介事件"活动。

以上三类公共关系部的具体工作，必须互相协调配合，才能发挥理想效果。

【案例】

如此公共关系部

一家旅游饭店新设置了一个公共关系部，设置伊始便配备了豪华办公室、漂亮迷人的公关小姐及现代化技术设备。但时隔数月，公关部工作却毫无起色，近乎无事可做。不得已，饭店请来了一位专家担任公共关系顾问。刚一上任，这位顾问便问了"饭店的知名度如何？""过去一年花在宣传上的费用是多少？""去年一年中因服务不周造成顾客不满的事件有几起，原因何在？""饭店最大的竞争对手是谁？潜在的竞争对手又是谁？""旅游旺季的游客中本地的、外地的、国内的、国外的各有多少？""本地共有多少饭店，总铺位有多少？"等一系列问题。对这样一些普通而又重要的问题，该公共关系部经理却瞠目结舌。于是，那位公共关系顾问便留下一句意味深长的话："请先搞清楚这些问题，然后再开始你们的公关工作吧。"真正的公共关系部门应熟悉了解该组织的经营情况、市场现状等，只有真正发挥了公共关系部门的职能，才能开展名副其实的公共关系工作。

第三节 旅游组织公共关系人员素质

北京师范大学资深教授、2021年度国家杰出教学奖获得者林崇德先生希望学生有责任、有担当，成为一个有德的人。同样，社会也会对从业者提出一定的要求。新时代的从业者，需要有以下三种核心素养：一要有社会责任心；二要有国家认同感，热爱祖国热爱党；三要有国际意识，放眼世界。

现代公共关系的一切设想、目的、方法，都必须要有具备一定条件的人员的直接参与才能得以实现，而且，实现的程度与公共关系人员的素质有很大关系。因此，从事公共关系工作的人员的核心素养与综合能力就显得尤其重要。

一、旅游组织公共关系人员的基本素质

公共关系在现代经营管理中的地位、作用和职能决定了对公共关系人员的特殊要求，因此，一名优秀的旅游公共关系人员必须具有五大方面的基本素质。

（一）职业道德

习近平总书记说：一个国家、一个民族的强盛，总是以文化兴盛为支撑的，中华民族伟大复兴需要以中华文化发展繁荣为条件。对历史文化特别是先人传承下来的道德规范，要坚持古为今用、推陈出新，有鉴别地加以对待，有扬弃地予以继承。国无德不兴，人无德不立……只要中华民族一代接着一代追求美好崇高的道德境界，我们的民族就永远充满希望。

1. 敬业正派

公共关系人员只有立场公正，坚持原则，无论亲疏大小，均一视同仁，才能获得公众的信任。

人天生有一种负面行为，就是抱怨，对于身边不满意的事情，就要"怼"个痛快。于是公司里永远不乏一种人，仿佛全世界就他一个人发现了同事不行、领导不行、待遇太差、公司不稳定，总是絮絮叨叨，见到人就说公司存在的种种问题。然而，把问题说出来没什么了不起，人人都有这个本事，重要的是要有能够在改变不了这些问题的情况下，还能踏踏实实做好事情的敬业精神。例如有个旅游公司的公共关系部老员工，几年前也常常吐槽公司创业初期各项待遇跟不上，加班又很多，员工意见很大，但在公司内部她一句抱怨的话都没说，仍然一边做好自己的本职工作，一边安抚身边的同事。站在公司的角度，她不能像其他员工一样抱怨不公，影响员工情绪，仍然做好本职工作；但站在员工的角度，她对自己的现状也不满意，所以对外也需要宣泄。如今不到四年的时间里，公司由于几项比较成功的旅游策划，已经在准备 IPO（首次公开募股）了，她自己也带起了 3 位下属。实际上每个公司都会存在这样那样的问题，如果公司暂时没有条件改变这些问题，那么踏实做好你自己的事情，比什么都重要。与其花时间写万言书怒斥公司存在的问题，倒不如扎扎实实做好自己的岗位工作。

2. 实事求是

旅游公共关系人员待人要真诚，处事要务实。据知乎报道，有一阵狗不理包子北京王府井分店被差评，负责人选择报警并公开斥责投诉人。关于真实性——真的难吃的问题，该店负责人选择闭口不谈，甚至大谈特谈百年老店，一副不思进取不反思照样倚老卖老对顾客爱来不来的样子，更不用谈站在全社会高度看问题了，对大量的差评充耳不闻，对个别大V的真实心声充满敌意。"狗不理"品牌原是文化遗产，这么一搞，天津总店宣布将王府井分店摘牌。其实除了消费者感到店大欺客，也有不少给差评的人是真的关心中国的民族品牌。该店的旅游公共关系人员缺少基本的素质，从而导致事态发展到不可控的地步。

3. 廉洁自律

公共关系人员要行为端正，廉洁奉公，不谋私利。

4. 诚信守义

讲求信义、遵守诺言是公共关系人员必不可少的品德。例如，清朝末期，由王相卿、张杰、史大学三位晋商创立的我国北方最有名的商号大盛魁在香港与一个英商做了一笔生意，后因种种原因，大盛魁曾一度破产，欠下英商300银圆。大盛魁的掌门在去世前把这件事告诉了儿子，嘱咐儿子在有钱时一定要还上这笔钱。儿子一辈子没有发迹，临死前又将这事托付给自己的儿子。后来，掌门的孙子重新光大了大盛魁，他到英国，打听英商的消息，因英商已死，遂将3万英镑还与英商之孙。这件事被英国媒体报道。在国内，大盛魁在公众中的美誉度更高，生意也更红火了。

5. 宽容大度

旅游心理学的研究表明，公共关系人员的宽容大度有利于提高人际间的心理相容水平，使公共关系工作更有效率，尤其在处理客人投诉时更应该有耐心、宽容、富有同情心。公共关系人员应该谦虚谨慎，宽厚待人，能接纳来自组织内外部公众的不同意见，能与不同个性的人相处。新员工尤其要学会这些：如果你的工作不能达到上级的要求，一定要及时和上级沟通，要让他知道你的进度和方向；对于团队依照程序所做出的决定如果认为不合理，要通过正常的途径与方式去反馈，并给上级留出时间，同时要执行决定；对于上级安排的临时性工作，一定要及时反馈；成就上级从而成就自己；不要在同事面前发牢骚讲上级的坏话；切忌煽动同事与团队对抗，一个正常运转的团队都会对带头闹事的人从严处置；如果你不能为一个团队创造一定的价值，起码不要成为制造麻烦的因素；把事做好的同时把人做好。

（二）政策水平

公共关系人员政策水平的高低，对公共关系工作质量与成效有重大影响。如果政策观念淡漠，则很难把握时机，更无法向决策层提供高质量的政策咨询服务。

（三）知识面

旅游公共关系工作接触面广而杂、交往的人多，公共关系人员知识结构越完善，对成功地开展公共关系工作就越便利。公共关系人员需要掌握以下各方面的知识：

（1）公共关系、新闻、传播、广告和其他公共关系的实用技巧等专业知识；

（2）旅游与本行业的业务、市场、管理、组织结构等方面的知识；

（3）旅游客源国的历史、地理、政治、经济、文化、法规、礼仪等方面的知识；

（4）我国的历史、文化和现今各方面状况；

（5）社会学、心理学、外交学、礼仪礼节等方面的知识；

（6）管理学、市场营销学、经济学的基础知识；

（7）外语翻译、编辑写作、美工设计与制作、演讲谈判、印刷、摄影等技能知识。

(四)身心素质

北京师范大学资深教授林崇德先生认为,心理健康标准的核心是:凡对一切有益于心理健康的事件或活动做出积极反应的人,其心理便是健康的。

对于公共关系工作人员的心理健康在每个方面的具体标准,很难包揽无遗地逐条列出,但是,大体可从下面几个方面加以概括:

(1)敬业,充沛的精力、高昂的工作热情和高度的职业道德与工作责任感;

(2)乐群,乐于助人和服务他人的精神;

(3)自我修养,善于控制自己的情绪;

(4)友善随和的性格;

(5)周到而果断的办事风格;

(6)富有幽默感;

(7)有从事信息传递和旅游工作的经验,理解信息传递工作的重要性;

(8)客观,能正确地评价外界的情况;

(9)思维活跃,懂得如何加强工作与思考能力,具有丰富的想象力、创造力和应变能力。

【小贴士】

现代公共关系人员的良好职业习惯

1. 沉稳

(1)不要随便显露你的情绪;(2)不要逢人就诉说你的困难和遭遇;(3)在征询别人的意见之前,自己先思考,但不要先讲;(4)不要一有机会就唠叨你的不满;(5)重要的决定尽量与别人商量,最好隔一天再发布;(6)讲话、走路不要有任何的慌张。

2. 细心

(1)对身边发生的事情,常思考它们的因果关系;(2)对做不到位的执行问题,要寻找它们的根本症结;(3)对习以为常的做事方法,要有改进或优化的建议;(4)做什么事情都要养成有条不紊和井然有序的习惯;(5)自己要随时随地对有所不足的地方进行补位。

3. 胆识

(1)不要常用缺乏自信的词句;(2)不要常常反悔,轻易推翻已经决定的事;(3)在众人争执不休时,不要没有主见;(4)整体氛围低落时,要乐观、阳光;(5)做任何事情都要用心,因为有人在看着你;(6)事情不顺的时候,歇口气,重新寻找突破口,就算结束也要干净利落。

4. 大度

(1)不要刻意把有可能是伙伴的人变成对手;(2)对别人的小过失、小错误不要斤斤计较;(3)在金钱上要大方,学习三施(财施、法施、无畏施);(4)不要有权力的傲慢和知识的偏见;(5)任何成果和成就都应和别人分享;(6)必须有人牺牲或奉献的时候,自己走在前面。

5. 诚信

(1)做不到的事情不要说,说了就努力做到;(2)虚的口号或标语不要常挂在嘴上;(3)针对客户提出的"不诚信"问题,拿出改善的方法;(4)停止一切"不道德"的手段;(5)不要耍弄小聪明;(6)计算一下产品或服务的诚信代价,也就是品牌成本。

6. 担当

(1)检讨任何过失的时候,先从自身或自己人开始反省;(2)事项结束后,先审查过错,再列述功劳;(3)认错从上级开始,表功从下级启动;(4)着手一个计划,先将权责界定清楚,而且分配得当;(5)对"怕事"的人或组织要挑明了说;(6)因为勇于承担责任所造成的损失,公司应该承担。

(五)工作能力

1. 组织协调能力

具备统筹、计划以及指挥协调能力,能同组织内外公众友好协调;善于运用报纸、杂志、电视、电台、广告等有关新闻媒体,能调动一切可合作的力量开展沟通协作。

2. 分析判断能力

具有灵敏的逻辑思维能力和良好的判断能力,对所收集的信息能够进行深入的分析和准确、客观的归纳;对市场机会以及工作中出现的问题等能够做出及时准确的判断,并迅速做出处理决定。

3. 社会活动能力

愿意并善于与人交往,能够与其同事、同行、社会各界,甚至与竞争对手保持良好的人际关系;能积极与社会上的有关部门相互配合,争取社会各界人士的支持;能独立地进行宣传、座谈、谈判、演讲和回答记者的提问。

4. 语言表达能力

语言是公共关系工作不可或缺的工具。成功的公共关系工作人员都具有驾驭语言的硬功夫,包括良好的口头表述能力与较强的文字写作能力,以便得心应手地应对公共关系工作中的新闻发布、宣传制作、展览演示、宣传推广等局面。

【小贴士】

公共关系工作人员应掌握的说话技巧

人与人之间的最大问题是能否有效地真诚沟通,而影响沟通的最大的问题恐怕就是语言了。公共关系工作人员要掌握好说话技巧，学会得体说话。

说话技巧一：表扬时，切忌虚夸

赞美行为而非个人。举例来说，如果对方是厨师，千万不要说："你真是了不起的厨师。"他心里知道有更多厨师比他还优秀。但如果你告诉他，你一星期有一半的时间会到他的餐厅吃饭，这就是非常高明的恭维。

通过第三者表达赞美。如果对方是经由他人间接听到你的称赞，比你直接告诉本人更多了一份惊喜。相反，如果是批评对方，千万不要通过第三者告诉当事人，避免添油加醋。

客套话也要说得恰到好处。客套话是表示你的恭敬和感激，所以要适可而止。有人替你做了一点点小事，你只要说"谢谢""对不起，这件事麻烦你了"就可以了，至于"才疏学浅，请阁下多多指教"这种缺乏感情的客套话，就可以免了。

面对别人的称赞，说声"谢谢"就好。一般人被称赞时，多半会回答"还好"或是以笑容带过。与其这样，不如坦率接受并直接跟对方说"谢谢"。有时候对方称赞我们的服饰或某样东西，如果你说："这只是便宜货！"反而会让对方尴尬。

有欣赏竞争对手的雅量。当你的对手或你讨厌的人被称赞时，不要急着说："可是……"就算你不认同对方，表面上还是要说："是啊，他很努力。"以显示自己的雅量。

说话技巧二：批评时，绝不要……

批评也要看关系。忠言未必顺耳，即便你是好意，对方也未必会领情，甚至误解你的好意。除非你和对方有一定的交情或信任基础，否则不要随意提出批评。

批评也可以很悦耳。比较容易让人接受的说法是："关于你的……，我有些想法，或许你可以听听看。"

时间点很重要。千万不要在星期一早上提出批评，几乎多数人都会有"星期一忧郁"的症状。另外也不要在星期五下班前，以免破坏对方周末休假的心情。

注意场合。不要当着外人的面批评自己的朋友或同事，这些话私底下关起门来说就好。

同时提出建议。提出批评之外，还应该提供正面的改进建议，这样才可以让你的批评更有说服力。

说话技巧三：回话时，要小心……

避免不该说出口的回答。像是："不对吧，应该是……"这种话显得你故意在找碴。另外，我们也常说："听说……"这种说法显得就像是你在道听途说，有失得体。

别回答"果然没错！"这是很糟的说法，当对方听到这种响应时，心中难免会想："你是不是明知故问啊？"所以只要附和说"是的"就好。

改掉一无是处的口头禅。每个人说话都有习惯的口头禅，但会容易让人产生反感。例如："你懂我的意思吗？""你清楚吗？""基本上……""老实说……"。

去除不必要的"杂音"。有些人每一句话最后习惯加上"啊"等语气助词，像是

"就是说啊""当然啦",在比较正式的场合,就会显得不够庄重稳重。

别问对方"你的公司是做什么的"。你在一场活动中遇到某个人,他自我介绍时说自己在某家公司工作。千万别问:"你公司是做什么的?"这项活动也许正是他们公司举办的,你要是不知道就尴尬了。也不要说:"听说你们做得很好!"因为对方可能这季业绩掉了3成。你应该说:"你在公司担任什么职务?"如果不知道对方的职业就别问,因为有可能他没工作。

别问不熟的人"为什么"。如果彼此交情不够,问对方"为什么?"有时会有责问、探人隐私的意味。例如,"你为什么那样做?""你为什么做这个决定?"这些问题都要避免。

说话技巧四:做面子,给别人……

别以为每个人都认识你。碰到曾经见过面,但认识不深的人时,绝不要说:"你还记得我吗?"万一对方想不起来,就尴尬了。最好的方法还是先自我介绍:"你好,我是某某,真高兴又见面了。"

拒绝也可以不失礼。用餐时,若主人推荐你吃某样你不想吃的东西,可以说:"对不起,我没办法吃这道菜,不过我会多吃一点××。"让对方感受到你是真心喜欢并感谢他们准备的食物。如果吃饱了,可以说:"这些菜真好吃,要不是吃饱了,真想再多吃一点。"

不要表现出自己比对方厉害。在社交场合交谈时,如果有人说他刚刚去了纽约一星期,就不要说上次你去了一个月,这样会破坏对方谈话的兴致。还不如顺着对方的话,分享你对纽约的感受和喜爱。

不要纠正别人的错误。不要纠正别人的发音、文法或事实,纠正不仅会让对方觉得不好意思,同时也显得你很爱表现。

不懂不要装懂。如果你对谈话的主题不了解,就坦白地说:"这问题我不清楚。"别人也不会继续为难你。如果不懂还要装懂,更容易说错话。

说话技巧五:看脸色,别冲动……

掌握一秒钟原则。听完别人的谈话时,在回答之前,先停顿一秒钟,代表你刚刚在仔细聆听,若是随即回话,会让人感觉你好像早就等着随时打断对方。

听到没有说出口的。当你在倾听某人说话时,听到的只是对方知道并且愿意告诉你的。除了倾听,我们还必须"观察"。他的行为举止如何?从事什么工作?如何分配时间与金钱?

时间点对了,什么都对。当你有事要找同事或主管讨论时,应该根据自己问题的重要与否,选择对的时机。假若是为个人琐事,就不要在他正埋头思考时打扰。如果不知道对方何时有空,不妨先发送一份邮件给他。

说话技巧六:去尴尬,有方法……

微笑拒绝回答私人问题。如果被人问到不想回答的私人问题或让你不舒服的问题,可以微笑着跟对方说:"这个问题我没办法回答。"既不会给对方难堪,又能守住你的底线。

拐弯抹角回绝。许多社交场合，喝酒总是无法避免。不要直接说："我不喝酒。"不如幽默地说："我比较擅长为大家倒酒。"

先报上自己大名。忘记对方的名字，就当作是正式场合，向对方介绍自己的名字或拿出名片，对方也会顺势报上自己的大名和名片，免除了叫不出对方姓名的尴尬。

不当八卦传声筒。当一群人聊起某个人的八卦或传言时，不要随便应声附和，因为只要说出口的话，必定会传到当事人耳中。最好的方法就是不表明自己的立场，只要说："你说的部分我不太清楚。"

下达"送客令"。如果你觉得时间差不多该结束谈话或送客，但对方似乎完全没有要起身离开的意思，可以说："不好意思，我得打通电话，时间可能有点久……"或是："今天真的很谢谢你来……"你也可以不经意地看看自己的手表，让对方知道该走了。

让对方觉得他很重要。如果向前辈请求帮忙，可以说："因为我很信任您，所以想找您商量……"让对方感到自己备受尊敬。

说话技巧七：评部属，要恰当……

主管如何和部属沟通，才能说得恰到好处又不伤关系？资诚企业管理顾问公司进行内部教育训练时，教导新手主管5项沟通守则。

直接描述现状。和部属意见不同时，不要直接批评，而要说明不同点在哪儿。

寻求解决。如果部属绩效不佳，应该要询问他可以如何解决，不要采取威胁态度。

主动表达帮忙。如果一时之间无法解决部属的问题，不要说"这种事先不要来烦我"，而是告诉他"我知道有谁可以帮忙"。

说话语气要平等。主管切忌说"我有十几年的经验，听我的就对了"。比较好的说法是："这方法我用过，而且很有效，你要不要试试看？"

弹性接纳部属意见。即使你心有定见，也不要对部属说："这些建议我都考虑过了，不必再多说。"还是应该给部属机会，对他说："关于这个问题，我已有了腹案，不过仍想听听你的看法。"

5. 创新能力

北京师范大学校长、博士生导师董奇教授认为，现代社会科技创新的速度在加快，科技成果不断涌现。这些都在不断改变我们过去对世界，以及对人与自然社会关系的认识。所以人需要具有应用科技成果、消费科技成果的能力和意识。创新素养在今天这个时代，在万众创新这样一个时代，无论对于普通人还是对于研究者，都同等的重要。

现代公共关系工作人员只有具有敏锐的观察力和标新立异的开拓能力，才能打破常规，勇于创新。

旅游公共关系人员要具备上述的所有条件并非易事，需要长期不懈地努力和追求，需要在实践中经受各种磨砺，如此，方能达到公共关系人员素质的最高境界：拥有哲学家的理性思维，企业家的效益头脑，政治家的调动才能，科学家的超前意识，外交家的机智风度，战略家的高远目光，军事家的果断作风以及艺术家的创新精神。

二、旅游公共关系人员的行为准则

旅游公共关系是要通过塑造组织的良好形象，来追求组织利益与公众利益、社会整体利益的最佳统一，提高组织与环境的互适性。公共关系人员品行的好坏不仅影响个人形象而且影响组织形象，因此从事公共关系工作的人不但要有良好的品行，而且必须遵守公共关系职业道德和职业行为规范。为使公共关系职业道德规范化、制度化，不少公共关系协会制订了自己的公共关系从业人员职业准则。其中，《国际公共关系道德准则》（1965年，雅典）影响最大。其他有较大影响的公共关系职业准则有《国际公共关系协会行为准则》《英国公共关系协会行为准则》《美国公共关系协会职业行为准则》等。1991年5月，我国出台了《中国公共关系职业道德准则》。

作为旅游公共关系人员，在实践工作中必须提醒自己经常反省自我、修正自我、完善自我，做好"十戒"：

（1）戒说祖国坏话奴颜媚骨；
（2）戒违法和不正当行为；
（3）戒排他行为损人利己；
（4）戒弄虚作假欺骗公众；
（5）戒大吃大喝大讲排场；
（6）戒言而无信言行不一；
（7）戒态度生硬言谈无礼；
（8）戒奇装异服衣着不整；
（9）戒不懂装懂目无旁人；
（10）戒无公德，不讲伦理和职业道德。

三、公共关系意识的养成教育

所谓公共关系意识，是公共关系实践在人们思维中的反映，是一种综合性的职业意识。它一旦形成，就会制约人们的公共关系行为。因此，旅游组织的员工队伍必须具有强烈的公共关系意识，才能统一思想与步调去开展旅游服务工作。

（一）公共关系意识的内涵

1. 塑造推广形象意识

旅游公共关系工作的核心是塑造旅游组织形象。良好的旅游组织形象，是旅游组织的无形资产和无价之宝。只有具备塑造形象意识的人，才能清晰地懂得知名度与美誉度对组织生存与发展的重要价值，才会时刻像保护眼睛一样，维护自身的形象，甚至视其为组织的生命。

旅游心理学研究表明，塑造形象意识包括两层含义：其一，应以塑造组织形象为核心去规范全体员工的服务语言与行为；其二，塑造员工个人形象，它不仅包括仪容仪表、礼貌礼节等外在形象，也包括员工的社会责任感、道德观念、思想修养和个性心理特征等内在形象。

2. 服务公众的意识

任何旅游组织的公共关系工作，都必须着眼于公众。现代旅游企业普遍强调企业的社会责任，这实际上也是服务公众意识的一种表现。

3. 真诚互惠的意识

真诚互惠的意识是旅游公共关系的功利意识。从实质上看，旅游公共关系是一种利益关系，因此具有明显的功利性。一个处于激烈竞争环境中的旅游企业，需要有一种良好的竞争态势：既竞争又合作，协同发展，共同前进。

4. 沟通交流的意识

旅游组织为了塑造良好形象，更好地适应环境的变化，更好地为公众服务，就必须构架一个信息交流的网络，以倾听公众的各种建议和批评；同时，为了推广自身的良好形象，提高知名度和美誉度，旅游组织就必须运用交流的技巧，让公众来了解自己。因此，强烈的沟通交流的意识是公共关系活动不可或缺的因素之一。

5. 创新审美意识

塑造旅游组织的良好形象是一个创新审美的过程，为加深公众的印象，要求旅游组织形象塑造的策划与设计必须创新、与众不同。而只有具有创新审美意识的人，才能深切体会到通过旅游公共关系活动塑造个人与组织形象的奥妙与乐趣。

6. 立足长远意识

旅游公共关系不是一项立竿见影的工作，它需要通过长期努力、不断积累，方能取得成功。旅游公共关系活动与广告、推销不同，如果说后者更多地着眼于较为直接的效益，那么前者则是立足于长远，追求长期效益。

【案例】

"不购物没饭吃"

前些年，在网上经常看到网友吐槽："花钱出门旅游，结果被导游当成提款机不说，还得接受辱骂，这种旅游不要也罢！"前国家乒乓球队一个成员曾遭无牌导游强迫购物，引发心脏病而死亡；另4名游客也因不愿补交无购物的团费差价，被导游恶意取消机票后受困于广州白云机场⋯⋯这种低价或零负团费的旅游团品质低下，是旅游市场多年的痼疾。但导游人员的公共关系意识淡薄，基本素质不高，也是造成个别导游用无礼的语言不断责难和辱骂游客、胁迫游客购物的重要原因之一。尽管国家旅游管理部门会责成涉案旅行社对游客道歉并进行赔偿，但因个别导游的恶劣行为使涉事旅行社失去的美誉度却很难在短时间内弥补回来。旅游公共关系就是要通过塑造组织的良好形象,来追求组织利益与公众利益、社会整体利益的最佳统一。良好的旅游组织形象,来自组织内部全体成员的共同努力。

(二)培养员工公共关系意识的方法与途径

1. 引导员工端正思想,正确理解公共关系意识的含义

旅游组织要用大量的事例反复论证,使员工掌握公共关系学的含义,理解其特征是以公众为对象、以美誉为目标、以互利为原则、以长远为方针、以沟通为手段、以真诚为信条,从而正确理解公共关系。公共关系活动中,旅游公共关系人员在努力塑造组织形象的同时,也要塑造良好的个人形象。

2. 普及公共关系知识,树立形象意识

旅游组织的员工作为社会的特殊群体,除了具备必要的专业知识外,还必须具备公共关系礼仪知识。礼仪是影响社会组织得失成败的重要因素,也是一个社会人端正自我修养,培养庄重、谨慎、谦恭、和顺的品格及高尚道德情操的必备要素。

3. 强化全体员工的"整体意识"

公关不是一种个体的、封闭的行为,因此团体意识、整体意识能较好地体现在内部的协调与联系当中,这是内求团结、外求发展的公关思想的充分体现。

第四节 旅游公共关系接待和社交礼仪

旅游公共关系人员在服务接待和社会交往方面的表现展示了公共关系人员的基本素质和修养水平,代表了旅游组织的形象,在旅游公共关系活动中起着"润滑剂"的重要作用,是旅游组织公共关系走向成功的必要手段之一。良好的旅游公共关系接待和社交礼仪能协助旅游组织化解矛盾、减少摩擦,改善与内外公众的关系,为组织广结良缘,营造"人和"的生存与发展环境。

一、旅游公共关系接待礼仪

旅游公共关系接待是旅游公共关系的日常工作之一,它直接影响旅游组织形象与信誉的树立,协助建立持久稳定的公众关系,体现出"宾客至上"的服务宗旨。

(一)旅游公共关系接待礼仪的基本原则

(1)树立全员礼宾意识;(2)坚持身份对等原则;(3)本着方便对方的原则;(4)体现真诚、热情和主动的原则;(5)依据一致、合宜的原则。

（二）旅游公共关系接待工作的主要内容

根据旅游接待工作的时间顺序和阶段进行划分，常见的公共关系接待工作有业务来访接待、组织会谈、组织联谊活动、举办会议与宴会等基本内容。

1. 业务来访接待礼仪

首先，应设置专用接待室。接待室标志着旅游组织的实力、地位与精神风貌，显示了对来宾的尊重，直接影响着旅游接待工作的气氛和来宾的交谈情绪。

其次，宾客到访，应起立用礼貌的语言问好，如"欢迎光临""您好""请进""请坐"等，并奉上茶水表示欢迎。对初次来访者，要运用一定技巧弄清来访者的身份、目的等。

最后，在客人告辞时，一般应婉言挽留，不加挽留急于送客是不礼貌的。客人走时应起身热情相送，热情地说"欢迎再来""再见"。若需继续联络的应留下联系方式。

2. 迎送接待礼仪

（1）迎接客人：①确定欢迎规格。依据来宾的身份、国籍、性别、年龄等情况安排好吃、住、行、游、购物、活动日程、交通工具、兑换款币、娱乐等事项。②掌握时间。必须准确掌握客人乘坐交通工具抵达的时间，提前15分钟到达机场、车站或码头，选择醒目的地点等候。若属外宾或高贵客人，要事先去机场、车站、码头安排贵宾室。③热情迎接客人。客人抵达时，迎接者应主动热情迎上前去问候，协助提拿行李，办理入境手续。若对方是夫妇同来，或对方一行中有女士，在他们尚未到达之前，预先准备一束鲜花给他们一个意外惊喜。若与客人不相识，则事先要准备好迎客牌，工整地写上所接客人的单位、名字。客人走近时，先自我介绍后，致简短的欢迎词。④引导客人乘车。若乘小轿车，注意安排尊贵的客人坐在车后排右首位，接待人员坐在后座左首位或司机旁边；若乘面包车，则安排尊贵的客人坐于司机后双人座上。车起动后，切忌沉默不语，应主动向客人讲解本地的概况、旅游活动安排等，以增强沟通，消除客人疲劳。⑤妥善安排行程。到达目的地后，应该迅速协助客人安排住宿及就餐时间、地点等事宜。但不应久留，约定下一次见面时间及联系方式后，道安离去。

（2）欢送客人：①欢送时应根据客人离开的时间，安排好购票、赠送礼品、摄影留念、欢送宴会等事宜。若是身份高的客人，宜事先在欢送地安排贵宾休息室，并准备饮料。②赠送礼品时要注意礼品能方便携带，能突出地方精神和文化特质，通常应设法巧妙地将组织的形象标志铭刻在纪念品上，使之更具有保存、纪念与宣传价值。③帮客人安顿好行李，避免客人遗失物品，造成不必要的麻烦。④分别时，应作欢送词，并希望客人能再来，要目送客人飞机起飞或车船开动直至对方看不见时再行返回。⑤估计客人到达下一目的地后，通过电话、信函等方式给予问候。

【案例】

服务员脸上的微笑永远是属于旅客的阳光

在饭店业的发展史上,希尔顿不仅首先提出微笑服务,而且在实践中也坚持得很好。希尔顿酒店集团的创始人康拉德·希尔顿提出微笑服务,源于他母亲的启发。有一天,当康拉德·希尔顿把自己几千美元的资产增值到几千万美元这个消息欣喜而自豪地告诉母亲时,他母亲却淡淡地说:"依我看,你跟从前没什么两样……你必须把握更重要的东西,就是除了对顾客诚实之外,还要想办法使来希尔顿旅馆住过的人还想再来住,你要想出一种简单、容易、不花本钱而行之久远的办法去吸引顾客,这样你的旅馆才有前途。"为了找到一种具备母亲所说的"简单、容易、不花本钱、行之久远"的四大条件的办法,希尔顿逛商店、串旅店,让自己作为顾客亲身感受,终于得到了答案——微笑服务。只有它才实实在在地同时具备母亲所提出的四大条件。同时,他一贯坚持的用人之道和经营风格,足以保证员工的笑容是真实的、发自内心的。希尔顿要求每个员工不论如何辛苦,都要对顾客报以微笑,即使在旅店业务遭遇经济萧条时,他也经常提醒员工:"万万不要把我们心里的愁云摆在脸上,无论旅馆本身遭受的困难如何,希尔顿旅馆服务员脸上的微笑永远是属于旅客的阳光。"因此,在美国20世纪初后的经济危机中幸存的旅馆中,只有希尔顿旅馆服务员的脸上带着微笑。结果,经济萧条刚过,希尔顿旅馆就率先进入新的繁荣时期,跨入了黄金时代。国际著名连锁超市沃尔玛还提出了对员工的"量化微笑"的要求,甚至还提了一个比"量化微笑"更重要的服务准则,即要求员工在10英尺内一定要以温和的目光接触来迎接顾客,向顾客打招呼并询问顾客是否需要帮助。人脸上有几十块肌肉,哪块肌肉动,哪块肌肉不动,所表现出来的"笑",给人的感觉是不一样的。对服务来说,微笑不是目的,只是手段。服务仅有微笑是不够的,更重要的是要使服务发自内心,真诚地为客人服务。在实践中,只要服务是发自内心的,即使不微笑,客人也能够感觉出来,并形成良好的印象。

(三) 会议接待礼仪

旅游组织管理整体水平好坏的一个重要表现就是看其能否举办大型会议并做好会议接待工作。会议接待礼仪应充分做到:礼貌周到、热情主动、规范有序。

1. 熟悉情况,充分准备

了解和掌握会议的性质、内容、会期、参会人员的构成情况(如层次、地位、数量、性别、年龄、民族等)。若是涉外会议,还应了解包括国别、宗教信仰、风俗习惯、忌讳、饮食起居等情况。

2. 计划详尽，组织到位

建立接待机构、制订接待规格、拟订接待计划等，都要考虑详尽，富有弹性、留有余地，力求目标明确、策划周详、分工具体、组织到位。

3. 合理安排，后备充实

合理安排与会人员的吃、住、行、游、娱、安全和医疗工作，尽量兼顾、满足所有与会者的需求是接待成功的关键。

4. 缜密筹谋，精心布置

会场的布置涉及席位排法、音响控制、会标、花卉及温度、湿度等环境设计，另包括招待项目等。为了组织会议获得最佳效果，组织者应精心筹谋，营造一个充满情趣和独特品位的会场氛围。

（1）主席台式席位布置：一般来说，主宾、主人席应安排在面对正门的位置，客人位于主人之右。主席台式席位安排适用于隆重的代表会、庆功会等，如图3-8所示。

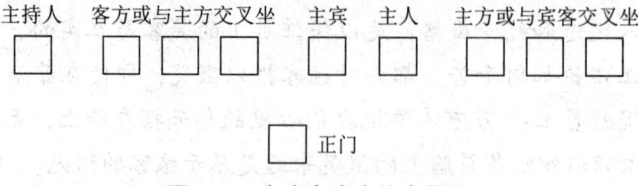

图3-8 主席台式席位布置图

（2）座谈会式席位布置：通常，客人位于主人之右，其他宾客按礼宾顺序在主宾一侧就座，主方陪同人员均坐于主人一侧。来宾过多、座位不够时，可在后排加座，如有译员和记录员，则分别坐在主人和主宾之后，如图3-9、图3-10所示。

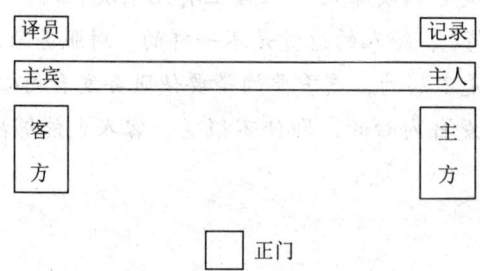

图3-9 方形座谈会席位布置图

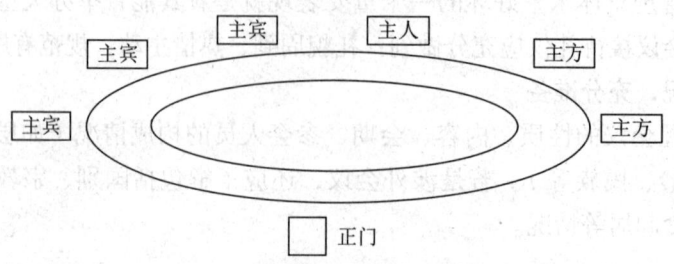

图3-10 半圆形座谈会席位布置图

（3）谈判式席位布置，如图3-11所示。

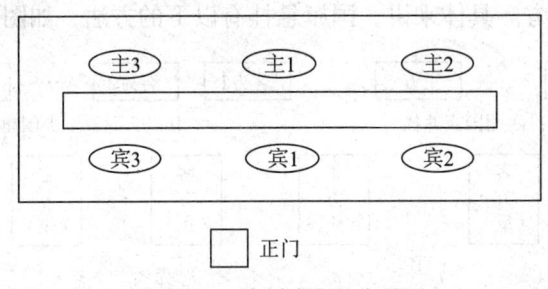

图3-11　谈判式席位布置图

（4）签字仪式席位布置，如图3-12所示。

在正式签署合同时，各方代表对于礼遇均非常在意，因而公共关系人员对于在签字仪式上最能体现礼遇高低的座次问题，应当认真对待。签字时各方代表的座次，是由主方先期排定的。合乎礼仪的做法是：在签署双边性合同时，应请客方签字人在签字桌右侧就座，主方签字人则应同时就座于签字桌左侧。双方各自的助签人，应分别站立于各自一方签字人的外侧，以便随时为签字人提供帮助。双方其他的随员，可以按照一定的顺序在己方签字人的正对面就座。也可以依照职位的高低，依次自左至右（客方）或是自右至左（主方）地列成一行，站立于己方签字人的身后。当一行站不完时，可以按照以上顺序并遵照"前高后低"的惯例，排成两行、三行或四行。原则上，双方随员人数应大体上相近。

在签署多边性合同时，一般仅设一个签字椅。各方签字人签字时，需依照有关各方事先同意的先后顺序，依次上前签字。他们的助签人，应随之一同行动。在助签时，依"右高左低"的规矩，助签人应站立于签字人的左侧。与此同时，有关各方的随员，应按照一定的序列，面对签字桌就座或站立。

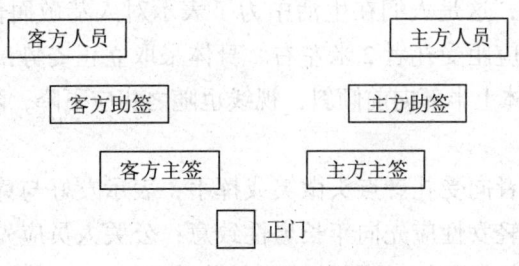

图3-12　签字仪式席位布置图

（5）涉外会议接待礼宾席位排法：①礼宾次序。主要按身份与职务高低、英文字母顺序或通知代表团组成的日期先后排列。②国旗悬挂。依据国际关系准则，一国元首在他国领土访问，接待国在接待来访国家元首时，一般应在隆重场合和下榻的宾馆、乘坐的汽车上悬挂对方或双方国旗，这是一种礼遇。悬挂国旗时应注意国旗规格尺寸统一，若不统一，事先应重新制作；挂在墙上时不得交叉或竖挂；应遵循右方为尊的原则,一般将宾客国的国旗挂在右边,接待国的国旗挂在左边。汽车上以驾驶员的左首为主方,右首为客方。具体来讲,国旗悬挂有以下的方法,如图3-13所示。

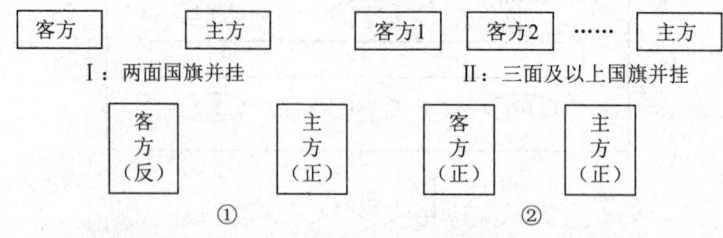

图 3-13　国旗悬挂方法

(资料来源:张舒哲.旅游服务礼仪与形体训练[M].旅游教育出版社,2009.)

二、旅游公共关系社交礼仪

旅游公共关系活动包含广泛开展的社交活动。社交活动的成败,在某种意义上直接影响到旅游活动的成败。要实现成功的公关交际,必须掌握一定的公关交际礼仪。

(一)致意礼仪

1. 握手礼

握手礼要求:距受礼者约一步,右臂自然向前伸出,伸出右手(高度与对方腰部上方齐平),掌心向内,拇指稍用力握对方的手掌(手掌应与地面垂直)。左臂自然下垂,双目注视对方,面带微笑,上身微微前倾,头微低。边握手边开口致意(如"您好,最近怎样"等)。

2. 鞠躬礼

鞠躬即弯身行礼,这是人们在生活中为了表示对人恭敬而普遍使用的一种礼节。行鞠躬礼时,行礼者应距受礼者2米左右。身体采取立正姿势,双脚不要叉开,面带微笑目视受礼者,身体上半部向前倾斜,视线也随之相应下降,随即恢复原状。

3. 致意礼

这种礼节是行礼者向受礼者点头微笑或挥手,表示友好与尊重。一般来说,男士应先向女士致意;年轻女性应先向年长男性致意;公关人员应先向客户致意。在行致意礼时,不可将手插在衣袋中,更不能嘴里叼着香烟。

4. 问候礼

问候语有"您好""早上好""晚上好""晚安"等。

(二)介绍礼仪

1. 正式介绍

正式介绍是指在较为正式、郑重的场合所进行的介绍。在介绍时,最好先提姓名,再附加简短的说明，如职称、职务、爱好和特长，等等。

2. 非正式介绍

非正式介绍是指在一般的、非正式的场合所做的介绍。这种介绍不必太拘泥于礼节，以自然、轻松、愉快为宗旨。最简单的方式是直接报出被介绍者的姓名。

3. 自我介绍

自我介绍应及时、简要、明确，在等对方也做过自我介绍后才与之进行交谈。在刚开始交谈时，应多谈别人、少谈些自己，等彼此有了一定的感情沟通后，再详细做自我介绍。介绍时要遵循"先向尊者介绍"（先被称呼者为尊）原则。

（三）名片礼仪

要掌握好递送名片的时机，有时一见面就交换名片，也可在彼此交谈结束时进行。如需将本人名片递给若干人时，一般应一一递给，不要遗漏，并注意先后顺序：一般是地位低的先把名片递给地位高的，年轻的先把名片递给年老的。但如对方先递名片，不必谦让，应大方地收下，然后将自己的名片递过去。交换名片应双手递、接，千万不能用食指与中指夹着递过去。名片正面朝上，字的正方向朝着对方。接名片时要用双手，接过后认真看一遍，必要时可说些"认识您很高兴"之类的话，不可随意将名片扔在一边或随便塞进裤袋内。

（四）交谈礼仪

1. 谈话的十大语言技巧

（1）保持良好的交谈气氛。见面时真诚、友好的寒暄必不可少，有助于消除陌生感，缩短双方的心理距离。

（2）谈话的内容要有针对性。在交谈中多涉及双方共同感兴趣的内容或话题，尽可能地投对方所好，给对方以优雅、得体的感觉。

（3）使用简明扼要、自然流畅的语言。少说废话；能够点头示意的，不要说上三言五语。对公众提出的问题要真正明白后再作适当的回答；对于一时回答不了或回答不清的问题，可先向公众致歉，待查询或请示后再向询问者回答。开口说话需要注意的七个条件：你把事情想清楚了；你把要说的话理顺了；你把说完的结果想透了；别人在听；别人能听懂；别人听完后能执行；别人执行后有价值。说话千万不能信口开河，如果不满足以上条件，宁可不说。要多听，听得越多，掌握的情况越全面，犯错的概率就越少。在任何一个场合，最重要的人，一定是说话最少，但是最有分量的人。

（4）要实事求是，恰如其分。对客人提出的要求，没有把握不要给肯定的允诺，要留有一定余地，但已允诺的事则无论如何也要想办法做到。

（5）讲究插话、提问的方法，不要轻易中断或延长话题。

（6）注意无声语言的配合。与客人之间的距离应在1~4米。

（7）与人交谈时，姿态要自然得体，手势要恰如其分，切不可指指点点，挤眉弄眼，更不要挖鼻掏耳，给人以轻浮或缺乏教养的印象。对不同看法，要坦诚地说出来，不要一味附和。也不要胡乱赞美、恭维别人，否则，会令人觉得你不真诚。

（8）别人在谈话时出现了错误或不妥，不应嘲笑，特别是在人多的场合尤其不可如此，否则会伤害对方的自尊心，也不要对交谈以外的人说长道短。这不仅有损别人，也有害自己，因为谈话者从此会警惕你在背后也说他的坏话。不以对方的生理特点，如高、矮、胖、瘦等为话题，更不能把别人的生理缺陷当作笑料，无视他人的人格。

（9）当几个人一起交谈时，切莫按自己的"胃口"，更不要按他人的身份而区别对待，切不可热衷于与某些人交谈而冷落另一些人。三人以上在场，不可冷落第三人，至少应间断地向其他客人致礼貌性用语。

（10）灵活根据语境运用幽默等语言技巧。应通过观察公众面部表情、语调、走姿、手势等去领略公众的心理状态。遇到语言激烈、情绪激动的公众就应特别使用温柔的语调和委婉的措辞；遇到情绪兴奋、欢悦的公众也应随之而语调轻快、热烈；遇到情绪不好的公众应用镇静、平稳、理解的语调尽量为他们排忧解难。例如，旅行车在坑坑洼洼的道路上行驶，游客中有人抱怨，这时导游员说："请大家稍微放松一下，我们的汽车在给大家做身体按摩运动，按摩时间大约10分钟，不另收费。"引得游客哄然大笑。这种幽默的语言可化解游客的抱怨情绪。

说话是一门艺术，在新媒体上和公众"面对面"讲话更是如此。不久前，在西部某县卫生计生局的官方微博上，就发生了一起因对话而产生的舆情事件。在一条政务活动信息下面，该微博的管理员认为有些跟帖议论不妥，便与网友多次互评，双方均言辞犀利，引发"围观"。目前，涉事微博管理员已被批评教育。这一事件促使人们思考，在新媒体上通过网络和公众谈话交流，应该有怎样的角色意识和效果意识，如何更好地平衡职业要求与个人冲动。每一个新媒体背后的公关运营管理者都可以通过努力，让自己的产品充满亲和力与创新活力，从而更接地气、更富趣味、更有效果。

2. 谈话的十大语言禁忌

（1）忌居高临下。

（2）忌自我炫耀。

（3）忌口若悬河。

（4）忌随意插嘴。

（5）忌节外生枝。

（6）忌搔首弄姿。

（7）忌心不在焉。

（8）忌挖苦嘲弄。

（9）忌言不由衷。

（10）忌故弄玄虚。

【案例】

巧妙化解尴尬

有一次周总理在接受美国记者采访时,礼貌地与那个美国记者握手。可是那个美国记者竟然在握完手之后做了一个非常无礼的动作。他竟然用手帕反复擦拭握过手的那只手,甚至用言语挑衅周总理,说他非常后悔和中国这样的好战国之人握手。当时很多外国记者都围在一边,还有不少国家领导人。本以为周总理会非常难堪,没想到他也从自己的口袋里掏出了手帕反复擦了擦手,而且他并没有把那块手帕装回自己的口袋里,而是直接丢进了垃圾桶,他向大家说,担心这块手帕以后再也洗不干净,干脆丢掉算了。美国记者搬起石头砸了自己的脚,他的脸色立马变得异常尴尬。在参加日内瓦会议之时,周总理巧妙地化解了很多针对中国的攻击、刁难。又有一次一个美国记者非常无理的质问周总理,为什么要用美国生产的钢笔。结果周总理淡淡的一笑说,这是我们的同志在朝鲜战场上从美军手里缴获来的战利品。

(五)电话交谈礼仪

1. 选择适当的通话时间

在一般情况下,通话时间最好选择在早上8点以后,假日最好在9点以后,晚上则在10点以前,以免干扰受话人及其家人的休息。在有午睡习惯的地区,也不要在中午打电话。在节假日里,尽量少打电话去妨碍他人的休息。与国外通话还要注意时差和生活习惯。

2. 用语简洁

出于少影响别人同时也体现自己在工作上训练有素的目的,使用电话时须力求通话的时间与内容越简短、越紧凑为好。正常情况下,一次电话的全部时间,应当不得超过3分钟,即"打电话的3分钟原则"。

3. 态度殷勤

对待自己的通话对象应当态度热情、耐心而周到。在电话接通后,至少应当等铃声响过六声左右,或是大约一分钟左右的时间,确信对方无人接听后,方可将电话挂断。接电话,宜在铃声响过两声时,立即拿起话筒,通常不宜铃声才响一声就立即拿起电话筒,免得过分唐突。在通话过程中,如果电话中断了,依照惯例,应由发话人立即再拨打一次。受话人不宜转而他为,而须稍候片刻。

4. 礼貌倾听

认真倾听对方讲话,既不能随意打断,又不可沉默不语,要根据内容不断地用"是的""对的""嗯"等语言应答。

5. 认真记录

对重要的事情，或需要转告，或被要求记录下来时，应认真记录。

6. 注意接听电话的礼节

电话铃响起后三声内应接听，向对方问好并主动报出单位名称，并友善亲切地询问对方的名称及其所要找的受话人。听电话的时候，应根据具体内容做出正确的反应：若是上级主管部门的通知，做好记录并复述一次；若是顾客公众的投诉电话，应马上表示歉意，询问具体情况，然后耐心、友善地听对方倾诉，并提出相应的解决办法。

7. 注意通话结束礼节

要等到对方电话挂断后，自己再挂电话；挂断电话前可询问对方"还有什么事，还有什么需要帮助"之类的话。

8. 熟悉常用电话号码

为了能做好电话接待，公关人员要特别注意熟悉、记住常用的电话号码。

（六）社交馈赠礼仪

旅游公共关系活动中赠送礼品即礼尚往来，是人际交往中一种表达友情、敬意与感激的形式。旅游公关礼品较之于一般礼品，其交际价值远大于使用价值，强调"礼轻情义重"之内涵。

1. 有的放矢，因人馈赠

馈赠之前，应了解与掌握受礼对象的有关情况。如人数、性别、爱好、习惯、身份地位及身体状况等，认真挑选有特色、实用、恰当的礼品。千万不能不知对象、不知情况，随、无的放矢地馈赠，虽有情有义，但难免也会事与愿违。

2. 精心挑选，表情达意

所赠礼品一定要精心选择，在考虑受礼对象情况的同时，还应充分考虑礼品的情感性与纪念性。

3. 把握时机，方法得当

馈赠应把握好时机，一般在节日、纪念日或其他重要时节之前将礼送到为宜。事后补礼是不礼貌的，事过境迁再送礼就更不合时宜了。当然，毫无理由地过早赠送也难以让人接受。

礼品不可太贵重。太贵重的礼品容易造成受礼者的心理负担，有行贿之嫌。礼物的轻重要根据送礼者的经济情况和双方感情深度决定。赠送的礼品一定要带精美包装，切不可把一堆乱七八糟的礼品放在一起，这是对受礼者不尊重的行为。除特产外，食品不便保存，故不送为佳。正式的场合尤其不要送食品。

在涉外公关交往中，要特别注意外国的禁忌，否则，馈赠的效果会适得其反。

一般来说，我国在国内、国际正式公关社交活动中，因公赠礼时，不允许选择以下几类物品作为正式赠予交往对象的礼品：一是现金、信用卡、有价证券；二是价格过于高昂的奢侈品；三是烟酒等不合时尚、不利健康的物品；四是易使异性产生误解的物品；五是触犯受赠对象个人禁忌的物品。在我国，看望病人不能送盆花，因为盆花有根；看望老人不能送钟，因为"钟"与"终"谐音；友人之间忌送伞，因为"伞"与"散"谐音；乌龟虽然长寿，却有"王八"的俗名，也不宜作礼品相送。

（七）探访礼仪

（1）提前约定，说明来意；

（2）认真准备，如约登门；

（3）依时赴约。

（八）聚会礼仪

1. 聚会组织与准备

（1）邀请。邀请客人赴宴有请柬邀请、电话邀请和口头邀请三种。一般说来，较为隆重的宴会一般提前一周左右发出请柬邀请，以便被邀请人及早安排。在需要安排座席的涉外聚会请柬上，一般注上缩写"R.S.V.P"（请答复）字样；如只需不出席者答复，则注上"Regrets only"（因故不出席请答复）的字样。比较隆重的场合，对服饰还有一些要求，请柬上要写明。

（2）确定时间。聚会的时间应根据主宾意见而定。一般来说，时间不应与宾客的工作、生活安排发生冲突，同时，还要尽量避开宾客的数字禁忌，如欧美人忌讳"13"，日本人忌讳"4"和"9"。

（3）确定地点。选择聚会地点要考虑规模、档次、特色、环境情调及费用等因素。

（4）确定菜单。菜单不以主人的爱好为标准，而要考虑来宾的口味与忌讳；菜肴的道数和分量要适宜，要注意营养和色彩、口味等的合理搭配，避免菜肴原料和烹饪方式的接近或类似。

2. 聚会接待工作礼仪

（1）迎接宾客。客人抵达后，可请嘉宾签到或请客人（尤其是贵宾）到休息厅，以茶水、饮料招待。当主人陪同主宾步入宴会厅时，所有宾客入座，宴会即可开始。

（2）注重聚会桌次席位的安排。在便宴上，宾客可任意入座，或只安排部分宾客座次。

正式宴会，一般均安排桌次与席位。按国际惯例，主桌一般安排以"面门、朝南、观重点"为设定原则。也可安排在所有桌子的中心位置，其他桌次以离主桌远近而定，一般右高左低。桌次较多时，要摆桌次牌。一般来说，主人与次主人相对而坐，主宾与次主宾分别坐在主人和次主人右侧，宾客男女间隔安排。

（3）致辞祝酒。一般聚会皆安排主宾致辞。我国一般习惯在正式宴会热菜之后、甜食之前由主人致辞，接着由客人讲话。也有一入席就进行致辞的。

（4）保持聚会气氛愉悦。根据聚会目的，应积极引导客人用菜，介绍烹饪特色，尤其是劝不喝酒的客人多用些菜肴。敬酒以年长、尊贵来客为对象。同时积极引导大家认识，建立友谊，沟通交往，创造良好聚会氛围，让宾客愉悦、尽兴。

（5）聚会结束。在宾、主吃完水果后，聚会即告结束。公关接待人员应主动上前协助宾客离席，协助宾客上车，挥手告别、目送其离开视线范围方可离去。

3. 出席聚会的礼仪

（1）礼貌应邀。接到邀请应礼貌地表达谢意，对请柬上标有"R.S.V.P"字样或服装要求的，要按要求去做。如不能出席，应尽早向组织者解释或道歉。

（2）准时出席。抵达时间，以准时或提前二三分钟到达为宜。

（3）礼让入席。入座前，要了解自己的桌次与座位，然后按座位卡上写的名字入座。如果不按座位卡入座，则应先请职位高者、年长者和女士入座。

（4）问候致意。一抵达聚会场所，就主动趋前向主人问候致意，再向其他客人问好。可按聚会性质和当地习俗，必要时赠送花束和花篮。随后由主人或迎宾人员引领步入休息厅或宴会厅。

（5）礼貌交谈。聚会进行中，切忌始终缄默不语，或只同熟人和左右邻座谈话。若互不相识，可先自我介绍。席间交谈应选择同桌共同关心的话题，保持热烈、和谐的用餐氛围。

（6）文雅进餐。就座后，待主人宣布聚会开始后，将餐巾平铺于膝上（也有服务员协助铺的），一般不要挂在胸前。按规范使用餐具，西餐餐具的使用是由外侧开始按顺序拿起，右手拿刀、左手拿叉。刀叉暂不用时要放在盘边。无筷架时，暂不用的筷、勺也要放在盘边，不可直接放在桌子上。取菜时，要待主人劝用时再取用。吃东西要文雅，闭嘴咀嚼不发出声音。喝汤要用汤匙舀着喝。嘴内的鱼刺、骨头等不要直接往外吐，要用餐巾掩嘴，用手或筷子取出后放在骨盘内。吃剩的菜和用过的餐具、牙签等都应放在盘内，不要放在桌上。进餐时，如果碰翻了酒水，或将菜汁溅到别人身上，应礼貌地表示歉意，同时用餐巾帮着擦，若是异性可将餐巾递过去。进餐时，不要边吃东西边说话，不要乱舞刀叉。剔牙时，要用手或餐巾遮住嘴。

（7）祝酒。主人和主宾致辞、祝酒时，应暂停一切活动，注意聆听，不得借机抽烟和做无关动作。主人前来碰杯或相互间碰杯，应目视对方，面带微笑，点头致意。祝酒时，可一一碰杯，也可举杯以示共祝。酒量应控制在本人酒量的1/3内。喝酒过量容易失言甚至失态，影响整个聚会的气氛。

（8）道谢辞行。聚会结束后，在主宾退席后可陆续告辞。一般男宾先与男主人握手道谢、告别，女宾先与女主人告别，而后再与其他人告别。一般在参加正式聚会后的2~3天内，可向主人书面致谢。若因故需要提前退席，须向主人说明后方可离去，切忌不辞而别。

（九）微信社交礼仪

1. 用心问候

（1）日常问候：①避免只发一个表情符号，惜字如金；②可以和天气相关，比如变天提醒添加衣物，下雨提醒带雨伞，等等；③可以是一段励志的小文字，在传递正能量的同时，向他人表示关注和支持。

（2）节假日问候：①避免群发一条节假日祝福消息，有的很长，有的只是一个特定的节日表情符号，甚至有的人转发的时候连里面的称呼都忘了改过来，这些还不如自己编写的一条简单的祝福消息；②带上对方的称呼；③注意敬称的使用；④末尾署上自己的业务名称和名字，以便让他人记住你。

2. 简洁发信

（1）文本：①确保文本正确无误。如果是不小心把带有错别字的文本发出去了，一定要再补发一条作为说明。②适当称呼。③内容应简短明了，要有针对性。注意不要长篇大论，长篇的文本消息很容易让人视觉疲劳，从而使阅读者遗漏重要信息。④用适当的图片作为补充说明。⑤用语健康文明，不带脏字和歧视语。

（2）语音：①首先应该寻求对方的同意。如果你对对方很熟悉，那就无所谓；如果对方是你的重要客户，特别是高端人士，一定要先征求对方的意见。②语音尽量普通话标准清晰。③确保是在安静的环境下发送。④要考虑到对方的上网环境，避免过长的语音消息。

（3）图片：①图片信息健康无害；②图片清晰可见；③图片数量适宜；④图片大小合适。

3. 及时复信

（1）收到消息应当第一时间回复。

（2）如果有特殊情况比如在开会或者开车，一定要说明情况，并约好回复时间。

（3）文明用语，不使用粗俗的语句。

（4）考虑到对方的立场，不要催促对方回复，尊重对方的意愿。

4. 慎发文件

（1）视频：①征求对方的同意；②说明视频的主题；③画面清晰，大小合适；④合理命名文件名称。

（2）名片：①征求对方的同意；②说明用意。

5. 文明转发

微信朋友圈就像是一个公开的言论场所，微信消息一旦发出去就是对朋友圈的微友们的一次自我表达和喊话。微友们也通过你发表的微信消息得知你的思想近况和生活现状。大家通过微信彼此关注、相互欣赏甚至表达同仇敌忾的情绪。人们的关注点从公众媒体转移到个人声音，有人花几个小时的时间浏览、评论和分享转发朋友圈的消息；有人可能会因为朋友圈里的一条微信活动闹腾半天；甚至还有人因为微信上一篇文章难过或兴奋一天。所以为了尊重微友们的时间和心情，不要让自己的微信内容成为微友们情绪的污染源，请在转发微信时关注以下微信礼仪：

（1）转发前先点赞或在评论中表达转发分享的原因。

（2）微友原创的内容需要交代版权。当你想将别人原创的内容复制转发在自己的朋友圈里时，一定要署名发表者或申明转发自何人的微信，不要让你的微友们以为是你的杰作，要把版权交代清楚。

（3）不在微信朋友圈中传递负面情绪。表现个人负面情绪或莫名其妙的感叹、无厘头的咒怨等影响他人心情的言辞不要随便发。如果想求关注、求安慰不妨直说。

（4）不在微信朋友圈中发布或转发带"如果不转发就……"等强制性或诅咒性字眼的微信，朋友之间只有尊重没有要挟。

（5）不在微信群里单独与某人聊天，以免干扰别的微友，可以单独沟通或把相关人拉在一起另外建群聊天。

（6）忌讳不事先沟通就把相互不认识的自己不同圈子的朋友拉进一个群里，更不好的是这样做的目的是为了发节日的祝福微信，给人很不受尊重的感觉，这种事不能只图自己方便，否则效果适得其反。

（7）节庆时可以在朋友圈群发一条针对所有微友的祝福微信。但是建议凡是朋友圈里的师长、好友要再次单独一对一地提名发送祝福微信，虽然麻烦一些但是过去写贺年卡或电话祝福也是一对一的，这样做才是有礼貌的。

（8）如果你像上面第7条说的一样被拉进一个群里，"被"群发了一条祝福微信，请单独与该朋友打招呼，一对一提名回复并祝福。春晚歌里唱到的"群发的短信我不回"也是无礼的，"以无礼对无礼更无礼，不如从自己做起示范礼"。

（9）在微信朋友圈里老是潜水不回应也不对，要不就不要接受好友邀请，一旦看到美文好图好思想不妨赞一个，是捧场也是谦逊。

（10）转发那些需要捐款、捐助、收养等的求助微信时，凡是有电话号码联系人的，自己先核实一下，虚假不实甚至涉嫌吸费、诈骗的信息"到我为止"。不能因为是信任的朋友转发的就盲目转发，每个微友都有义务避免伤害，这也是对自己微信信誉的维护。

（11）晚上10点以后不在朋友圈或群里发微信是对微友们的尊重，否则有可能因此被朋友加入黑名单。

（12）不能因为发了微信给对方，对方没有回应就责备埋怨他。重要又需要立马得到回复的事情一定要打电话，否则如果对方恰好无网络收不到，就可能会误大事。

（13）不要因为想博人眼球就发一些低俗黄色的信息或涉及国家或工作单位的机密信息甚至别人的隐私信息等。

（14）不要在一个群里一个人刷屏，包括用文字、图片和语音刷屏。

（15）不要在群里随便发语音，发语音前一定要征求别人的意见。同时，注意语音环境，也不要发很长的语音给他人造成流量压力。

（十）微信商务礼仪

（1）昵称：建议使用真实姓名，最好带上公司名称或者产品名称。

（2）头像：尽可能接近本人。

（3）签名：给一些有用信息。

（4）打招呼：不要说"你好"，不要问"在不在啊"，请直接说明来意。

（5）拉群：拉群之前请一定征求被拉对象的意见。

（6）群昵称：建议针对群的主题修改一下自己的群昵称，降低一下沟通成本。

（7）群名称：一个清晰明了的群名称能让大家都知道这是个什么群。

（8）朋友圈：如果做商务微信用，请不要每天发5条以上的与吃喝玩乐相关的内容。

（9）发数字：有时候发一串数字、电话号码、银行卡号什么的，请单独一条信息，不然很多手机没法单独复制。

（10）邮件：对于比较重要的事情，邮件一定比微信更合适，发微信很容易被遗忘。

（十一）微信群礼仪

（1）不要公群私聊。非常私密的话题可以私下加好友聊。

（2）不可强制别人转发自己的作品，请不要发与宗教有关或诅咒转发的帖子。比如，转了将走大运、发大财，不转将会如何如何。这是微信群交流中的大忌。

（3）请不要转发低级庸俗的内容和图片，因为你的作品是你自身品位的客观反映，也是一个公关人员形象好坏的反映。

（4）拒绝谣言和诈骗。请辨明是非，转发前慎重考虑。

（5）带有明显政治激进色彩的内容和图片不发为好。

（6）不能泄露他人隐私。更不能随意发表未经他（她）人同意、带有个人隐私性质的内容和图片。

（7）不要发大图和长的语音。

（8）赞了才转。看到别人的精彩文段和图片意欲转发时，应先"赞"后转，这是礼貌，也是涵养。

（9）不要让微信绑架了你的现实生活，再好的东西也是双刃剑，把握好尺度才能让微信更好地为我们的公关工作和生活服务，绝不能成为低头一族，影响工作、家庭生活和健康。

（10）请多传播一些对旅游公共关系有利的内容，如交流经验、分享一些活动反思、旅游公共关系的各种"招数"等正能量，多点热心和理解，少点消极的谩骂和攻击。争取把微信群打造成公关人员心灵成长的驿站、快乐的家园。

（十二）手机社交礼仪

1. 规范使用

（1）在办公区内接听手机时，尽量压低声音。

（2）不要在非工作时间致电客户手机，如需要也不应过早或过晚。

（3）在公共场合，要养成将手机关机或调为振动的良好习惯。
（4）不要在大庭广众之下频频拨打电话和连续大声接听电话。
（5）主持或参加会议期间需要接听电话时，要向他人表示歉意。
（6）用手机接听私人电话时，尽量回避到不影响其他人的地方。

2. 文明使用

（1）女士手机不挂胸前，男士手机不挂腰间。
（2）使用手机给别人拍照，要先得到他人同意。

3. 礼貌使用

（1）手机常因没电、信号不好而出现通话中断。
（2）通话过程中电话突然中断，地位低的人或拨出电话者应该把电话首先打回去。
（3）电话再次拨通后要向对方表示歉意。
（4）如通话效果仍然不行，可约定时间再次打电话给对方，但一定要注意不能将主次、尊卑顺序转换。
（5）任何时候，切断别人电话都是非常不礼貌的行为。

4. 安全使用

（1）移动电话不适宜传递重要商业信息。
（2）乘坐飞机时，要将移动电话关机。
（3）在加油站、病房等场合不使用手机。
（4）开车时不使用移动电话，实在不行可靠路边停车使用或让他人代接电话。
（5）一般情况下，不要借用他人手机，更不要将手机借给陌生人使用。
（6）对于陌生人短信和各类诈骗性质的手机信息，要及时报警并保持高度警惕。
（7）手机中的通信录要在电脑有备份，同时电话名单存储尽量用全名，少用昵称。
（8）注意保护自己的隐私权，要经常整理手机内存储的各类信息和资料。

（十三）短信礼仪

（1）发短信一定要署名。短信署名既是对对方的尊重，也是达到目的的必要手段。如果是正事，不署名更会耽误事。
（2）短信祝福只要一来一往。现在每逢节日，人们都会发短信祝福，自己就要回一条短信。接到对方短信回复后，一般就不要再发致谢之类的短信。
（3）有些重要电话可以先用短信预约。有时要给身份高或重要的人打电话，知道对方很忙，可以先发短信"有事找，是否方便给您打电话？"如果对方没有回短信，一定是不方便，可以在较久的时间以后再拨打电话。
（4）及时删除自己不希望别人看到的短信。一些人经常把手机放在桌上，如果出办公室办事或者去卫生间，也许有好奇之人就会顺手翻看短信。如果上面有一些并不希望别人看到的公司高度机密的短信，就可能引起麻烦。如果不幸被对方传播出去，后果就更严重。

（5）上班时间不要没完没了地发短信。上班时间每个人都在忙着工作，即使不忙，也不能没完没了地发短信，否则就会打扰对方工作，甚至可能让对方违纪。如果对方正在主持会议或者正在商谈重要事项，闲聊天式的短信更会让对方心中不悦。

（6）发短信时间不能太晚。有些人觉得晚上10点以后不方便给客人打电话了，发个短信告知就行。短信虽然更加简便，但如果太晚，也一样会影响对方休息。

（7）提醒对方最好用短信。如果事先已经与对方约好参加某个公共关系会议或公关活动，为了怕对方忘记，最好事先再提醒一下。提醒时适宜用短信而不要直接打电话。打电话似乎有不信任对方之感。短信就显得非正式且亲切得多。短信提醒时语气应当委婉，不可生硬。

（十四）电子邮件礼仪

（1）保持最新地址，无论是自己的还是别人的，避免邮件接收延误。

（2）在工作时间发的一定要与工作有关，不要在工作时间发送或接收个人事务的邮件。

（3）一定要记住：你在邮件中说的任何内容都有可能被收件人以外的别人看到。不要发送对其他人不利的内容或纯粹个人的隐私。

（4）除工作单位的邮箱外，要有一个自己个人的邮箱。不要用个人的邮箱同时发送工作和个人的信息。

（5）对人表示赞赏的信息，应该同时发给收件人的上司（如果可能的话），不要发送消极的反馈信息。

（6）重要邮件，要发送一封给你的上司，不要使你的上司或与你有关的重要人物漏掉你所发送的信息。不要直接给你上司的上司发邮件。

（7）邮件中的信息应尽量简短。

（8）对于重要的信息，最好保留一份书面备份。

（9）简化信息，在同一天，尽量不要给同一个人发送有关一个主题的多封邮件。

（10）邮件应该尽量个人化，不要发大批量邮件，尽量少用群体发送，或只在组织内部采用这种方式。

（十五）博客创作礼仪

博客是一个表达自己想法的地方，是一个人表达言论自由的重要途径；博客里面的文章不要涉及他人隐私或者故意揭露他人隐私，否则是违反和触犯道德底线的；博文转载要事先征得博主同意，转载要注明出处。

绝不羞辱博客或论坛中的参与者，不辱骂和讥讽。千万注意也不要羞辱博客或论坛以外的人，其最终的后果是否定个人。

如果你要在论坛中发问，要向为你提供答案的人致谢，不要用简单的一句"谢谢"了事，要说出你为什么而谢。如"谢谢你对我的营销贺卡所提出的中肯的意见。像往常一样，你总是能想到我想不到的东西。"

如果要在博客或论坛中提问，就要积极参与。分享你的知识，而不是只顾着索取。博客的评论是书面语，要遵守书写规范。要文法通顺，标点正确，用法得当。

不要主动向别人发表意见，否则你会被人认为是家长或者万事通。如果有人问到你，尽力提供。

不要在博客评论中带怒气。你明天可能就心平气和，但是你的评论却会展示出你曾经的怒气。

原谅他人的疏忽，如果博友偶尔显得奇怪或愚昧，不要太计较。说不定他们今晚好好睡一觉，明天又会变得聪明机智。

如果你积极参与某个博客或论坛，让其他人知道你什么时候没有时间。这样，他们就不会在你忙碌时打扰你或要你发表评论。

要有人情味，让人们了解你。不要隐藏在虚假的网名之后。想象正在同你交流的人是一个和你一样可爱甚至于更加优秀的人。

博客的美丽之处和邪恶之处正是因为它可以没有规则。通常，编辑不会告诉您写什么、不要写什么，以及应该怎样说或哪些不说等。没有投资者会担心账本的底线，没有律师会提醒您的义务，更没有比您自己更细致的检察员会告诉您所写的东西是否合适。尽管有很多吹毛求疵的人，但是没有人能阻止您发表您希望表达的东西。掌控媒体的人就掌控了世界，每个人都可以控制一小部分媒体，并伴随着一小部分力量和责任。

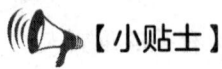【小贴士】

视频号的潮水

视频号上线以来，其成长速度令人咋舌。平均月活跃用户数，快手用了7年到5亿，抖音用了4年到6亿，视频号则只用了10个月到4亿。而在创作者商业化方面，微信视频号也是步步为营。2020年8月微信陆续上线了小商店等新功能，悄悄进行流量、内容和商业化的闭环搭建，年底为小商店正式接入了供应链系统。而从2021年4月起，视频号推出直播任务，主播完成任务即可获得相应的"直播热度"分成奖励，这之后，视频号最近有了仅次于朋友圈的发现页入口。这一切都表明，微信视频号要直面抖音、快手在直播带货领域展开一场新的红利大战。那到底微信视频号的直播带货有哪些差异化的商业价值？对于我们所处的文旅酒店业的公共关系营销创新又有哪些方面的启示？

1. 视频号的直播带货具有更强烈的可信度和用户黏性

微信生态其核心是一个基于熟人朋友圈体系的线上社区，所以这种天然的关系基础也决定了它的可信度要远高于其他视频平台。而同时由于实名登记和博主认证等体系保障，也让微信的直播客户具有更强的用户黏性。另外同为腾讯旗下的有赞商城提供的供应链体系和微信支付功能也让微信视频号的直播带货从一开始就自成一体，融会贯通。从目前直播带货在文旅和酒店行业的发展情况来看，真正能够理解并充分运用微信视频号的企业还非常少，很多企业还处于摸索阶段，而更多的企业还完全没有进入状态。其实这对于这个非常依赖于 OTA 渠道的行业而言是非常可惜的，如何能够充分利用微信视频号所形成的优质内容＋私域流量＋直播带货＋会员黏性为文旅项目和酒店的市场推广以及直销直接带来效应和效益是每个企业应该认真思考的问题。

2. 视频号的直播带货是能打造优质企业和个人品牌的平台

有一个关于微信视频号营销的案例，2014 年李筱懿靠着同名畅销书作者的 IP 影响力创建公众号，2016 年开通有赞微商城，每个月销售额稳定在 500 万元以上。2020 年 4 月，李筱懿视频号正式开通，60 天的时间沉淀近 6 万名用户，总观看量超过 4500 万，直播首秀三个小时完成近 2 万单销售额。我们可以看到，目前微信已经打通了公众号、视频号、小程序、长视频的直播带货链接，与此同时微信越来越有意识地把视频号作为一个核心平台来带动这个商业体系进行迭代和更新，让我们感觉随时不跟上形势可能就会错过升级更新带来的流量红利。而反观我们的文旅酒店行业，目前真正将这几项应用把玩得炉火纯青的企业几乎没有。部分行业媒体在运用一些直播作为工具，但也仅仅是简单的内容输出和线上会议应用，被其他相关行业远远地抛在身后。而在微信视频号的 IP 打造方面有一个关键点就是个人 IP 尤其是企业创始人 IP 和企业品牌的强关联打造，比任何时候都显得重要。

3. 视频号的直播带货是一个完整的商业体系的实施落地

在微信视频号直播带货的生态当中有一个重要平台，那就是有赞。2012 年 8 月微信公众号正式上线半年后，有赞就推出了核心产品——有赞微商城。罗辑思维、凯叔讲故事等自媒体明星栏目纷纷接入，也推动有赞迎来了 GMV 的爆发式增长。2017 年，微信小程序出炉，有赞再次抢滩登陆，在这期间，众多商家通过有赞上线小程序不断刷新交易额。到 2018 年，有赞小程序 GMV 同比就增长 35 倍。《2018 年中国微信 500 强年报》显示，在 2018 年 44 万活跃微信公众号中，至少 17% 的公众号会在阅读原文处引导消费，其中有赞商城链接以 10.16% 的占比位居第一。同年，有赞在港交所上市，成为"微信生态第一股"。而在视频号的直播带货方面，2020 年年底有赞小程序全链路打通视频号，吸引众多商家参与内测。在内测期间，麦当劳在线商店、拉面说、周黑鸭、花西子等品牌商纷纷试水视频号带货。2021 年 4 月，有赞宣布支持全量商家申请接入微信视频号，商家可在后台申请将小程序绑定视频号，并进行直播带货。此后，有赞团队还相继推出了视频号助手、直播优惠券等功能，为视频号带货提供完整的技术与工具支持。而通过我对于文旅尤其是酒店行业的长期观察，除了在疫情期间我们一些酒店迫于压力通过简单的线上预售消化了一部分远期房券餐券外，疫情缓解后基本又回到了原有的传统的销售模式和渠道中，让人感觉非常遗憾。

4. 视频号直播带货或将改写传统线上线下营销的历史和未来

如果说通过快手、抖音的直播带货还带有很大的娱乐性成分，但基于微信的视频号直播从一开始就力求规范和规矩，视频号链接有赞商城后还给出了视频号商业化运营的通用模型，即视频号交易＝内容力×转化力×运营力，分别针对视频号运营者所面临的三大痛点：内容流量、转化沉淀以及运营复购。与此同时，视频号也是一张企业名片，这对于商家来说有着重要的意义。在视频号里可以看到商家首页，通过朋友圈分发实现企业内容与商品对外的品牌效应价值，起到公域流量与私域流量的双重运用。微信视频号直播带货一时间快速地走到了直播带货市场的 C 位，有赞的 CEO 白鸦甚至于认为未来微信直播带货在 3~5 年可以撑起万亿美元电商交易金额，大有改写线上线下营销的雄心。而在这场热闹的线上营销战中，似乎没有看到太多我们的文旅酒店人的身影，我们的传统思维似乎还没有被打破，压力似乎还不够，但与此同时我们也看到有一些旅游目的地如方特乐园、只有河南·戏剧幻城的文旅项目已经开始在这方面有所行动，值得持续关注。

当年 ebay 进入中国的时候很多人还完全不认为线上电商会对传统商业产生冲击，而当淘宝复刻 ebay 异军突起之后中国的电商历史从此进入新的阶段。当疫情中携程的 James 用个人 IP 与线上直播相结合为企业逆境求生的时候，很多人还嘲笑他是哗众取宠虚大于实。旅游公共关系的研究表明，一种新的趋势出现的时候总是被大家不信任、不理解，而随后而来的就是被抛弃、被跟随。视频号直播带货也许只是新营销变革潮水的一个浪头，希望我们的文旅酒店行业不要被这波巨浪打跑，找不到方向。

（资料来源于香港理工大学赵晖飞人物语微信公众号）

第五节　旅游公共关系与企业文化的营造

美国著名公共关系专家亨得利·拉尔特说："公共关系 90% 靠自己做，10% 才靠宣传。"

一、企业文化的概念

企业文化（Corporate Culture）是指一个企业全体（或多数）员工共同一致、彼此共鸣的价值、信仰和行为准则，是员工内心态度、意志状况、思想境界和理想追求的整体体现。

良好的旅游组织形象，来自组织内部全体成员的共同努力，因此，培育内在精神是塑造旅游组织形象的核心任务与实质内容，也就是说，培育企业文化是塑造旅游组织形象的起点。

二、旅游企业文化的构成要素及其思想

旅游企业文化的构成要素主要有五个。

1. 核心要素

指旅游企业精神文化,即旅游组织的价值观念、经营哲学、企业精神、企业目标、企业风气、企业道德等,它决定了旅游企业文化的内容和方向。

2. 培育要素

组织的教育培训、思想宣传、制度贯彻、文娱活动和公益活动开展等。

3. 品质化要素

普遍存在于员工身上的品德和素质,往往通过典型模范人物集中地反映出来。

4. 物质化要素

组织向外提供的物质产品、技术服务、环境保护、社会赞助以及组织内部的设施环境、福利分发等,它是外界评价旅游企业文化的客观依据。

5. 习俗化要素

组织的传统美德与风范、礼仪、典礼等,它是以上四个要素的深化和升华。

旅游企业文化是一种亚文化。从文化结构的角度看,旅游企业文化可以分为精神文化、行为文化和物质文化三个层次,由里及表构成了旅游企业文化的整体系统。

三、旅游公共关系与旅游企业文化的营造

成功的组织的核心在于它具备理解和团结他人的能力,在于它坚持对每个人都以诚相待,充分尊重。以下八种易于操作的内部公共关系方法,对于旅游企业打造更亲切、更友善的企业文化也许有启发作用。

(一)营造和睦气氛

笔者长期的旅游心理学研究表明,面对客户的第一招是投其所好。一个有效的办法,就是将旅游企业经理人与员工和谐共处的能力列为绩效评估的项目之一。有些旅游企业经理人对于下属的了解仅仅局限于其工作能力。他们的注意力完全放在了了解每个人的长处和弱点上,但除此之外,对于员工个人方面的事情却是一无所知。这就难怪下属会觉得自己只是一件工具,而不是一个有血有肉的人。如果旅游企业是根据经理人与别人(不管是同事还是外人)打交道的效果来评估他们的绩效,他们就会努力用对话的方式代替专制去解决问题。

(二)帮助员工放松

今天的旅游企业员工面临着前所未有的压力,所以旅游企业应该尽量帮助他们将压力减到可以承受的水平。除了科学安排工作量,给予员工充足的时间和资源去完成工作之外,旅游企业还可以利用其他办法来帮助员工放松。

有时候，一些小事就可以带来意想不到的效果。比如，厌倦了穿制服的员工对公司允许他们穿休闲服的做法非常欢迎。你想象不到把员工从制服中解放出来对他们来说有多么重要，但事实就是这样。员工觉得公司这样做是允许他们展现自己的个性，这使他们改变了对工作的态度，同时也改变了他们与同事和外人的关系。

还有很多办法可以提高旅游企业员工在工作中的舒适感。比如，为他们提供一个舒适的办公室；允许他们通过电话或直接和同事聊天，而不必觉得这样做有什么不妥；布置一个有免费点心提供，有音乐听，有电视看的休息室，等等。

（三）创造社交机会

只有工作没有娱乐会使工作变得味同嚼蜡。有的旅游企业极少组织员工聚会，除非跟旅游企业的业务有关，他们也从不组织公司野餐会、假日聚会等一类的活动。

笔者在国外很多旅游企业调研发现，让员工有一些娱乐是非常有益于他们的健康情绪的。上至 CEO，下至普通员工，他们的工作中应该有一些轻松的东西。所以，如果员工能视他们的同事为工作上的朋友，他们会觉得工作更有意思。有些旅游企业经常组织庆功晚会，或者规定某些日子员工可以带上他们的孩子到办公室来，或鼓励员工与其他同事建立良好的人际关系。这些旅游企业的员工相互信任的程度往往比较高。当然，社交也有个黄金比例，也是二八法则，就是我们在社交过程中和他人交谈时，意见和夸奖比例保持在 2:8 最合适。也就是说，我们和人沟通时，每夸人 8 句赞美的话，才能提 2 句中肯的意见，这是让对方最容易接受我们意见的方式，否则就是好心办坏事。

（四）让工作充满笑声

这一点是不容易通过正式的途径实现的，因为总不能要求每个员工都有幽默感。但是，旅游企业的管理人员可以以身作则，常常开开玩笑，更多地绽放笑容。学会偶尔自嘲一下，自我贬低一下，或者在紧张的会议中说一两句笑话来缓和紧张的气氛。这样做可以让其他人放松下来，同时有助于营造一个轻松的氛围。整天都绷着脸的 CEO 会让整个旅游企业上下都不苟言笑。只要他一出现，员工就觉得笑是在犯罪，好像你对待工作不认真一样。在过分严肃的公司氛围中，员工会觉得犯错是不可原谅的，谁也不会给谁好脸色看。在这种旅游企业里，员工往往会百般掩盖自己犯下的错误，而不是坦诚、认真地去面对和解决问题。

【案例】

具有幽默感的公关高手

在春秋时代，齐国有个聪明善辩的公共关系外交家晏子。一次晏子被派往楚国办理外交事务。晏子身材矮小，楚王有意捉弄他，便在宫门旁开了个小洞，要晏子从洞里爬进来。晏子面临这种情况,心里当然很生气,但身为外交使臣,代表国家,一举一动都不能有损国家形象,于是灵机一动,向楚王开玩笑似的说:"出使到狗国的人从狗洞进去,今天我出使到楚国,不应该从这个洞进去。"楚王一听,无言以对,只好叫守卫开大门让晏子进来。幽默的最高形式是机智,它需要有机敏的反应与深厚的文化沉淀。

(五) 做真实的自己

很多时候,人们会在工作情境中戴上面具。他们对待客户时讨好奉迎,对待供应商却尖酸刻薄。任何做作的行为都是有悖人性的。旁人会觉得你只是在演戏,让人厌恶。结果,你便无法与人建立起相互信任的关系。聘用并提拔敢于展示真我的人的旅游企业,往往会将重任委派给那些更有可能与利益相关者建立信任关系的人。

(六) 禁止恃强凌弱

旅游企业应该小心员工成为横行霸道的人。霸道的人是得不到信任的。人们也许不得不忍气吞声,但他们不会喜欢或尊重这种人。一旦这帮家伙风光不再,或是因为受到怀疑而乞求同情的时候,没有人会伸手相助,暗地里甚至还会拍手称快,觉得他们罪有应得。在常年备受欺压后,人们很高兴看到"恶有恶报"的结果。还有些时候,媒体工作者会在某家飞扬跋扈的旅游企业需要他们说好话时狠狠地报复一番,公关主管还会发现有些媒体甚至喜欢添油加醋报道一些关于企业如何不负责任的消息。曾看过一个很精彩的故事:女孩一上火车,见自己的座位上坐着一位男士。她核对自己的票,客气地说:"先生,您坐错位置了吧?"男士很生气地拿出票嚷嚷着:"看清楚,这就是我的座,你瞎了?"女孩仔细看了他的票,不再作声,默默地站在他的身旁。不一会儿火车开了,女孩这时才低下头说:"这位先生,您是没坐错座位,但是您坐错了车!"有时候,恃强凌弱、号叫无法解决问题,学会收住脾气,是一种智慧,也是一种能力。

(七) 体谅他人的想法

任何组织都不是孤立的。在这个有着千丝万缕联系的世界里,旅游企业的员工不能动辄将外界放在对立的位置上。体谅别人往往是获得信任的前奏。

【小贴士】

高情商的十种表现

一个人的成就,情商占80%,专业技术、智商占20%。哈佛大学之所以人才辈出,主要原因不是注重专业技术,而是注重情商教育!

1. 不抱怨、不指责

抱怨和指责都是不良情绪，它们会传染。只做有意义的，不做没意义的事情。

2. 保持热情和激情

对生活、工作和感情保持热情，有激情。调动自己的积极情绪，让好的情绪伴随每天。不让不良情绪影响生活和工作。

3. 包容和宽容

心有多大，眼界有多大，你的舞台就有多大。高情商的人不斤斤计较，有一颗包容和宽容的心。

4. 善于沟通与交流

善于沟通，善于交流，且坦诚对待，真诚有礼貌。沟通与交流是一种技巧，需要学习，在实践中不断地总结摸索。

5. 多赞美别人

要善于赞美别人，这种赞美是发自内心的、真诚的。看到别人优点的人，才会进步得更快，总是挑拣别人缺点的人会因故步自封反而退步。

6. 保持好心情

每天保持好的心情，每天早上起来，送给自己一个微笑，并且鼓励自己，告诉自己是最棒的，告诉自己是最好的，并且周围的朋友们都很喜欢自己。

7. 保持聆听的好习惯

善于聆听，聆听别人的说话，仔细听别人说什么，多听多看，而不是自己口若悬河。聆听是尊重他人的表现，聆听是更好沟通的前提，聆听是人与人之间最好的一种沟通。

8. 有责任心

敢做敢承担，不推卸责任，遇到问题，分析问题，解决问题。正视自己的优点或是不足，敢于担当。

9. 每天进步一点点

说到做到，从现在起开始行动。不是光说不做，行动力是成功的保证。每天进步一点点，朋友们也更加愿意帮助这样的人。

10. 用心对待他人

要善于记住别人的名字，用心去做，就能记住。记住了别人的名字，别人也会更加愿意亲近你，和你做朋友，你会有越来越多的朋友，有好的朋友圈子。

（八）杜绝冷漠无情

如果旅游企业能打造一种重视内外公共关系，重视旅游企业的幽默氛围与灵活性的文化，就更容易获得利益相关者的信任。当员工更快乐，对工作更满意，也更能充分发挥个性时，他们就更可能以诚实、尊重的态度去与他人沟通。

同时，对待外人也应该像对待同事一样友好，这一点很重要。虽然一个旅游企业不可能控制企业内外的所有交流，但它可以制订一些人性化的指导方针，并通过各种方式，包括备忘录、角色互换练习等向员工传达这些方针。

最重要的是要帮助旅游企业的员工明白一个道理：对待旅游企业的利益相关者要像对待他们生命中重要的人一样用心。

【案例】

如何营造一个以人为本的旅游企业文化氛围

如何营造一个以人为本的旅游企业文化氛围，一直是每一个旅游企业都在苦苦思索的难题。深圳A旅行社的尝试，给人很多启示。

每月由各部门经理投票选出的优秀员工首次踏入了五星级酒店，在总经理、副总经理及部门经理的陪同下用餐。一开始，总经理提出这一倡议时，遭到了大多数经理人员的反对，认为如此奢华的五星级酒店并不适合奖励一线操作员工。但总经理解释说，这些员工大多20岁以下，来自内地贫困山区，他们还没有机会享受一流的服务。他们迟早都要为人父母，有过这样的一次经历，就会鼓励自己的孩子努力学习，有更高、更好的追求。而教育员工、教育员工的下一代，是企业的责任。这种做法A旅行社已经坚持了六年，并在企业的管理人员中达成了共识，而基层员工也将此作为一种很高的荣誉。

A旅行社对优秀的企业公民的标准是要有社会责任感、正直、诚实和善于学习。这里的关键是实现员工之间的平等。如果员工面对管理人员时会有一种以下对上的畏惧感，要想营造诚实正直的文化氛围是不可能的。在A旅行社，只有总经理有一个专职秘书，即便如此，专职秘书也要管一摊的工作。员工经常可以看到总经理自己发送工作传真，亲力亲为地做很多工作。公司致力于形成这样的一种文化：管理者不是高高在上作决策，而是每天都在做事务性工作，试图影响员工都能踏实工作和做事。

但仅仅依靠一个氛围和环境是不够的，应"固化于制"，A旅行社用制度、机制来反映文化理念，将已取得的文化建设成果用规章制度固定下来。A旅行社一直强调人是企业的根本，而尊重员工的选择权则是以人为本的重要前提。每一个员工包括普通的一线操作员，进入公司的当天，都会收到人力资源部提供的职业生涯规划，一个大学毕业生工作3年后都有权利提出换岗。A旅行社也设定了员工的职业道德底线，对员工的道德标准要求非常高。A旅行社认为，诚实、正直是每一个人最基本的行为准则。如果一个人的道德品质都不能让人放心，哪敢把一个部门交给他（她）来管呢？有一次，公司一位非常优秀的部门经理提交了一份车祸的病假申请，并附有医院的证明。一个很偶然的机会，人力资源部了解到这位部门经理其实并没有发生什么车祸，仅仅是想借休假之机完成一份兼职工作。核实后，公司毫不留情地开除了这位经理。例如，A旅行社曾经发现过有些员工报假发票（名为请客户或合作伙伴用餐，实际是请私人朋友吃饭后的发票），发现这种情况后，同样依律开除。A旅行社的总经理认为，制度的存在不是摆设，而是拿来执行的。职业道德底线是一条基本线，如同一颗地雷，不论是谁，一经触犯，地雷就要响的。这就如同赛马，必须要有一个公平、公正、透明的"赛道"，出轨的肯定要受到惩罚。制度是观念、行为、习惯产生的土壤，从这个意义上来说，制度就是文化力。培育企业文化是塑造旅游组织形象的起点。

旅游组织的企业文化本质上是员工思想与行为的准则，它是无形的，但又存在于员工头脑之中。旅游组织应根据各自特点，发展鲜明、独特的企业文化，引导全体员工去努力营造并烘托出一个生机勃勃的、值得信赖的组织形象。

本章小结

专门的公共关系机构、高素质的专业人员以及鲜明、独特并得到员工认同的企业文化是旅游公共关系成功的保障。公关部的设置要遵循专业性、协调性、权威性、服务性、灵活性等原则。旅游组织要达成塑造良好声誉、扩大影响的目标，就必须培养和使用思想与心理素质过硬、具有娴熟公关技能、拥有丰富社交和接待礼仪知识、公共关系现代意识强的公关人才，在组织内部建立企业文化、培养公关意识，营造"全员公关"的氛围。

思考与练习

1. 旅游组织公共关系部的设置应遵循哪些原则？
2. 简述公共关系部在旅游组织中的地位与作用。
3. 旅游公共关系人员应具备哪些素质？
4. 公共关系意识的内涵是什么？应如何培养员工的公共关系意识？
5. 旅游公共关系接待礼仪的基本原则是什么？
6. 试述常见的几种旅游社交礼仪的注意事项。
7. 叙述企业文化的概念和营造方法。
8. 旅游公共关系工作人员的成熟有六个阶段，你在第几阶段？
   （1）理解别人
   （2）理解别人的欲望
   （3）理解别人的局限
     （以上三点统称为"知人者智"）
   （4）了解自己
   （5）了解自己的欲望
   （6）了解自己的局限
     （以上三点统称为"自知者明"）
     请自愿组队讨论交流。

9. 以小组为单位，分角色来展示不同场合的公关礼仪，体验在实际公共关系工作中礼仪的规范性及如何有效应对。

拓展阅读

1. 刘佳. 引导"一带一路"文旅建设走深走实　以文化旅游讲好中国故事［EB/OL］.http://ent.people.com.cn/GB/n1/2021/0721/c1012-32164674.html.

2. 张舒哲，何霞. 旅游服务礼仪与形体训练［M］.北京：旅游教育出版社，2009年.

第四章 旅游公共关系的工作模式与基本程序

> **学习重点**
> ● 旅游公共关系的一般工作模式
> ● 旅游公共关系工作的技术模式
> ● 旅游公共关系的工作程序

　　后疫情时代出入境旅游市场恢复的可能性和路线图仍可期待，粤港澳大湾区、"一带一路"沿线国家和地区、东亚、东南亚将是优先恢复的方向和政策着力点。意大利、希腊、中东欧等双多边旅游交流活动地区以及古巴、多米尼加等加勒比地区，还有非洲，都在蓄势待发，中国也会在RCEP、APEC、金砖、上合等多边框架内和主场外交中发出更多的声音。专业化旅游推广机构也在酝酿探索，行业组织、市场主体将会有更多参与的积极性。旅游行业是具有高度依托性的服务行业，要根据不同发展阶段，或同一阶段不同的旅游公众对象及任务，选择恰当的旅游公共关系工作模式，以便有效地实现目标。旅游公共关系工作的诸多模式包括宣传型旅游公共关系、交际型旅游公共关系、社会型旅游公共关系等。由于旅游行业的特殊性，旅游公共关系大多使用服务型旅游公共关系工作模式。为了获得预期的公关效果，必须遵循一定的程序有条不紊地开展旅游公共关系工作。

　　美国公共关系学权威著作《有效的公共关系》一书，把公共关系工作的一般程序分为四个步骤：调查研究，制订计划，策划传播，评价结果。

　　本章根据中国旅游公共关系工作的实际，着重介绍服务型公共关系工作模式以及公共关系工作程序，即"公关四步工作法"。

第四章 旅游公共关系的工作模式与基本程序

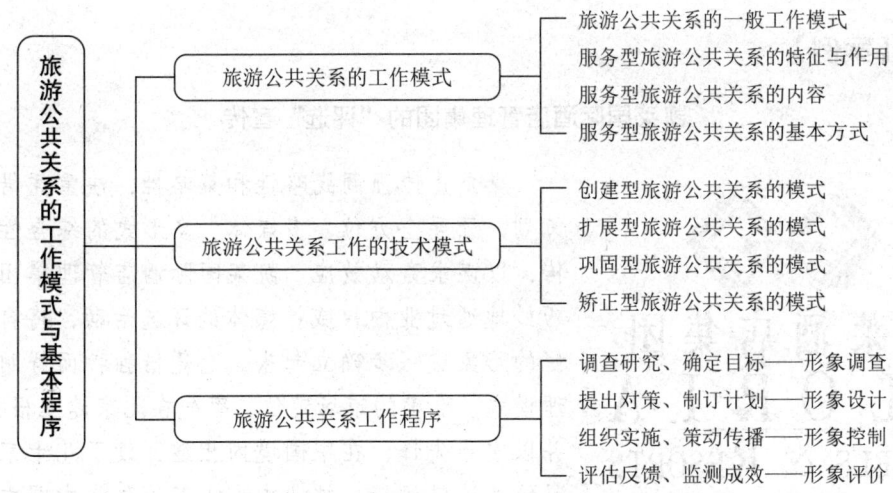

第一节 旅游公共关系的工作模式

一、旅游公共关系的一般工作模式

曾任旅游杂志编辑、现任凯悦饭店公共关系顾问的彼德·塞利尔（Peter Cellier）曾说过："人们对于公共关系有许多误解。最为普遍的一种看法是，搞公关再容易不过了。就好像说，如果你是米开朗琪罗，就必定能轻而易举地在罗马梵蒂冈西斯廷教堂的天花板上作画一样。公共关系可以简单到办公室职员脸上的一缕微笑，有时复杂起来也不亚于桥牌大师在比赛中的运筹帷幄。但最后的分析表明，公共关系是一种有目的的沟通和交流。"为达成有效传播和协调关系的目标，旅游公共关系一般可采用如下五种工作模式，它们相互交融，起到改善旅游组织与社会公众的关系，促进公众对组织的认识、理解与支持，树立良好组织形象的重要作用。

（一）宣传型公共关系

宣传型公共关系是指旅游组织为致力营造有利于本组织发展的社会印象与舆论环境，而运用报纸、杂志、电台、电视台等各种传播媒体向社会公众展示形象的公关形式。该种公关工作模式强调：要密切与新闻界的交往与联系，使本组织有新闻价值的信息获得及时、广泛的报道，从而吸引公众对旅游组织的注意，强化来自"权威信息渠道"的影响力。这类公共关系所传播的信息往往具有新闻性强、可信度高、影响面宽，以及迅速推广各类旅游组织及其旅游产品形象等特点。根据宣传对象的不同，可具体分为对内宣传和对外宣传。

【案例】

凯莱国际酒店管理集团的"评选"宣传

媒介宣传强调战略性和策略性，注重凭借精心策划，开展全方位、多媒体、多形式的综合性的宣传，以谋求轰动效应。凯莱国际酒店管理集团就是巧妙地通过业内权威性媒体的评选活动，将自身良好的形象进一步确立起来。它凭借独特而鲜明的管理模式、准确的市场定位，率先在北京建立根据地，并以它为先锋，在中国境内相继开设了几十家不同星级的连锁酒店，被业内人士普遍称为中国内地发展与扩充速度最快的酒店管理集团之一。凯莱国际酒店管理集团积极参与美国旅游界权威杂志《酒店》（Hotels）权威性的评比活动，力挫群雄，成为继上海锦江集团之后进入世界三百强的第二个中国内地的酒店管理集团。该集团借助媒体进行大力宣传，渲染并奠定了"南有锦江，北有凯莱"的中国内地酒店管理集团的典型格局，使昔日名不见经传的凯莱国际酒店集团迅速提升了知名度和美誉度，扩展了影响力。该种宣传方式增强了宣传的客观性和信任度，改变了那种让人们感到自吹自擂的直白的宣传方式，制造了具有极强说服力的宣传型公共关系。

（二）交际型公共关系

交际型公共关系指旅游公关人员在各种社会交往活动中，努力构建广泛的关系网络，以达成沟通信息和塑造组织形象目的的一种公共关系活动方式。这类公共关系可以通过各种社会交往方式联络感情、协调关系和化解矛盾，从而建立公众对旅游企业的了解与信赖。交际型公共关系活动可以分为群体性交往和个人交往。群体性交往包括招待会、座谈会、宴会、茶话会、考察团等。个人交往包括单独交谈、上门拜访、祝贺、信件往来、个别参观等。

（三）社会型公共关系

社会型公共关系是指通过加强与有关社会团体的联系，举办各种社会性、文化性或公益性的活动来树立旅游组织声誉的公共关系活动。其中赞助是提高组织形象的重要手段之一，通过对各类社会公益事业的赞助，获取面向公众的正面宣传，营造组织美好的社会形象。社会型公共关系的形式：①以组织结构本身的具有社会影响的节日为中心；②以组织所处的社区或有关组织的重要节日为中心。

(四)征询型公共关系

征询型公共关系是指通过信息采集、舆论调查、民意测验等方式，加强双向沟通，使组织了解社会舆论、民意民情、消费趋势，同时，也向公众传播或暗示组织意图，使公众印象更加深刻，为旅游组织的管理决策提供客观依据，以不断完善组织形象的公关活动模式。该类公共关系有助于旅游组织了解影响公众需求心理与行为动机的因素，有利于持续改进与完善公关工作中的不足之处。

(五)服务型公共关系

服务型公共关系是指旅游组织为公众提供热情、周到、方便的优质服务，赢取公众好感和信任的公共关系活动。树立以顾客为中心的服务思想是这类公共关系的工作核心。其目的就是以实际行动来获取社会的了解和好评，建立自己良好的形象。例如，随着全民消费水平的提高，对生活质量要求的提升，国内掀起了一股全新的高端定制旅游。高端定制旅游作为一种时尚的高端个性化旅游应运而生，它能按照高端消费者对旅游苛刻的要求，量身策划、设计属于高端旅行者的定制高端旅游产品。相较于传统的定制旅游产品，高端私人定制旅游的优势并不是仅仅在于交通方式、住宿这些，它更能符合高端消费者的旅游诉求，更能让消费者体验到旅游带来的幸福感。定制旅游是一种国外非常流行的旅游方式，是根据旅游者的需求，以旅游者为主导进行旅游行动流程的设计。通俗地说就是根据自己的喜好和需求定制行程的旅行方式。这种模式在业界的特点就是弱化了或者去除了中间商，能够给旅游者带来最个性化的服务。在景区公共关系建设中，井冈山网站(井冈山旅游网，jgstour.com)在旅游动态、景区介绍、旅游服务、出行指南、在线商城等内容上信息及时更新、与时俱进，并为振兴三农做出贡献。景区通过网站、微信、微信公众号、微博、短视频等形式推送景区信息，使游客及潜在游客能够多角度地了解景区信息，并为游客重复购买景区服务提供指引。

中国著名旅游经济和管理专家魏小安先生认为："特色是旅游之魂，文化是旅游之基，环境是旅游之根，品质是旅游之本。"这句话其实就是对定制旅游产品核心的高度概括。可见，定制旅游，从消费到经营，都需要破除旧观念。定制旅游，不一定是奢侈之旅，但一定要有主题特色，有人文、历史、自然的独特之处。在旅游业界人士看来，随着休闲性、体验性等现代元素渗入，已有的传统旅游方式跟团、自驾等，已经远远不能满足市场需求。于是，定制旅游即"根据自己要求设计旅游线路"正悄然兴起。定制旅游的产品服务，是对产品设计、资源配置、专业技术保障的合理演绎，是定制旅游的商业价值体现点，满足基础六要素显然是远远不够的。在产品服务流程里，从业人员的门槛会大幅度提高，跨界的专业组合是优质服务的基本保障，因此，机构的合理利益也能得到充分体现，在旅游的分众市场中终将如鱼得水。马尔代夫是一个豪华旅游目的地，马尔代夫的酒店临水而建，一岛一主题，风格各不相同，有适合商务、情侣、家庭等不同需求人群的设施。每个酒店独立负责岛上的能源供应、污水处理、垃圾回收、供水、沙滩养护、防治植被退化、固体垃圾搜集及处理等具体事务。1972年，马尔代夫的旅游业起点并不高，仅在卡福环礁（Kaafu Atoll）开设了两个度假岛屿，共有280张床位。多年来，度假岛迅速增加，产业从北向南扩展到马尔代夫各地。到2017年底，马尔代夫已有736家住宿机构，总床位41 255张。此外，国外还有很多以生态旅游而著称的滨湖临海酒店，比如希腊米克诺斯岛的Cavo Tagoo酒店，其无边泳池曾被评为世界上最美的泳池之一；印度尼西亚松巴岛的Nihiwatu酒店，曾荣膺全球百佳酒店榜首；斐济的利库利库潟湖度假村，曾在全球最浪漫的10处顶级度假村中排名第3。

中国对于疫情的有效防控带来的行业发展基础，从酒店品牌价值的角度也得到了体现。从2021年公布的榜单来看，中国本土酒店品牌首次在TOP50中有5家品牌入选，其中华住集团旗下的全季品牌首次加入，位列第42位，而其他4个品牌除香格里拉以19.87亿美元稳居第6位外，另外3个品牌的排名均有所上升，锦江从26位升至21位，汉庭从36位升至28位，千禧从38位升至31位。一方面我们要看到与世界第一酒店品牌强国美国相比我们还有较大差距（美国品牌在TOP50中占据33席），但同时我们也能看到我们未来发展的希望。

旅游公共关系研究表明，品牌是衡量一个企业的软实力的重要体现，品牌战略也是旅游公共关系的一个重要研究课题。能否提升品质、强化品牌建设、打造文化特色，直接关系到旅游企业的可持续发展战略。企业成败靠管理，企业发展靠创新，亮点卖点靠特色，可持续发展靠品牌。而国际品牌本土化，本土品牌国际化，单体酒店品牌化，也是未来的发展方向。当我们将一个抽象的品牌概念通过一个具象的指标来进行评估的时候，往往很难用一两个简单的指标来下结论。尤其是当我们给这个评估体系再加上一个时间的维度的时候，似乎这个判断就更不容易做出。Brand Finance以品牌实力指数平衡记分卡的评估方式来描述品牌的综合能力（BSI），同时又通过品牌版税付费的税率数据来具体测算品牌的影响力；进而通过历史收入分析、股票分析师预测和经济增长率来确定特定品牌的收入占母公司收入的比例；再将版税税率应用于预测收入，以获得品牌收入，并应用相关估值假设，以获得与品牌价值相等的折扣税后现值。这个计算过程看似简单，其实有些复杂。

如果我们是酒店消费者，那么我们对于品牌价值的看法也许就非常简单，当我们在选择一个酒店入住的时候，是不是只在意"我一见你就笑"。

所以我们说服务型公共关系就是指旅游组织为公众提供热情、周到、方便的优质服务，就是赢取公众好感和信任的公共关系活动。

【案例】

以色列推出定制旅游，贴心服务吸引中国游客

随着中国旅游市场需求的日益壮大，以色列旅游局针对中国游客出台多项有力举措,旨在吸引中国游客,并为赴以色列的中国游客搭建一座"便利桥梁"。以色列酒店业为中国游客贴心准备了许多中文服务,在房间内安装中文电视频道,供应中国人习惯的热水、方便食品等,并根据中国游客独特的饮食需求,邀请中国厨师培训当地酒店厨师做出符合中国游客口味的餐食。以色列还为中国游客定制了中文网站和旅游手册,并培训更多专业的中文导游来接待中国旅游团。以色列出台的各项措施,吸引了大量中国游客。(资料来源于中国新闻网,内容有删减)

二、服务型旅游公共关系的特征与作用

服务型旅游公共关系模式是一种以提供优质服务为手段的旅游公共关系活动方式。其目的是以优质服务来维系旅游组织与旅游公众的关系,获得社会的了解和好评,树立旅游组织的良好形象。优质的服务不但要靠旅游公共关系部门的工作,而且要靠组织的所有成员和部门的共同努力来实现,它最能显示"人人都是旅游公共关系大使"的思想。由于旅游业的行业特点,各类旅游组织一般采用服务型公共关系工作模式。

(一)服务型旅游公共关系的特征

具体而言,服务型旅游公共关系有如下四个特征:

1. 服务与形象的统一

旅游服务是无形产品,旅游组织的目标公众可以从组织的公关活动以及旅游组织从业人员的服务中获得愉悦的体验。服务型公共关系就是通过向公众提供满意的公共关系服务,从而营造自身美好形象的。

2. 道德与经济的统一

旅游组织通过服务型旅游公共关系活动(如社会公德宣传活动、社区公益服务)塑造了良好的公德形象,创造了良好的营销环境和消费氛围,激发了公众旅游动机的形成和实现,并以此赢得旅游经济的长期效应。

3. 长期性与集中性的统一

旅游公共关系工作是一个长期持续的过程,要求旅游组织围绕目标公众不同时期的需求变化,制订完整有序的总体规划和战略目标,合理安排、调整旅游公共关系服务活动的分布时间,持续不断地开展以服务为主题的旅游公共关系活动。

4. 综合性与专题性的统一

多元化的旅游者的需求决定了旅游服务范围的广泛性,使旅游公共关系活动中的服务具有综合性特征。但是,旅游组织提供的服务又具有明显的职能细分,往往带有一定的专题性、目的性,即根据旅游公众需求与旅游组织的相关目标,组织有针对性的旅游公共关系服务活动。

（二）服务型旅游公共关系的作用

服务型旅游公共关系在旅游组织的形象塑造过程中发挥着重要的作用。具体表现如下：①通过提供针对性的优质服务增强旅游组织的吸引力；②完善旅游组织的道德人格形象；③提高旅游服务商品的附加值，提升宾客满意度；④引导并刺激旅游消费，扩大市场占有率；⑤实现旅游组织与旅游公众的情感交流，进一步密切双方的关系。

三、服务型旅游公共关系的内容

根据服务型旅游公共关系工作的范畴，可以分为以下六个层次上的内容：

1. 精神意义上的高尚服务文化

旅游服务首先取决于旅游组织营造的服务理念和员工对服务理念的理解和升华；其次在于营造一定境界的服务文化，培养员工自觉服务的意识，增强员工的服务主动性，提高员工的服务艺术水平。

2. 业务意义上的优质服务行为

从某种意义上讲，搞好业务工作，就是为旅游公众提供优质服务的具体表现。服务型公共关系工作就是要培育服务专才，向公众提供高水平的专业优质服务。

3. 制度意义上的规范服务准则

服务型旅游公共关系强调通过长期、持续的优质服务来激发员工为旅游公众服务的创造性，增强员工为公众服务的自觉性和主动性，保障服务的规范化与优质化。据此，旅游组织必须制订完整、切实可行的服务制度、服务公约，提出具体的服务标准、准则。

4. 公共场合中的服务素养

旅游公共关系特别提倡"全员公关"，旅游组织及员工应自觉通过每一个岗位的服务细节体现强烈的服务意识与公共关系意识，彰显组织的良好形象。

5. 主题意义上的及时服务活动

旅游组织应根据旅游公众的需求，结合社会文化特点，选择适当的时机，阶段性地策划出专题鲜明的旅游服务活动。这不仅能及时为旅游公众带来实惠和利益，而且能使旅游组织通过自己特殊的、规模庞大的旅游公共关系专题服务活动，扩大组织影响力，提升知名度和美誉度。

6. 优雅的服务环境

优美的、独特的旅游服务环境不仅可以吸引旅游公众，而且可以使置身其中的旅游公众产生美好的联想，产生多方面的愉悦感，这本身就是服务的本质体现。

四、服务型旅游公共关系的基本方式

服务型旅游公共关系，可以分为两种基本类型：渗透式的旅游公共关系服务方式和单纯的旅游公共关系服务方式。

（一）渗透式的旅游公共关系服务方式

渗透式的旅游公共关系服务，是指旅游组织渗透于业务、岗位之中的优质服务，对旅游组织而言是最基本的。它能够把服务与业务结合起来，以服务推动业务工作日趋完善，以业务工作保证服务真正到位，创设深受旅游公众欢迎的条件。

旅游组织所有的业务范围，都可以融入服务，体现服务旅游公众的本色。渗透式旅游公共关系的服务方式是多种多样的。直接与旅游公众接触的渗透式服务主要有以下两种。

1. 旅游招徕服务

这是旅游组织在旅游公众购买旅游产品之前开展的服务活动，它既是一种公关服务战略，也是一种市场营销战略，对培养潜在旅游消费市场具有重大的作用。旅游组织开展旅游招徕服务时，关键在于培育旅游公众的旅游消费观念和消费意义，消除旅游公众对旅游产品的信度、质量、安全性等方面的疑虑，引导时尚消费。在开展旅游招徕活动时，媒介的作用是很重要的，它既决定宣传的效果和范围，又使公众信服。旅游公共关系组织在新闻媒介、播出栏目和时间的选择以及制造新闻等方面均要做足功课。例如，香港旅游业的旅游招徕活动，就会巧妙地综合运用各种传播媒介，迅速将有关信息传播出去，形成有利的社会舆论，创造必要的声势或气氛，取得了良好的效果。

2. 旅游过程服务

旅游组织强调在旅游服务过程中，始终以公众为导向，通过诚实友善、公平公正、细致周全的服务，赢取公众好感，将旅游组织形象渗透到服务过程中去。

（二）单纯的旅游公共关系服务方式

单纯的旅游公共关系服务，指旅游组织超出业务范围而开展的服务活动。从旅游公共关系角度来看，旅游公众通过组织单纯的服务方式，看不到其中的"利己"动机，却可感受到强烈的"利他"的服务意识，旅游公共关系效果更明显。凡是旅游公众需要的内容，凡是旅游公众涉足的领域，都是旅游组织服务的范围。因此，单纯的旅游公共关系的服务范围是十分宽广的，方式方法多种多样，最常见的主要是旅游组织根据旅游公众的实际需求，主动向旅游公众提供一些自己没有义务责任，但又与自己的经营内容相关的服务项目。例如，饭店的"金钥匙"协助宾客寻访故友，提供商业、旅游资讯等"额外服务"就属于此。

【案例】

小米手机的服务型公共关系

服务型旅游公共关系的"金科玉律"是"通过服务让公众满意，赢得公众支持"。

有关市场调查机构公布的一份数据显示，小米仅用五年时间，便从无人知晓变得家喻户晓。从公关角度来看，小米智能手机确实使用了较好的公关策略。

1. 打口碑营销战，性价比高

在用户越来越关心智能手机性价比的背景下，小米手机以其优良的配置和低廉的价格不断制造话题，吸引人们的注意力，同时由点及面地逐渐扩大其在人们心中的影响力。

2. 制造事件，引起轰动

利用网络制造炒作各种话题，为新机上市预热，提升知名度。

3. 名人效应

塑造小米科技创始人雷军个人形象，将雷军的影响力成功嫁接到小米系列产品上。雷军在IT业以及投资领域的光环被成功移接到小米上，雷军也被称为"雷布斯"。

4. 借助新媒体——微博

小米以微博为载体，将微博作为新的信息传播工具，拉近和用户的距离，提高用户的黏性。

小米智能手机给旅游公共关系的重要启示在于：任何一个旅游企业，均应借方便公众而创造公共关系优势——优异的社会责任感与美誉度。这种方便，可以涉及公众购买到使用、到售后服务的各方面。越是细小之处，越是容易凸显一个优秀旅游组织的个性，也越容易打动公众的旅游心。

第二节 旅游公共关系工作的技术模式

一、创建型旅游公共关系的模式

创建型旅游公共关系是指在旅游组织初创时期或新产品（服务）即将面世时，采用宣传与交际相结合的方法，向旅游公众主动介绍自己，增加旅游组织的透明度和可信度，提高旅游组织在社会上的知名度和美誉度，它是一种强有力的旅游公关宣传活动方式。

创建型旅游公共关系活动的特点在于旅游组织通过各种途径开展公关活动，主动出击，准确、及时地了解舆论，抓住有利时机和条件，迅速应变，以积极主动的方式改造环境，使旅游组织能够与外部环境协调一致地发展。

创建型旅游公共关系的主要技术方式有以下几种：①举行开业庆典。通过开业庆典活动，将旅游组织的名称、标志图形、代表色、口号等推出，吸引旅游公众产生强烈的兴趣。②开展各种联谊活动，增进与各类公众的情感沟通与交流。③积极参与社区的各种重大活动，以增进感情。④综合利用广播、电视、报纸、各种广告媒介进行密集式宣传。

【案例】

凯悦丽晶饭店奇特的开业宣传——招聘"烧火员"

位于科罗拉多州比弗克里克的凯悦丽晶饭店，从建筑风格上看，最吸引人的莫过于其间随处可见的壁炉了。考虑到也许会有客人要求饭店提供"点燃壁炉"的客房服务，饭店特别设立了"烧火员"的职位。出奇的想象力促使该饭店开始了一次旨在推销饭店，但也是真正意义上的征召"烧火员"的历程，并称之为"凉爽的地方，火热的运作"。还有6个月才开张的这家饭店，通过一则标题为《招工：烧火员，专为有志于燃烧的人士而设。凡没有灭火经验者，请免开尊口》的广告，吸引了很多读者的眼球，各大报刊的分类广告纷纷转载了酒店的新闻稿。饭店的新闻稿以及分类广告中的招募广告吸引了不少来自全国各地的应聘者。有的人非常认真，有的人则很幽默、浪漫，甚至有人交来了录像带应聘。这些极具创意的回应方式启发了酒店方面，酒店又发布了一则新闻稿："最新消息：凯悦滑雪度假村的烧火员职位，点燃了全国人民的豪情壮志。"这次卓有成效的饭店开业公共关系策划活动博得了媒体的大篇幅报道，这种公共关系营销手段，比起传统的刊登广告的方式，省钱不少，且更具宣传效应，因而获得了"AH & MA 公共关系金钥匙特别成就奖——特别活动奖"。

（资料来源于AH & MA 公共关系金钥匙获奖名录，内容有删减）

二、扩展型旅游公共关系的模式

扩展型旅游公共关系的技术方式是旅游组织处于稳定发展之际，为巩固良好的公共关系状态，持续不断地向旅游公众传递组织信息，将旅游组织形象潜移默化地长期储存在公众的记忆系统中，促成旅游者的消费习惯，自然地造成一种有利于旅游组织发展的氛围。

扩展型旅游公共关系是一种推动旅游公众对旅游组织"认识—了解—认可"的过程，是通过强化且不落痕迹地与公众的沟通，将旅游组织形象根植于公众心中，赢得其信任与支持，达到"随风潜入夜，润物细无声"的境界。

（一）扩展型旅游公共关系的任务

1. 巩固并加强与旅游公众的联系和友谊

旅游公关部门应不断地巩固和加强企业初创时期与公众建立起来的联系，通过公关调查及时了解旅游公众态度，尊重民意，争取民心。

2. 持续宣传，扩大影响

旅游公关部门应通过各种媒介持续地向社会公众传递新的产品信息，树立旅游者持续购买的信心,不断促使旅游者及潜在旅游者实现其旅游意愿。

3. 提供优质服务,树立旅游组织信誉

旅游公共关系通过"以人为本"的服务强化公众对旅游组织的"人性化服务体验",为组织赢得信誉。

(二)扩展型旅游公共关系的技术方式

1. 通过各种方式加强旅游组织与旅游公众的沟通

如给旅游公众寄送贺卡、宣传函等;制造或利用事件,如赞助体育、艺术或娱乐活动,参加相关的旅游博览会及客源国(地)独特的重大节日、事件,宣扬员工见义勇为的先进事例等,让公众增强对旅游组织的了解,融洽两者间的感情。

2. 鼓励、优待重要经销商和长期友好的客户

通过他们吸引更多的潜在旅游公众,如饭店向住客提供优惠套餐吸引游客就是公关宣传的一种极好的方式;举行旅游组织及产品知识的有奖问答,提供丰厚奖品给老客户,吸引新客户,并配合有效的营销措施和媒介宣传,扩大旅游组织的影响面。

三、巩固型旅游公共关系的模式

巩固型旅游公共关系是旅游组织为防止由于内外部环境变化使旅游组织的政策或行为不适应公众甚至出现某些失调或损失现象,而建立早期预警机制,调整方针政策与经营方式去适应公众的需求变化,消除公众疑虑,争取得到旅游公众的谅解和支持,创造和谐的外部环境的一种旅游公共关系工作方式。

(一)巩固型旅游公共关系的任务

1. 建立旅游组织早期预警机制

旅游公关人员应从社会调查、接待联系、公众咨询、旅游投诉中及时洞察旅游组织潜在的问题,迅速采取必要的纠正措施。

2. 积极主动改造环境,摆脱环境的消极影响

旅游组织在发展过程中,有时会与社区、竞争者、环境保护群体等发生摩擦、产生矛盾。旅游公关部门的任务是采取积极主动的姿态,竭力改造组织外部环境,勇于承认错误,主动采取弥补措施,争取旅游公众谅解。

(二)巩固型旅游公共关系活动

当一个国家的国民可支配收入超过1万美元的时候,这个市场就进入到典型休闲度假市场,而中国显然在从全面脱贫到进入小康的发展中加速了这一进程。抛开始于2020年的新冠肺炎疫情对于国际旅游市场产生的旅客回流影响因素,在国内酒店旅游业恢复的过程中,休闲度假目的地、城市近郊度假市场的率先发力都让我们强化了对这一市场的进一步关注和信心,而疫情后恢复最快而至今依然量价坚挺的三亚休闲度假酒店市场是这一趋势最好的注解。然而具有挑战的是，休闲度假酒店市场至今也无法有效解决的问题依然是淡旺季经营的波峰波谷的平抑问题，而无论是传统上的强势国际品牌还是本土的酒店集团，在这方面它们都没有找到有效的解决方案。其实在美国和东南亚的一些传统休闲度假目的地这一问题也同样存在，只不过他们从20世纪七八十年代开始就利用分时度假等模式将这一问题部分性解决。如何开展巩固型旅游公共关系活动？具体内容如下：

（1）开展公关宣传，引导旅游公众参与。

（2）举行各种形式的研讨会、专家鉴定会，用第三者评论的方式消除旅游公众疑虑，帮助其建立信心。

（3）提高服务质量，将旅游者的抱怨与不满意降低到最低限度。

（4）积极参与旅游行业协会相关活动，加强与同行业的协调联系，创造和谐的外部环境。

四、矫正型旅游公共关系的模式

矫正型旅游公共关系是指旅游组织因不可抗的突发事件或危机而遭遇公众的误解、人为的破坏和不利的报道，或因组织自身的经营方针、产品质量、服务质量等问题，在社会上造成严重后果时，当即查明原因，公布真相，平息风波，避免矛盾激化；或者迅速承认错误、纠正过失，准确分析公共关系失调的原因及造成的影响，提出并采取改进措施，对外公布纠正的进展情况，重获公众谅解与信任的一种公共关系的工作方式。

（一）矫正型旅游公共关系的任务

（1）迅速查清危机原因，确定危机公关方案。

（2）确定发言人，保证信息畅通，控制不利舆论特别是谣言流传。

（3）与新闻媒介密切合作，争取客观公正、具有同情心的报道。

（4）及时把企业采取的行动、措施告知旅游公众，与旅游公众沟通，迅速取得对方信任，重塑旅游组织形象。

（二）矫正型旅游公共关系活动

（1）采取一切必要措施保护旅游公众利益。

（2）旅游组织要做好现场新闻。通过努力，帮助新闻媒介迅速、准确、完整地了解事实，赢得新闻媒介公正和同情的报道。

（3）及时传递旅游组织信息。危机发生后应及时采取座谈会、社区会议、旅游公众听证会等形式，向公众解释事件的真相，宣布相关的解决措施等。

（4）组织公益性公共关系活动，重塑旅游组织形象。

第三节　旅游公共关系工作程序

　　为了充分发挥公共关系的职能，使公共关系工作富有成效，旅游组织必须遵循一定的工作程序，有计划、有步骤地开展公共关系工作。一是调查研究、确定目标的形象调查阶段，二是提出对策、制订计划的形象设计阶段，三是组织实施、策动传播的形象控制阶段，四是评估反馈、监测成效的形象评价阶段，亦即"公关四步工作法"。

一、调查研究、确定目标——形象调查

　　公共关系调查研究，是旅游组织为合理制订公共关系活动计划提供科学支持，以提高旅游公共关系活动的成功率而开展的了解各种信息的过程，是企业经营决策的重要依据。

（一）旅游公共关系调查研究的意义

1. 及时把握旅游公众舆论

　　积极的旅游公众舆论有利于良好旅游组织形象的塑造，消极的舆论则会损害旅游组织的形象，甚至会造成形象危机。因此，通过旅游公共关系调查，监测和把握旅游公众舆论，及时扩大积极舆论、缩小消极舆论，对一个旅游组织来说是十分重要的。

2. 为决策者提供科学依据

　　旅游公共关系调查的主要任务就是及时地为决策者提供决策依据，使旅游组织能及时地把握旅游公众舆论，了解旅游公众的要求和愿望，针对旅游公众的要求和愿望做出决策，并能有效地预测和检验决策的正确性，通过决策的实施使旅游组织在旅游公众的心目中树立良好的形象。

3. 提高旅游公共关系活动的成功率

　　旅游组织在开展旅游公共关系活动之前，都要对主、客体双方各方面进行全方位的充分调查。调查可以使旅游组织对即将开展的旅游公共关系活动的主客观条件有足够的了解，保证活动有充分的准备。

4. 进行准确的形象定位

　　一个旅游组织的形象尺度是社会舆论和旅游公众的评价。旅游公共关系调查可以使旅游组织准确地了解其在旅游公众中的形象地位，测量出旅游组织自我期望的形象与其在旅游公众中的实际形象的差距。旅游组织可针对这个差距筹划旅游公共关系活动方案，大大加强策划的目的性。一个旅游组织准确的形象定位作用是很大的，它能提高该旅游组织在社会心目中的知名度和美誉度，使旅游公众对该旅游组织产生信心和依赖，并给旅游公众留下难以磨灭的深刻印象。

5. 塑造良好的旅游组织形象

旅游公共关系活动是一种有组织、有计划的社会性活动。它以传播为手段，为实现旅游组织的特定目标服务。旅游公共关系调查从旅游组织的主观方面来说，以搜集信息为主要目的，但在客观上，开展调查活动要与调查对象进行广泛接触。所以，调查人员同时向旅游公众传播着旅游组织注重自身形象的信息，恰当的调查本身也会赢得旅游公众对旅游组织的好感。因此，从某种意义上说，旅游公共关系调查本身也是一种传播，也会起到塑造旅游组织形象的作用。

（二）旅游公共关系调查研究的主要内容

为明确工作的目标与定位，旅游公共关系一般从以下方面对组织形象进行调查研究：

1. 组织形象信息

组织形象信息包括经营情况、内部公共关系状况（如管理方法、部门间关系、员工的公共关系观念等）、领导人情况（如领导人的个性心理特点、领导班子在公众中的信誉度、管理风格等）、组织公共关系活动的历史和现状（如在公共关系方面，曾经做过何种努力？现在是否进行了改造或改进等）、员工关系情况（如员工的服务态度、价值观、与决策层的相互关系等）、资产情况（如资本结构、流动资金周转情况，设备设施的使用率与完好率，外债形势和债权情况）等。

2. 产品形象信息

公众对组织产品形象的评价，能反映出组织的市场形象好坏。产品形象信息包括组织信誉（公众尤其是权威公众对组织的看法）、公众评估组织的情况（公众对旅游产品与服务、领导人及员工素质的评议等）、公众对组织的支持程度（如公众能否接受组织的信息与倡导的价值观；是否接受组织的情感关怀；是否接受组织的宣传与号召等）等信息。

3. 社会环境信息

社会环境信息包括政策指导性信息、社会政治动态、经济金融信息、文化科技信息、新闻舆论热点、时尚潮流变化等动态信息。还要注意分析各种社会动态对组织的直接或间接的影响，充分利用环境中的有利因素和有利时机，及时避免环境中的各种不利因素的影响。

4. 社会组织内部员工信息

社会组织内部员工信息是指员工对本组织的决策及各项活动的看法，员工的思想状态、愿望、工作态度，以及他们对组织的期望、设想和建议。对员工信息的采集和分析，可使组织的管理工作建立在客观的基础上，克服因情况不明而产生的各种问题。

5. 市场环境信息

组织搜集市场信息是为了适应千变万化的市场环境，谋求最佳的市场策略。市场环境信息包括市场的需求、供给、价格的信息；市场竞争方面的信息；用户意见与态度的信息；消费者心理与消费习惯的信息；其他方面的市场信息如家庭收入、技术情报等。

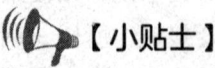【小贴士】

中央厨房（菜品配送方式）

中央厨房，是将菜品用冷藏车配送，全部直营店实行统一采购和配送。以前餐厅的进货方式是，除了毛肚、鸭肠等干货外，所有新鲜蔬菜由直营店实行单店采购。采用中央厨房配送后，比传统的配送要节约30%左右的成本。中央厨房采用巨大的操作间，采购、选菜、切菜、调料等各个环节均有专人负责，半成品和调好的调料一起，用统一的运输方式，赶在指定时间内运到分店。按一般的传统餐饮店模式，一个大型店需要5个选菜工，3个采购；而在中央厨房总部，只需要3个总采购，20个左右选菜工，能节约大约100人。除能节约人力成本外，由于统一采购，还能大规模降低采购成本；以毛肚为例，采购100吨毛肚比采购10吨毛肚每公斤要便宜近1元。

中央厨房最大的好处就是通过集中规模采购、集约生产来实现菜品的质优价廉，在需求量增大的情况下，采购量增长相当可观。为降低食品安全风险，形成集约化、标准化的操作模式，中央厨房对原料采购的要求也在不断提高。品牌原料不仅能够保证稳定的供应，良好的物流体系能更好地保证原料的新鲜与安全。集约采购将能带来中央厨房深化发展的机遇。

中央厨房为保证原料质量的稳定，最佳方式是建立原料基地或定点品牌供应企业。拥有了自己的专业原料生产基地和厂家，在原辅料达到规范的前提下，产品才有统一的保证，产品质量才可能达到稳定一致。中央厨房从采购到加工都有严格的控制标准，甚至对原料的冷冻程度、排骨中骨与肉的比例等都有具体规定。对于一些特殊产品，可以指定厂家进行定制。由于进货量大，中央厨房可以对原料的规格标准、质量要求、运送方式等做出全面规定，保证原料新鲜优质，为生产制作统一优质的菜品提供前期保证。

集约化采购对餐饮工业化发展推动作用明显，企业合作互惠互利。它为中央厨房带来的还有成本的降低，市场竞争力的提高。一方面是原料成本，中央厨房通过大批量进货减少中间环节，使产品具有价格优势。集中加工提高了原料综合利用能力，边角余料可以通过再加工进行使用，减少浪费，从而降低成本。另一方面是人力资源成本，中央厨房的设置，使经营点缩小后厨面积或取消了自有厨房，不仅可以改善环境，而且还扩大了一线店堂面积，减少勤杂人员。例如，某一连锁餐饮企业，没有建立中央厨房之前，每个分店后厨至少要有8人，如开10家分店共需80人。中央厨房的员工约30人，平均到各店，单个连锁店的后厨只有4~5人，有效节约了人力资源的成本。

建立中央厨房，实行统一原料采购、加工、配送，精简了复杂的初加工操作，操作岗位单纯化，工序专业化，有利于提高餐饮业标准化、工业化程度，是餐饮业实现规范化经营的必要条件，只有这样才能在一定规模基础上产出规模效益。其市场优势特点有以下几个：

（1）为消费者提供更具有特色的厨房产品，保证商品的品质、卫生标准的一致性。

（2）可通过集中采购、生产、控制价格，提高商品附加值，实现企业利润最大化。

（3）可降低各销售网点的加工成本，减少库存，降低损耗。

（4）可快速有效地应对各销售网点订货需求，实现多品种、小批量、高效率配送服务，降低物流成本。

（5）降低人事费用，降低物业成本。

（6）提高服务水平，提高工作效率，产出规模效益。

（7）让家庭厨房劳动社会化，更科学地保障市民餐桌的安全。

（三）旅游公共关系调查研究的过程

旅游公共关系调查的全过程，由如下五个相关的阶段所组成：

1. 准备阶段

该阶段的任务是初步确定公共关系调查的目的、内容、方式和对象，拟订调查计划和调查提纲，做出财政预算，做好组织、技术、生活等方面的各种安排。

2. 调查阶段

这是根据实际情况不断修正调查计划的阶段。对于调查中得到的各种资料，要及时地做好记录，重要的调查还要进行照相、录音乃至录像。

3. 整理阶段

这是材料归类和进行数据统计的阶段，如果有条件，大型的调查要经过计算机处理；小型的调查也要做好分类统计工作。如果一次调查不能解决问题，可把几次调查得来的材料积累起来一起整理。要注意将原始材料和归类统计过的材料归档保存好。

4. 分析阶段

这是对材料进行去粗取精、去伪存真、由此及彼、由表及里的抽样阶段，也是实现调查目的、得出调查结论的一个很重要的阶段。材料分析工作要有理有据，防止主观主义和武断态度。

5. 总结阶段

这个阶段的工作，主要从两个方面进行：一是回顾反思调查的目的是否已经实现，有哪些收获，有哪些不足；二是根据调查得出的结论，思考对策，提出解决问题的意见和建议，通过调查研究推动下一步的工作，总结要写书面报告。

（四）信息搜集的渠道

信息的广泛性，决定搜集信息的渠道和方法的多样性，搜集信息的渠道主要有下列几种：

1. 文献资料法

具体可从组织内部各种报告、业务函电、财务、产品成本记录，报纸、杂志的剪辑文件，政府部门信息机构、情报所等机构所提供的资料，以及年鉴、工商企业名录、百科全书等文献中收集。国外很多组织非常注重运用这种方法，如日本三井物产株式会社，其总部拥有4公里长的书架、卡片柜、报栏，有各种文献目录、统计期刊名录、报纸、工具书等，这些资料对获取信息起到了巨大作用。

2. 访谈调查法

访谈形式包括召开座谈会、对公众进行走访、当面谈话、电话询问等。该方法反馈与交流同时进行，收集的信息较生动、具体、真实可靠，具有较强的人情味与灵活性、启发性，信息的使用价值较高。

【小警钟】

公关人千万不能说的4句话

1. 怨话——说怨话不如多笑笑！
2. 胡话——说胡话不如多检讨！
3. 闲话——说闲话不如多做事！
4. 狂话——说狂话不如多自省！

3. 问卷调查法

通过书面文字，提出与组织有关的问题，在公众中开展调查，从而获得广泛民意和社会舆论。这是目前世界上十分流行的调查方法之一。它又可分为当面调查、通信调查、电话调查等几种方法。该方法较经济、快速、有效。

4. 实际参与法

公共关系人员亲临消费者座谈会、产品展销会、公众代表恳谈会等现场，直接搜集公众对服务质量、组织信誉等关系组织形象的信息。这种方法的好处是全面、真实、不受信息传递过程中多种因素的干扰，将直接了解到的第一线真实信息提供给组织领导，使之成为经营决策的依据。但搜集信息数量的多少、是否具有代表性，取决于公共关系人员的经验、阅历、知识水平和语言艺术。

（五）确定公共关系工作目标

经过调查分析，掌握了组织的实际情况后，公共关系人员就应当确定下一步的工作目标。这一程序主要包括下列四个基本步骤：

1. 研究历史

任何组织、任何问题都不可能脱离其历史渊源，了解历史情况应该是确定公关目标的首要环节。

2. 环境考察

即研究饭店所处的内外环境。内部环境考察是要了解组织内部员工的工作关系状态，外部环境考察是要了解社会公众对组织的现状及行为的评价。

3. 内部观察

每一个组织都有它的特点或个性，特点可从其政策和日常工作中反映出来，个性则反映了组织管理的风格。公共关系人员需要了解组织营运的规律，以及这一规律的特性、价值和标准能否真正促进组织的发展。

4. 趋势展望

明确几个方面的问题：组织要完成的使命是什么？组织的公共关系目标与组织宗旨是否一致？组织的各种活动是否具有实际价值？

二、提出对策、制订计划——形象设计

通过调查，确定公共关系存在的问题和机会后，即可着手思考对策，设计解决问题或利用机会的方法，研究与确定公共关系行动计划，从活动安排的时间到各项费用的预算都进行详尽的规定，并安排具体工作程序。

（一）公共关系计划的功能

1. 确定工作

确定工作包括确定工作的目标、职责及其性质与范围；确定关键目标领域，决定投入资金、时间、精力的目标顺序；制订可供选择的多种目标方案。

2. 准备行动

准备行动包括设计实现目标的一系列行动方案；计算每一活动所需时间及达到目标所需的时间总量；将全部资金在各个分目标之间进行预算分配；根据各目标分配人员，责令其制订具体行动计划；在计划执行前，重新进行审定，必要时报组织负责人批准；制定纪律，保证计划的实施；明确执行计划的具体方案。

（二）制订公共关系计划的内容

公共关系计划制订的标准应非常明确，切忌用词空泛而不着边际。所以公共关系计划的内容重要的一点就是要使原先确定的目标具体化。一般来说，旅游组织公共关系中、短期计划应包括如下内容：

（1）背景概述。叙述组织公共关系现状，指出存在的问题、差距及主要原因。

（2）目标。按照轻重缓急次序逐个列出多个目标。

（3）主题及措施。以目标的排列次序为依据，先列出为实现第一个目标而确定的主题内容，需要开展哪几项活动；再列出第二个目标确定的是什么，需要开展哪几项活动……依此类推。

（4）预算。分别对各个子目标做出有关人员、经费、时间的预算，然后汇总成为

总目标的费用总体预算。

（5）具体实施方案。包括：项目名称及目标；项目负责人、实施者及各自职责；项目筹备、实施程序设计和时间表、目标公众及其分析；项目所需的传播媒介、器材设备、外部环境等；成果考核标准和评估方法，等等。

（三）制订公共关系计划的要求

1. 具有创新性

公共关系计划必须根据不断变化的情况，认真制订，每一个公共关系计划都应有一定的创新性，以吸引公众对组织的注意。

2. 既要全面又要突出重点

公共关系计划中的有关目标既要开列全面，又要重点突出，分清轻重缓急。特别应注意在制订短期计划时，要兼顾中、长期计划，处理好它们之间的关系。

3. 应体现公共关系工作的连续性和阶段性

重大的公共关系目标，必须经过一系列公共关系活动才能实现。因此在制订公共关系计划、安排公共关系活动项目时，应循序渐进，考虑新老计划中各项具体目标之间、各种活动项目之间的连续性。同时还要强调公共关系工作的阶段性，要劳逸结合，有张有弛。

4. 预算要留有余地

世间万物均在不断变化发展，因此在制订公共关系计划时，对于人力、经费、时间的预算，一定要留有余地，以应付意外情况的出现，避免因人力、费用或时间的限制而使工作陷于被动。

5. 应力求易懂、易记

公共关系计划应力求简洁扼要、通俗易懂、易读好记。所以，制订公共关系计划时，宜采用条文和表格相结合的表达方式，要言简意赅。

三、组织实施、策动传播——形象控制

公共关系活动的中心环节——公共关系计划的实施就是运用各种传播手段把预期的信息传播给目标公众，改变其态度或行为，创造对组织有利的舆论环境，控制组织形象的传播定位，它是将公关目标变为现实的过程，是整个旅游公共关系工作程序中最为关键的环节。

（一）旅游公共关系计划实施过程

首先是实施的准备阶段：包括设计实施方案，制订对旅游公众的行动、沟通计划，确定实施的措施和程序，建立实施机构，确定训练人员并向他们介绍计划内容和实施条件。

其次是实施的执行阶段，按照设计好的实施计划程序，落实各项措施。

最后是实施结束阶段,为下一步的效果评估做好相应的准备。如果说旅游公共关系计划的制订是策划过程,那么计划的实施则是一种行动过程。

(二)旅游公共关系实施方法

1. 目标导向

目标导向是指在旅游公共关系计划的实施活动中始终按照预先计划方案执行。其目的在于不使旅游公共关系活动越出范围,利用目标对整个实施活动进行引导、制约和促进,把握实施活动的进程和方向。因为既定的公共关系目标及实施方案,是建立在调查研究的基础之上,具有一定的科学性与可行性,所以在实施过程遇到客观情况发生某些变化的时候,不应急于随便改变或放弃目标,也不能轻易变动实现目标的基本步骤,而应将目光盯在目标上,始终坚持与总目标保持一致的原则。这样才能避免迷失方向、穷于应付等问题,使计划目标得以顺利实现。

2. 实施方案具体化

为有效实现公共关系计划目标,必须制订具体细致的目标实施方案。根据公共关系计划目标的要求,特别是变化了的客观环境的要求,对活动的时间安排、地点选择、对象确定、程序控制、内容构思、形式规模、人员分工、费用支付等详加斟酌、认真研究,并制订出考虑周详的具体方案,确保目标实施方案的可靠性和有效性。

3. 发挥实施人员的主观能动性

在公共关系计划付诸实施前,公关人员应与实施人员会面,共同对计划进行透彻、全面、科学的磋商,征求他们的意见,大力调动其参与意识。在计划实施时,注意适当授权,使他们各尽其力、各负其责,充分发挥主动性和创造性。

4. 进度控制

在公共关系计划组织实施过程中,既要坚持原定计划,又要加强检查和监测各项工作的进度,进行量的控制,一旦发现出现的问题超出预算范畴,应及时修正和调节原计划的具体内容,保障计划实施的灵活性,使整个计划实施过程得到良好的控制,更好地实现公共关系目标。

5. 反馈调整

公共关系计划实施过程中,由于客观环境和旅游组织内部的状况都是在不断地发展变化,不管旅游公共关系计划制订时考虑得多么周密,也难免会出现与实际不符的现象;因此,要对实施过程中的信息进行及时的搜集和反馈,与总目标进行对照,总结经验,找出差距,及时予以调整,使实施过程得到良好的控制。

6. 整体协调

协调不同于控制,控制是对实施中与计划有差异的行为进行纠正,协调是要求实施工作所涉及的人力、物力、财力等方方面面最优化,达到和谐、合理、配合、互补、统一的状态,以提高工作效率。

7. 选择最佳的活动时机

这是提高旅游公共关系计划成功率的必要条件。任何公共关系方面出现的问题，以及对问题的解决程度等，都要受到一定时间和条件的制约。在计划实施过程中，对时机进行精心选择与安排，整个计划将会借助于恰当时机而收到良好的效果。

8. 选择公众所惯用的传播媒介

公共关系活动实质上是针对目标公众进行的信息传播活动，能否使目标公众接受组织传播的全部或大部分信息，是公共关系成败的关键之一。因此，要选择公众所惯用的、符合其口味的信息传播行为与传播媒介。比如，对于喜欢阅读思考的商务人士与知识分子，应采用报纸、杂志等媒体，只对本地区有意义的信息就不必采用全国性的媒体。同时，还应考虑组织自身的经济承受能力，尽可能以最少的费用达成最佳的传播效果。

9. 设计编发公众喜闻乐见的公共关系信息

公共关系人员在设计制作公共关系信息时，应该更多地从公众的特点和传播媒介的特点出发，而不是只从组织自身的角度出发。要尽可能使组织公共关系目标以适合公众和传播媒介要求的方式表达出来。这样才能成为实现公共关系目标的强有力的工具。

四、评估反馈、监测成效——形象评价

以传播组织形象信息为目的的公共关系活动注重的不是活动本身而是活动的影响和效果，这是公共关系活动策划的核心问题。因此，在每开展一项活动后，公关人员应立刻着手收集信息反馈，客观分析，肯定成绩、总结经验，寻找差距、吸取教训，为下一次活动的成功开展奠定坚实基础。

（一）检测评估的内容

1. 计划与目标一致性分析

包括公共关系目标的深度与广度。计划与预计目标是否一致？两者有无根本的联系？成功机会是否为最大？预计的和实际的费用各为多少？获得了什么样的利益和效果？

2. 活动实施过程分析

包括：沟通交往活动是否涉及预定的公众和目标区域？是否按照公共关系计划所设计的程序进行社会关系的协调？

3. 功效、影响与效果问题分析

包括：公共关系活动是否达成预期效果？实现的效果是否包括计划外其他活动的作用？是否产生预料之外的影响？成本状况如何？本次活动是否充分利用信息和媒介资源？

（二）检测评估的基本程序

1. 设立统一的评估目标

将有关问题的评估重点、提问要点形成书面材料，以确保评估工作的顺利进行。如果评估目标不统一，则会在调查中收集许多无用的资料，无端消耗成本，影响评估的效果与效率。

2. 取得组织负责人的认可，将评估过程纳入公共关系计划之中

评估不是公共关系计划的附属品或计划实施后的补救措施，而是整个公共关系计划的重要组成部分。因此对评估应给予足够的重视，对评估的方法予以充分的考虑和周密的筹划。

3. 在公共关系部门内部取得对评估意见的一致

公共关系部经理要认识到，即使是公共关系人员本身，也不能一下子把公共关系活动的效果测量出来。要给他们足够的时间认识效果评估的作用，并允许他们通过自己的亲身体验加深这一认识。

4. 从可观察与测量的角度将目标具体化

目标具体化是检测评估工作的首要步骤。例如，应确定目标公众，明晰预期效果的发生时间与程度等。同时，目标具体化还能确保公共关系计划的实施过程更加明确化和标准化。

5. 选择适当的评估标准

如果一个旅游组织将"让公众了解自己支持当地福利机构，以改善自己的形象"作为公共关系活动的目标，那么评估这样的公共关系活动的标准就不应该是了解公众是否知道当地报纸上哪一个专栏报道了这一消息，占用了多大篇幅，而应该了解公众对旅游组织的认识程度以及观点、态度和行为的变化。

6. 确定收集情况的最佳途径

在收集有关评估资料方面，没有绝对的最佳途径。方法的选择取决于评估的目的，以及前面已经确定的评估标准。

7. 保持完整的计划实施记录

这些资料能充分反映旅游公共关系人员的工作方式和工作效果，尤其重要的是反映计划的可行性程度，哪些策略是有效的，哪些策略是无力的或者无效的；哪些环节衔接比较紧密，哪些环节还有疏漏或欠缺。

8. 评估结果的使用

旅游公共关系的每一个周期都要比前一个周期表现出更大的影响力，这是因为根据前一个周期评估的结果对后一个周期进行了调整。由于评估结果的运用，问题确定及形势分析将会更加准确，公共关系目标也将会更加符合组织发展的要求。

(三) 评估的主要方法

旅游公共关系评估的依据主要来自社会实践。因此它主要通过收集反馈信息进行分析研究，这可以说又是一个调查研究过程。

1. 目标监测法

以开展公关活动前所制订的旅游公共关系活动目标为标准，按目标规定的具体项目，然后把活动中搜集到的结果与原定目标相对照，找出两者之间的差异。

2. 传播效果分析法

根据新闻媒介在一定时期内，撰写新闻稿和特别报道稿的数量、版图的安排、持续的时间、报道时机、新闻媒介的影响力等报道情况来评估旅游公共关系活动。通过观察新闻媒介对旅游组织的报道情况，可以比较有效地分析和概括出旅游组织形象的变化情况，测量旅游公共关系活动的效果。

3. 旅游公众反馈法

通过公众来信、来电、来访、社会调查、民意测验等方式对社会各个阶层的代表以及组织目标旅游公众进行调查，以了解和分析旅游公众态度、行为的变化及原因。活动过后，旅游组织领导直接与旅游公众见面，倾听旅游公众对本旅游组织的意见和态度，比较旅游公共关系活动前后旅游公众的变化，以分析旅游公共关系活动的效果。

4. 专家评定法

由旅游组织公共关系人员拟订评估项目，制定评估标准，聘请旅游公共关系专家进行评估。评估过程要让专家有完全的自主性，独立地发表意见，对计划实施的对象进行调查，与实施人员交换意见，最后撰写评估报告。

5. 内部资料收集法

在旅游组织内部收集信息。这主要分为两方面：一方面是对员工进行调查，了解他们对组织态度有无转变，从中分析旅游公共关系活动的成效；另一方面是通过组织的销售量、营业额、盈利表等各种计算指标，把实施旅游公共关系计划前后的两个数字进行对比，清晰地了解组织状况的变化以及发展趋势。

【案例】

增强品牌竞争力是现代酒店业不可回避的使命

2021年9月，"2021匠心品质 元素甄选榜"圆满落幕，活动设置了酒店集团、奢华酒店、设计酒店、度假酒店、会议酒店、餐厅酒店、酒店公寓、精品酒店、酒店人物、新开业酒店、特色酒店、社会餐饮等多类奖项。万豪国际、凯宾斯基、万达酒店及度假村、璞富腾酒店集团、Club Med、凯睿酒店集团、钓鱼台美高梅酒店集团等多家著名酒店管理公司，及中国大饭店、北京王府半岛酒店、北京瑰丽酒店、北京三里屯通盈洲际酒店、上海安达仕酒店、大连君悦酒店、北京香格里拉等130多家酒店获奖。获奖的酒店几乎都是中国高等级的豪华酒店；获奖的酒店管理公司全部是国际著名的酒店管理集团；获奖的个人全部是在业界公认的领袖人物，可谓星光灿烂，熠熠生辉！这次评选同时吸引了海外多家顶级酒店参加，这在国内众多的行业评选活动中是不多见的。黄金时代品牌天下，良性竞争和谐共赢。"匠心品质 元素甄选榜"旨在通过《生活元素 LIFE ELEMENT》媒体平台的影响力汇集读者意见，旨在表彰业界品牌精英，不仅国内酒店，就连海外高端品质酒店也积极参与评选活动。为旅行度假及商务宴请等人士提供一份极具价值的酒店指南。在21世纪的商业竞争中，品牌的价值逐渐成为企业的核心利益所在，而品牌的持续发展和不断增值，则需要企业本身在经济效益和社会效益两方面不断创造价值。树立酒店的品牌形象和品牌意识，推动酒店业良性竞争；面向广大的消费者进行品牌推广，完善品牌形象，建立和增强品牌竞争力，应该是任何一家大型酒店集团都不可回避的使命！

（资料来源：人民网，2020年12月17日）

本章小结

对于中国旅游业来说，进一步加强自身的品牌建设和品牌宣传，致力于行业内部的良性竞争与和谐发展，致力于旅游业与社会、政治、经济、文化等各方面的和谐共赢，应该是现代旅游业共同的追求。

在旅游组织整个经营管理活动中，公共关系是最富艺术性的一个环节，艺术性不仅表现在运用高超的传播技巧及灵活多样的组织手段，而且还体现在公关工作的高度计划性、连贯性。调查研究、制订计划、组织实施、监测评估的"公关四步工作法"是法宝，要认真掌握、灵活运用。由于行业特点，旅游组织一般采用服务型公共关系工作模式。

思考与练习

1. 旅游公共关系一般可以采用哪几种工作模式？
2. 服务型旅游公共关系工作模式有哪些特点？其基本方式有哪些？
3. "公关四步工作法"包括哪些主要内容？应注意哪些事项？
4. 请根据近期学校团委、学生会或社团组织的活动要求，依据"公关四步工作法"尝试策划一个校园文体或班级集体活动方案，在实践中体味如何开展公共关系工作。
5. 案例分析：

根据以下周南先生的统计数据，进行相应分析。广州白天鹅宾馆：以最低成本支出取得了32场直播累计GMV大于4000万元的成效，累计观看人数1518万人。三亚亚特兰蒂斯酒店：在品牌日活动中，通过直播带货形式14天销量达4700万元，同时飞猪粉丝增长超过40%。漳浦金仕顿大酒店：在"百场带货直播第二站"活动中，单场直播销售额达120万元，同时带来粉丝浏览量449.02万次曝光！2020年由携程掌门人梁建章和携程员工组建起来的"直播天团",通过15场直播成交总额达6亿元,观看总人次共计4000万。华住会抖音直播间一年卖了7万份,10万+间夜。请结合案例数据,谈谈你对现代公共关系工作模式的创新思考。

拓展阅读

格伦·布鲁姆,艾伦·森特.有效的公共关系[M].北京:华夏出版社,2002.

第五章　旅游公共关系活动策划

👉 **学习重点**

● 旅游公共关系活动策划要点
● 旅游公共关系方案的实施
● 旅游公共关系策划实例及评析

　　研究现代公共关系策划不能不了解古代谋略。谋略，是中国传统文化中最能体现东方式智慧的奇葩。谋略，即计谋策略。中国传统文化中充满朴素辩证法，体现人的主观能动性的奇计良策丰富多彩。如春秋战国时，士阶层作为政治智囊、思想精英，凭借自己的聪明才智与谋略奔走于各诸侯国。诸子百家著述中，无一不渗透着谋略的睿智。尤其是《孙子》这部人类军事学经典著作，从头到尾贯穿着精辟深刻的谋略思想。时与势是传统谋略中十分重要的内容，时乃时机、战机，势乃形势、趋势，二者是决定胜负的主要因素。古人云："用之在于机，显之在于势。"古往今来的对抗和竞争中，审时度势是夺取胜利的重要保证。所以，一方面，中国古代十分重视得天时，并把它当作与"地利""人和"同样重要的制胜因素；另一方面，强调要有意识地争取和创造时机，这又是一个"蓄势""造势"的过程。蓄势、造势就是通过各方面的努力，在力量对比、心理状态、道义和将士的勇怯等方面形成居高临下的优势，到一定时候，瓜熟蒂落，水到渠成。"故善战者，求之于势，不责之于人。故能择人而任势。"

　　公共关系策划是公共关系人员为实现公共关系目标而在调查研究、掌握信息的基础上充分发挥想象力、创造力，确定公共关系活动的主题和战略，并制订出最优活动方案的过程。它与古代谋略有许多相通之处，特别是古代谋略中讲究时与势的思想，对于公共关系策划相当重要。把握好时与势，巧妙地择时趁势，这是保证公共关系工作成功的一个主要因素。只要抓住时机，借机行事，公共关系活动就可以事半功倍，很快在公众中引起强烈的反响，形成组织所期望的声势。

　　中国传统文化具有很强的民族个性，现代公共关系学在中国的根植不可能不汲取中国传统文化土壤中的养分。在建立具有中国特色的公关理论体系与操作规范的活动中，引进中国传统文化的精髓，不仅应该，而且是符合现实的。我们应以马列主义、毛泽东思想、邓小平理论、"三个代表"重要思想、科学发展观、习近平新时代中国特色社会主义思想为指导，合理筛选和借鉴中国传统文化的精华，结合我国实际，结合社会主义市场经济政治体制改革的需要，对中国传统文化加以继承、改造、创新和发展，建立一种既区别于西方公共关系学，又区别于古老伦理关系的，能体现和弘扬民族文化的，具有中国特色的公共关系学，以发展具有中国特色的公共关系事业。

本章将从旅游公共关系的角度，结合公共关系成功的策划案例，讲述旅游公共关系活动策划的具体步骤和要点。

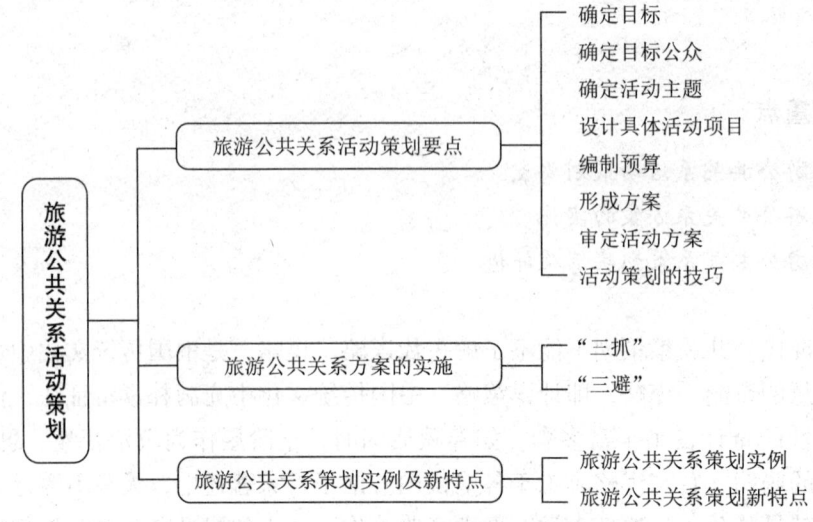

第一节　旅游公共关系活动策划要点

旅游公共关系的工作重点之一是协调社会关系，即在旅游组织与公众的内外交往中进行有目的、有计划的组织管理。因此，旅游公关人员必须清晰了解公众的心理特征与需求，洞悉公众的旅游动机，有针对性地制订周详的计划，选择最佳的方案，以增强旅游公共关系活动的条理性、严密性和科学性。

中国著名旅游经济和管理专家魏小安先生指出，服务业成为产业主体，科技、文化、休闲成为产业主导，创新成为社会潮流，智慧建设普及化，城市环境极大好转，城市品牌不断提升，民众生活幸福指数高，休闲度假成为生活要素，这是后工业化阶段的八个特征。农业社会，与之对应的是少数人的漫游，工业社会，与之对应的是多数人的观光，后工业化社会，与之对应的是全体人的全面休闲，这就是未来的发展。从20世纪80年代的小旅游概念，到90年代的中旅游概念，再到进入21世纪以来的大旅游概念，随着时代的发展，我们对旅游的认识越来越深入，全域旅游概念已经形成。随着市场消费需求的升级，游客越来越注重旅游的新鲜感、体验感、互动性，沉浸式旅游之风也刮向全国各个地方，沉浸式旅游项目旨在为旅游者创造全面的体验，即通过塑造感官及思维、情感体验吸引消费者的注意力，并引起旅游者的情感共鸣或思维认同，为旅游产品和服务找到新的价值和生存空间。与此同时，受新冠肺炎疫情及各种灾情的影响，旅游业受到全面冲击，景区普遍运营情况不甚理想，在国内外多极新格局和风险挑战增多的复杂局面下，我国旅游业经历了最严峻的挑战和最漫长的恢复。随着科学研判、分类指导、动态调整、精准防控的机制越来越成熟，2021 年我国旅游经济总体上呈现阶梯形复苏的态势。中旅集团、首旅集团、华侨城集团等国有旅游集团作为承载国家和区域发展战略重要旅游资源整合平台，主动作为，积极变革，成为疫后旅游业复苏发展的中坚力量。携程、春秋、开元、美团等以社会资本和民营资本为主体的旅游企业，深耕国内市场，针对游客个性化、碎片化的需求，挖掘周边旅游资源，及时切入短途游、定制游，成为旅游市场的新亮点。2022 年冬奥会的举办推动冰雪旅游成为冬季旅游的新潮流，数字化、智慧化、冰雪等相关领域融资增长显著。

在后工业化阶段，面对全域旅游的新趋势，现代旅游公共关系活动应如何策划呢？

现代旅游公共关系活动尽管形式多样，开展的方式也各不相同，但它们也有共同的特点和要求。为取得良好的效果，主要从以下几个步骤开展旅游公共关系活动的策划工作。具体流程如图 5-1 所示。

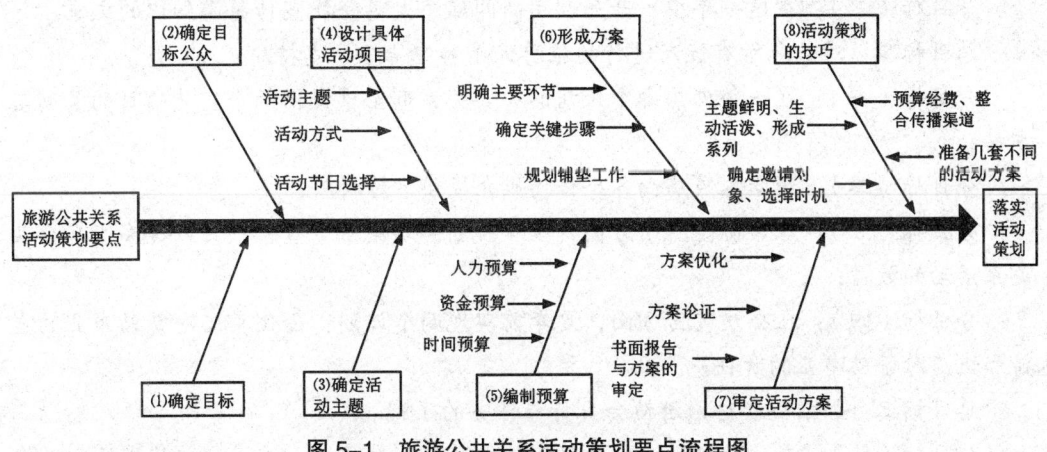

图 5-1　旅游公共关系活动策划要点流程图

一、确定目标

旅游公共关系活动的目的在于密切组织与公众之间的友好关系，扩大旅游组织的影响。而确定旅游公共关系活动的总目标和各项具体目标是编制旅游公共关系计划的关键步骤，为此，旅游组织在开展活动时首先要明确目标。常见的活动目标主要有：让公众接受某个正确信息，消除公众对旅游组织的误解和偏见；加强内外部公众的相互了解和信任；促成新闻界对旅游组织的关注；鼓动公众支持旅游组织的某项决策；

让公众知晓旅游组织的新发展或收集公众对旅游组织的意见,等等。一般来说,一个专题活动只有一个基本目标,而这个目标必须明确具体。

确定旅游公共关系的目标要注意以下问题:

首先,要准确、有效地选择和确定目标。这取决于调查与分析阶段所获取的各种资料是否详尽、准确。

其次,要合理制定旅游公共关系目标。它要为旅游组织和公众的双方利益服务,以符合旅游公共关系的职业道德准则。

再次,考虑旅游公共关系目标要注意留有弹性。

最后,要防止旅游公共关系目标定得较低,经费预算却定得很高。

【案例】

某旅行社协会的公共关系目标

某旅行社协会通过总目标与具体目标的有机结合,归纳制定了其公关目标。

总目标一:加强公众对旅游的认识。

分目标(一):在这一年中,电视台与电台的宣传费用增加25%;

分目标(二):在这一年中,通过电影宣传的时间与费用增加100%;

分目标(三):在这一年中,开始利用新闻媒介大量登载宣传旅游知识的文章。

总目标二:对该地所有饭店进行的旅游促销和宣传给予支持。

分目标(一):在一年内为每个饭店的公共关系部至少提供两个宣传项目的赞助与支持;

分目标(二):帮助各饭店向各个传播媒介提供宣传材料;

分目标(三):在该协会科研方面,至少规划和实施三个宣传项目以提高饭店公共关系活动的效益;

分目标(四):在公众宣传方面,夏季前实现两个计划:强化员工对赞助事业的支持和饭店对赞助事业的责任感。

总目标三:加强公众对旅游协会目标与任务的了解。

分目标(一):在一年内,出版两种宣传手册和一种画册,广泛宣传旅游协会;

分目标(二):在当年12月19日,利用授奖大会向公众汇报授奖资金的使用情况;

分目标(三):同所有饭店的公共关系部经理保持联系。

总目标四:为了完成既定的目标与任务,发展和巩固社会与新闻媒介的良好合作关系。

分目标(一):保持与当地所有新闻媒介的公共关系负责人接触,了解他们对本协会的意见和要求,以促进进一步的协作;

分目标(二):在12月,成立公共情报顾问委员会,每年至少开三次例会。

从以上案例可见,旅游公共关系活动策划必须首先制定旅游组织现阶段的总体目标,然后将该目标分解为分目标,每一个目标必须具体明确,且具有可行性。

二、确定目标公众

任何一项旅游公共关系活动都是针对某一特定公众群体展开的,因此,锁定与旅游业组织有关的公众是与确定旅游业公关目标相伴随的一项策划工作,是有效开展策划工作的重要条件。如果不对目标公众加以认定,就会导致一系列严重后果。诸如,资金与力量被不加区别地分散在过多的公众中;发表没有针对性的信息,而不顾其对不同公众的适用性;工作将不会有计划地进行,使得人力与时间、物资和设备不能得到最有效的利用,目标将不会实现;管理部门将会因目标无法实现而失望。因此,在旅游公共关系策划中首先要认定目标公众。

认定目标公众很难有统一的标准,基本的原则是从旅游组织的活动目标、需要和实力三个方面去考虑。

第一,以旅游组织的活动目标划定公众范围。如某饭店为扩大自己的声誉而策划的建店周年庆典专题活动,其公众就主要是同行、新闻单位、政府部门、部分重要客户和名人,而那些建筑部门和军队就不是这次活动的目标公众。这种划分主要强调的是相关性。

第二,以旅游组织的活动需要决定目标公众。例如当旅游组织的活动出现危机时,开展旅游公共关系工作的目标公众就应当是行动公众和逆意公众,以防危机的扩散和加剧使这部分公众对组织产生信任危机。这种划分主要强调的是影响度。

第三,以旅游组织的实力确定目标公众。在旅游公共关系活动中,旅游组织常常面对广泛的公众,往往感到人力和财力的不足。在这种情况下,就应将有关公众按与旅游组织关系的密切程度、影响的大小程度、相关事情的紧迫程度等因素进行排队,优选出最为主要的一部分公众作为目标公众。这主要强调的是重要性。

【案例】

日本核危机带动美国"核旅游"

任何一项旅游公共关系活动都是针对某一特定公众群体展开的,因此,首先要锁定与组织有关的目标公众,确定公关目标。要影响公众,首先就要理解目标公众的需求,美国公众对核问题很有兴趣,特别关心日本当前形势,民众想要了解核反应堆和核辐射知识,于是美国国家核科学与历史博物馆针对日本核危机及时策划了"核旅游"活动。

日本核危机让人们重视核安全问题。不少美国民众选择到核博物馆和曾经的核试验场参观,学习与核有关的知识。原子弹试爆博物馆位于内华达州拉斯维加斯。先前美国不少核试验在那里的沙漠腹地进行。据统计,参观核博物馆的人数比平时增加

12%。"毫无疑问，民众想要了解核反应堆和核辐射知识。"其他吸引民众的参观地还包括三一核试验场。试验场位于新墨西哥州白沙导弹靶场北端。1945年7月16日，那里成功爆炸了人类历史上第一颗原子弹，开启核时代序幕。参观者提前半年预约才能到试验场一游。人们不但可以看到核试验后残留的房屋和桥梁，还能爬进深近百米的巨大弹坑里，感受核爆炸威力。另一个人们感兴趣的地方是汉福德核禁区。禁区位于华盛顿州东南部，是"曼哈顿计划"的产物。虽然那里已经停止生产钚二十多年，但仍然是美国受污染最严重的核试验场。游客只能从远处观望，看穿着白色服装的工作人员填埋被汞污染的土壤。

（资料来源：荆晶.日本核危机带动美国"核旅游"［N］羊城晚报，2011-04-02. 有改写）

三、确定活动主题

旅游公共关系活动主题是目标的生动体现，是统率整个公共关系活动、连接所有公共关系具体项目的核心，它使公共关系活动形成了一个有机的整体。主题恰当与否将直接影响活动的成败。所以，旅游组织开展活动时需要精选主题，而且活动中涉及的每一篇演讲、每一张宣传画、每一本小册子、每一条广告均应体现这个统一的主题。旅游公共关系活动主题的选择，要求旅游组织围绕公共关系专题活动的目标考虑组织、公众及社会环境三方面的因素，使活动主题既适合旅游组织的公共关系目标，又适合公众的心理承受力和兴趣爱好，同时还与社会环境相吻合。例如，广州花园酒店为了扩大自己在公众中的知名度，曾在母亲节举办过一个以歌颂母亲为主题的活动。选择歌颂母亲这个主题，是十分恰当的，因为母亲是伟大的，母亲节理应欢庆祝贺，但我国一直还没有举办过大规模的母亲节庆祝活动。

广州酒店率先开展母亲节庆祝活动，符合了社会的客观要求，因而吸引了公众的注意，取得了很大的公共关系效果。2021年国庆期间，广州以"花样金秋 乐享广州"为主题，围绕吃、住、行、游、购、娱六要素推出近400场文旅系列活动。据初步测算，2021年国庆节假期全市累计接待游客1153.39万人次。假日期间抽样调查结果显示，游客对广州的旅游环境整体满意率为99.86%。公共关系活动主题的表现形式是多种多样的，它可以是一个简洁的陈述，也可以用简短的口号来表示。如中国大酒店在实施"提高营业额"的公共关系项目时，拟定了一句口号："中外通商之途，殷勤款客之道。"口号反映了该店先进而完善的服务特色。因此，表现主题的口号要具备清楚明了、易于记忆、中肯诚实这样几个特点。

四、设计具体活动项目

具体的公共关系项目是为实现公共关系活动目标、围绕公共关系主题而展开的一系列有计划的行动。一般来说，具体的公共关系项目可依据活动主题、活动方式、活动节日选择等分为若干类型。

（一）以信息传播为中心内容的活动项目

国家提出要以信息化带动工业化，实现国民经济跨越增长，明确提出通过制度创新带动技术创新，以推动中国经济的信息化。现在有四个迹象正在描述着现在和揭示未来：第一，网络公司的大整合；第二，商业模式从一些中性的概念中解脱出来，向现实的、可盈利的方向全面调整和发展；第三，宽带技术、无线接入技术、多媒体技术已经成为支撑电子商务的核心技术；第四，新经济与传统产业的边界在逐渐消融。

以信息传播为中心内容的公关活动项目特点就是向公众传播信息，宣传企业目标，并能引起传播媒介的注意和报道。这类活动项目包括新闻发布会、记者招待会、演讲会、各种竞赛活动、学术讨论会、颁奖仪式、印发公共关系刊物、制作视听资料等。

（二）文化娱乐活动

传统文化的表达与活化，国学、国潮文化的崛起，其实是中国传统文化、中国现代科技在文旅领域里面打造中国品牌和中国制造的一个重要路径，包括我们所看到的故宫国潮、国家宝藏等一批网红文博节目，在大众中形成了新的消费潮流。文旅与国潮的联动，新技术、新科技、新内容的广泛使用，促使我们要将旅游组织的公关宣传内容巧妙地融入文化、娱乐、游戏及体育活动之中，有效地吸引公众参与，使公众在娱乐、游戏中接受旅游组织的公关宣传。例如，特色小镇不是行政区划中的镇，更不是产业园区或风景区，而是处于城市边缘，相对独立于城市，拥有鲜明的产业、文化、旅游以及社区的功能型平台，小镇以特色产业为支撑，通过产业进步来促进小镇的有效发展。

国家将文化、产业一体化特色小镇的发展视为重要的任务，将传统的文化资源以及小镇的居住特色密切结合起来，实现多种功能与文化的交融，保证构建起完善的特色小镇文化长廊，将富有地方特色的习俗合理地融入景观的建设实践中。重视嵌入式发展的第三产业模式，促使旅游和文化等实现高度的融合，真正地彰显出小镇文化的独特性以及地域特色，把旅游业合理地植根于小镇特色的文化中，让多种景观真正彰显出小镇不同特征的人文生态文化魅力。

（三）专题庆典活动

即通过举办形象展示、知识竞赛、技能比赛、文化艺术节等专题活动，吸引公众的注意力，从而有效地宣传旅游组织形象。

（四）公益慈善活动

即通过举办赞助、捐赠等一些公益性、慈善性活动，履行旅游组织所承担的社会责任和义务，以引起媒介和大众的关注，从而改善与目标公众的情感关系，展示旅游组织良好的社会形象。

（五）利用企业已有设施建立社会关系网络的活动项目

这类项目包括举办各种各样的招待会、座谈会、知名人士周末茶话会、工作晚餐会以及记者和企业家联谊会、参观内部设施及各类庆祝活动等。

（六）推销产品和服务的活动项目

这类项目由公关部门和销售部门配合实施。主要形式有经常向各种旅游专业性出版机构及其他新闻机构寄送有关产品和服务的新闻发布稿、特写文章和照片，为企业的产品或服务设施拍摄电影、电视片等。

（七）在某些特殊时刻举行的活动项目

如全国性重大节日活动、当地传统的节日活动、公益赞助活动以及企业的开业庆典活动、周年纪念等。

五、编制预算

任何旅游组织开展活动必然要涉及经费问题，而经费都是有限的，怎样才能用最经济的条件争取尽可能大的社会效益，必须从实际出发，量力而行，进行经济核算。因此，要对经费进行编制。旅游公共关系策划活动预算编制一般包括三个方面的内容。

（一）人力预算

任何工作都需要人去做，旅游公共关系中人的因素尤其显得重要。人力预算是指实施计划作业所需人员的多少必须符合旅游公共关系部门事先对每一个公关从业人员岗位职责的规定，并体现"一职多能、人尽其才"的原则。

（二）资金预算

主要涉及各项活动经费。如办公费、劳务酬金、调研费、宣传费用、器材费用、特别事项活动经费、宣传资料印刷费、各类会议费、展览费、纪念品费、招待费、交通费、培训费用、行政办公费用等。

（三）时间预算

要明确整个旅游公共关系活动计划的持续时间，各阶段主题活动可能占用的时间，具体活动项目的起止时间、共计时间，活动安排与其他活动时间是否冲突等。

预算应注重实效，以效果定预算，而且要留有余地。在旅游公关活动结束后，就可根据效益同成本预算之比来检测评估花费的多少，还可以考核预算内各个项目之间的分配比例是否正确合理，时间和费用分配是否计算得当，不要前松后紧，致使后面的活动缺少时间和经费。

六、形成方案

形成方案是旅游公共关系策划中的关键环节，它是公共关系策划由确定目标与公众、设计主题、预算经费等策划准备阶段进入实际策划阶段即计划编制阶段的重要标志。它是以上几个阶段的具体化、操作化。

（一）明确主要环节

一般情况下，旅游公共关系活动都有五个最基本的环节：筹备、开始、核心、结束、善后。围绕这些环节又有更多的第二层次和第三层次的环节。从活动策划的角度看，首先应将这些环节全部厘清，弄清其内在联系，然后才能进一步明确主要环节，使之在整个活动中处于突出的位置上。

（二）确定关键步骤

在整个专题活动中，必须有一个能体现公共关系主题的步骤，它既是整个活动的高潮，又是完成任务的关键，这个步骤称为关键步骤。

关键步骤是专题活动的点睛之笔，是公关专题活动中的逻辑核心，但并不是在所有的情况下都是活动的主体部分。因为旅游公共关系工作目标与专题活动本身的目标不一定都是统一的，在不统一的情况下，必须依据旅游公共关系工作的需要选择特定的步骤作为关键步骤。

（三）规划铺垫工作

关键步骤不能独立存在，在实际的活动中，只有通过必要的烘托才能使之突出。因此，在确定关键步骤之后，还需要进一步规划铺垫工作。

铺垫工作是一个由低到高的过程，它的作用就是引发高潮到来。这个基本特性决定了必须根据突出关键步骤的需要来策划铺垫工作。第一，以"伏笔"的手法安排内容，不要过多强调独立性，带答案的谜语就没有意思了；第二，按照由低到高的原则安排铺垫内容，使公众的悬念感越来越强。

七、审定活动方案

在完成上述工作后，旅游公共关系策划人员应针对各种不同的活动方案进行反复比较，选定最佳方案。审定方案一般要经过以下三个步骤：

（一）方案优化

方案优化就是提高方案合理值的过程，目的在于寻求尽善尽美的方案。一般可从增强方案的目的性、增加方案的可行性和降低消耗三个方面去考虑。优化的方法有四种。

1. 重点法

当我们对同一方案进行优化时，可先分析目的性、可行性和耗费三个方面，哪一个方面增加或减少对该方案的合理值影响最大，就把影响最大的方面定为重点。如果方案中目的性和可行性都很强，就是费用太高，就可将耗费定为重点；如果是目的性和耗费都很合适，只是可行性差，就应以增强可行性为重点。总之，就是要重点地突破薄弱环节，以使方案整体优化。

2. 轮变法

在影响整体的要素中，将一个要素作为变数，其他作为定数，对作为变数的要素作数量的增减，以期在其他要素不变的情况下提高合理值，直至不能再增加。然后，换一个要素作变数，又将原来的那个要素与其他要素一起作定数，以此类推，直至最后合理值不能再提高为止。

3. 反向增益法

即在影响整体的要素中，以一个要素的较小变动去求得其他要素的较大变动，达到"舍寸进尺"的效果。

4. 优点综合法

即将各个方案中可以移植的优点综合到被选择的方案中，使被选上的方案优中加优，达到最优化。

（二）方案论证

方案论证就是行动方案定好以后所进行的可行性论证。一般由有关领导、专家和实际工作者对计划的可行性提出问题，由策划人员答辩论证。其论证的方面主要是：

①对目标进行分析。即分析目标是否明确，实现的程度如何。②对限制性因素进行分析。即分析公共关系计划在哪些条件下可以实行，在哪些条件下可能实行。③对潜在问题进行分析。即预测公共关系计划实行时可能发生的问题和障碍，分析防止和补救的可能性。④对预期结果进行综合效益评价。判断该计划能否付诸实施。

（三）书面报告与方案的审定

旅游公共关系计划经过论证后，必须形成书面报告——策划书。然后，上报决策层审定。策划书的写作格式与内容包括：①封面。封面应注明策划的形式与名称、策划的主体、策划日期、文件编号。②序文。把策划书所讲的要点进行提炼概括，形成400字左右的文字，使人一目了然。③目录。④宗旨。即将策划的重要性、公共关系目标、社会意义、操作实施的可能性等问题加以具体说明，以展示策划的合理性和重要性。⑤内容。这是策划书的主体和最重要的部分。要求层次分明、逻辑性强、重点突出，切忌过分详尽冗长。⑥预算。即按照策划确定的目标逐项列出细目，计算出所需经费。⑦策划进度表。即把策划活动的全部过程拟成时间表。⑧有关工作人员目标责任分配表。根据目标管理原则,对各项目标、任务,按责、权、利以表的形式落实到有关人员的名下。⑨策划所需物品和活动场地的安排。⑩与策划相关的资料。如有关背景资料、前期调查结果、类似项目及竞争对手情况等。

旅游公共关系策划书写好之后,必须要上报决策层,经过本组织领导的审核和批准后,策划阶段方算结束,接下来便进入公共关系计划的实施阶段。

【公关文书范例】

《梦幻腾格里,浪漫中秋夜》公共关系策划书

一、项目背景

宁夏沙坡头国家级自然保护区,位于宁夏回族自治区中卫市城区西部腾格里沙漠的东南缘。沙坡头东起二道沙沟南护林房,西至头道墩,北接腾格里沙漠,南临黄河,长约38公里,宽约5公里,海拔在1300~1500米,总面积4599.3公顷,占中卫市城区土地总面积的3%。是全国二十个治沙重点区之一。现为国家AAAAA级旅游景区,国家级沙漠生态自然保护区,全球环保500佳单位,全民健身二十个著名景观之一,获科技进步特别奖。沙坡头集大漠、黄河、高山、绿洲为一处,具西北风光之雄奇,兼江南景色之秀美。沙坡头有中国最大的天然滑沙场,有横跨黄河的"天下黄河第一索",有黄河文化代表古老水车,有黄河上最古老的运输工具羊皮筏子,有沙漠中难得一见的海市蜃楼。在这里,可以骑骆驼穿越腾格里沙漠,可以乘坐越野车进行沙海冲浪,咫尺之间可以领略大漠孤烟、长河落日的奇观。沙坡头主要保护对象为自然沙漠景观、天然沙生植被、治沙科研成果、野生动物、明代古长城、沙坡鸣钟等人文景观及其自然综合体。

二、项目活动目的及意义

中秋节是中华民族的传统佳节,传递着民族深厚的文化,寄寓着人们美好的感情。中秋之夜,皓月当空,清辉洒满大地,赏月正当其时。在2022年中秋佳节即将来临之际,宁夏沙坡头国家级自然保护区以奇秀天下的沙漠风光,良好的休闲度假设施,和广东丹霞山、陕西华山等七家旅游景区一起被国内资深驴友推荐为"全国七大赏月圣地"。为了将这一事件成功地植入销售市场,当地借助沙坡头已有的品牌知名度和市场影响力,借势造势,精心打造沙坡头"沙漠赏月"的旅游品牌,让前来沙坡头旅游的游客置身于万籁俱寂的腾格里沙漠,吃月饼、烧烤、品美酒、佳酿,体验"一轮明月高悬头顶,只见浩瀚缥缈的银河……"的绝妙意境,浮想联翩,流连忘返。景区策划系列主题营销活动,推出集项目娱乐、住宿、餐饮、休闲为一体的中秋节消费套餐,掀动"中秋节"参与热潮,带动本市及全国旅游消费人群的消费热情,为十一黄金周旅游市场"井喷"提前预热造势,进一步树立沙坡头休闲度假旅游品牌。

三、活动主题

梦幻腾格里,浪漫中秋夜。

四、活动时间

2022年9月22日—24日。

五、活动地点

海市蜃楼。

六、人数参与规模

50~100人。

七、组织领导

(略)

八、活动内容

（1）举办酒吧演艺，邀请中卫市本土乐队2~3支激情献唱。

（2）举办卡拉OK明星秀。

（3）观海楼天文赏月。

（4）举行酒吧化装舞会。

（5）欣赏炫丽沙漠焰火。

（6）午夜浪漫影院观影（通宵经典影片连放）。

（7）活动现场举行抽奖，抽中者即可领取精美礼品一份。

九、产品策划

80元套餐（1人）：

含冷餐、果盘、月饼一份，自酿黑啤一扎，景区观光车上下接送和沙漠巴士或自驾车接送（海市蜃楼—大漠人家的往返接送）。酒水、烧烤另计。

680元套餐（2人）：

含沙漠酒店（沙景房、天景房、沐浴星空房）住宿一晚（含早餐），景区观光车往返、骆驼往返和沙海冲浪，同时享受80元套餐。酒水、烧烤另计。

凡在活动当日入住沙漠酒店的游客（未购套票者）可享受酒店7折优惠，并获赠送早餐。

十、活动推广

（一）票务销售

（1）上门销售，由景区工作人员上门销售套票。

（2）景区销售，接待部负责套票销售。

（3）旅行社代售，沙坡头旅行社为活动票务代售点（每售出一张，旅行社按票面金额10%提成）。

（二）活动宣传

（1）在景区门口放置广告牌（广告采用喷绘为主，条幅相结合的形式）。

（2）中卫电视台字幕游播广告投放6天，每天黄金时段播出3次，中卫日报刊登四分之一版套红广告3期。

（3）手机短信群发（目标客户群1000人）。

（4）沙坡头、探险俱乐部首页设置游标广告，介绍活动时间，设置活动宣传专版。

（5）印制中秋节活动宣传单页 1000 份。

十一、氛围营造

（1）景区门口、沙漠酒吧前悬挂横幅，悬挂灯笼，门口、电瓶车及海市蜃楼景点放置喷绘展板。

（2）沙漠酒吧悬挂"中秋、国庆"POP 广告、气球等，酒吧及餐厅室外廊檐悬挂灯笼 20 个。

（3）沙漠酒吧前设置拱门一个及中华柱 2 个。

（4）篝火演艺台设置音箱、灯光等。

（5）观海楼放置口径 120mm 的折射天文望远镜两台。

十二、活动预算

略。

（资料由宁夏沙坡头国家级自然保护区供稿）

八、活动策划的技巧

（一）主题鲜明

策划旅游组织公共关系活动应有明确的目的和意图，要充分表现组织对公众以及对社会的关注。旅游公共关系活动要淡化商业色彩，要考虑公众的兴趣和娱乐心理，激发公众的参与热情。

（二）生动活泼

旅游公共关系活动应力求在情节安排上收到戏剧化效果，以生动、欢快和轻松的现场气氛稳住现场的公众，并通过他们吸引更多的公众参与。还可以利用公众的好胜心理和获利动机，设置有吸引力的奖品和抽奖项目，强化活动效果。

（三）形成系列

旅游组织应定期举办系列公共关系活动。每次活动应有相对独立又具有内在联系的主题，这样可以形成公关活动的规模效应、"工程"效应，从而吸引更多的公众关注和参与。尤其对于那些经济欠发达地区而言，一定要整体规划谋发展，先因陋就简，整合资源，避免盲目举办没有地方特色的公共关系活动。正如新西兰旅游人类学专家在中国贵州乡村旅游国际论坛上所说："一个地方的独特之处就是这个地方的主要财富，你们的首要任务就是保护好这些财富。如果你们有山有河，那么让它们永远干干净净、绿油油的；如果你们有独特的建筑，那么就让它们永远保持古雅的模样；如果你们有独特的音乐、歌谣或舞蹈，那么就保护它们，并熏陶他人。"例如，乡村旅游的系列公共关系活动项目开发或产品设计就要形成特色,挖掘乡土文化,就土避洋,真正给客人"百里不同风,十里不同俗"的感觉。德国的卡尔顿草莓庄园、以色列的吉布兹集体农场的文旅特色是有机的,村民的生活区域、生产区域和外围田园的区域,整个按照霍华德田园城市的模型去发展。我们现在还需要在我们现有发展的基础上,让土地的利用更加集约,让整个空间建筑形态、种植形态、第二产业的形态能更加有机地结合,形成智能化的农业乡村家园和文旅一体化的发展系列,加上大数据、传感器、农业机器人等新的发挥,通过自然环保的开发,为未来的农业去做一个范式,把智能的、标准的技术带到农村,去建立我们新兴的乡村的家园。做乡村文旅要做赋能式的开发,提升式的开发,而不是做掠夺式的开发。也就是从人的天性和自然出发,秉持尊重自然和生态的设计理念,同时打造旅游度假和农业相结合的复合功能的度假区。湖南省益阳市在策划系列公共关系活动时就最大限度地保持和突出了乡村旅游原汁原味的农家风味,相继策划出了"竹乡农家乐""湖乡农家乐""花乡农家乐""渔乡农家乐""樵乡农家乐"等系列"农家乐"旅游公共关系活动;特别是开发"竹乡农家乐"系列公共关系活动时,围绕"竹"字,挖掘特色,吃的是竹宴,用的是竹家具,观的是竹海,在系列中集中展示了江南竹乡的农家风貌形象,形成了系列"工程"效应,从而吸引了更多的公众关注和参与。

(四)确定邀请对象

在策划好旅游公共关系活动的主题和活动的项目后,要根据活动的主题和时间,恰当地选择参加活动的邀请对象,并落实好接待工作。

(五)预算经费

合理制订经费预算计划,筹措必需的经费,落实经费的数目与期限,在经费安排时要注意留有余地。

(六)选择时机

选择时机对旅游组织来说至关重要,一个良好的旅游公共关系活动方案如果错过了有利时机,就不能有效地发挥其作用。经验丰富的旅游公共关系人员通过周密的计划,抓住一切有利时机,积极主动地开展各种活动,以达到预期的旅游公共关系目标。

(七)整合不同的传播渠道

旅游公共关系项目本质上是一种传播活动,因而,传播渠道的选择也是公共关系活动策略的一个重要因素。

(八)准备几套不同的活动方案

要研究有无其他方案可达到同样目的,却又更省力、省时、省钱。最好是以最小的投入、最少的资源得到最大的收益。

第二节　旅游公共关系方案的实施

旅游组织公共关系活动效果的好坏，不仅取决于前期的策划和筹备，而且取决于公关活动现场实施过程中旅游组织公关人员的组织管理能力、调度控制能力，以及即时表现力。一项公关方案在实施时能否真正达到预期效果，要注意把握如下要点：

旅游公关活动方案的实施时机对活动的效果有极大的影响，时机恰当，活动就会收到事半功倍之效，否则，不仅效果减弱，有时还会产生费力不讨好的结果。时机是转瞬即逝的，如果没有敏锐的观察力，往往会错失良机。就一般的情况看，物色时机要从"三抓""三避"入手。

一、"三抓"

（一）抓"大事"

社会活动中经常会有一些重大的事情发生，如大型纪念活动、大型体育活动等，借助社会吸引力强的事件是扩大组织影响面的大好时机。

（二）抓"巧事"

巧事是一种异于常规的事情，它有时可能是一件很小的事情，但是由于它异于常规，不仅能够吸引人们的注意力，而且往往成为新闻媒介注意的对象。所以，抓住这类巧事往往能策划出独具特色的旅游公关专题活动。

（三）抓"空当"

所谓"空当"，就是本身有利用价值但又没有被人们充分注意的事情。从人们的习惯来讲，往往注意人们都注意的地方，于是，在实际生活中就产生了一些被忽视的"盲点"。但是，这些"盲点"正是由于被忽视了，因而常常具有"爆冷门"的潜在能力。所以，如果能够在别人没有注意的时候抓住这些"空当"，往往会引发轰动效应。

二、"三避"

（一）避"热点"

现代社会心理学研究表明，在社会生活中，经常会出现各种各样的"热点"问题，这些热点问题在很大程度上吸引了人们的注意力，使人们无暇他顾。对于旅游公关专题活动来讲，与这些"热点"争公众，就像用探照灯与太阳争辉一样，是很不明智的。所以，在目标公众关注热点问题的时候，如果不能利用"热点"问题，最好不开展专题活动。

（二）避"活动"

在社会上经常会有各种类型的社会活动，这些社会活动总能够在某种程度上吸引一些公众，如果专题活动在时间上不能与这些社会活动错开，就会丢失一批公众；即使没有丢失公众，也会有一些公众不能全身心参与旅游公关专题活动。因此，在策划旅游公关专题活动时，要注意在时间上回避这些社会活动。

（三）避"繁忙"

目标公众在繁忙的时候，即使对公关专题活动感兴趣，也总是无暇顾及。以学生为目标公众的专题活动，如果选择在期末考试时进行，即使再有吸引力，也难免参加者寥寥。因此，在策划旅游公关专题活动时，要特别注意调查清楚目标公众的闲忙规律，避开其繁忙时间。

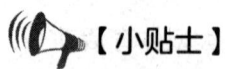【小贴士】

经理效应

一个人要想取得策划旅游公关专题活动的成功，需要具备三个基本因素。

第一，优势。他要具备相应的优势。在一件事上他要有他的优势，这叫天赋，这是人才的一种识别选拔的观念。人是否能取得卓越成绩，跟他的天赋是有关系的。丑小鸭可以变成天鹅，但前提是它必须是一个天鹅蛋，鸭蛋是怎么都孵不出天鹅的。所以他本身首先得是一棵好苗子。

第二，匹配。他的优势要和他的工作岗位是匹配的，即拥有的优势、天赋要和工作需求匹配。让身高超过两米的姚明去练体操是不可能取得成功的。

第三，优秀的上级。一个优秀的上级管理者其实就像催化剂，它不是内因但它是一个重要的推动力量。运动员也是一样的，除了有天赋，能匹配，还需要有一个优秀的教练，挖掘他、培养他。所以我们会发现，一个优秀的运动员背后都有一个优秀的教练；一个优秀的演员背后都有一个优秀的经纪团队；一个成功的男人背后通常都有一个伟大的女人；一个优秀的孩子背后都有一位伟大的母亲……所以一个优秀的上级领导是一个重要的推动因素，因而，我们把他称为"催化剂"。

对一个人最大的影响、对一个团队最大的影响往往来自这个团队的直接上司，他才是一个组织环境、文化核心决策的决定因素；他才是决定一个团队的状态、员工敬业程度的最核心的影响要素。所以要想取得策划旅游公关专题活动的成功，有一个秘密武器叫"经理效应"。

（资料来源：张金山.经济管理［J］.2021年12月23日，内容有删减）

第三节　旅游公共关系策划实例及新特点

一、旅游公共关系策划实例

（一）出其不意，大获全胜——曼森公司的旅游公关策划活动

对于主营莫斯科旅游的公司来说，冬季是一个不好的时期。每到冬季，前往莫斯科度周末的人很少。英国曼森假日旅游项目经办人决定打破莫斯科坚冰，他带了一批报界人士去莫斯科度了个示范性的周末，赢得了大量刊物连篇累牍的报道。以此为契机，他们在隆冬季节成功地发起了去莫斯科度过一个开销不大的周末的旅游项目。由此可见，曼森旅游公司的经营战略是非常灵活地开发市场，见缝插针，拓展旅游业务。

他们推出的夏季旅游项目有"夏日阳光""亲密好友""马车""别墅和公寓"等。为了让尽可能多的人了解这些项目，公司决定在9月1日发几万份关于五种不同的度假活动的宣传手册。

前期进行耗资100万英镑的广告活动，召开三天的推销大会，全体工作人员集中培训，考察各个城市的游览路线，印刷和散发《旅游便览》等。整个8月的公关工作包括选择记者并预订宴席，准备邀请名单，检查发函清单，决定新闻文章的要点，准备记者招待会用的稿件，选写全国性和地方性的新闻稿，收集关于新旅游习惯的材料，适当安排外语新闻稿，制作录像，彩排节目，为5000位名列前茅的旅游代理商提供详细的录像介绍。

1. 实施过程

对于旅游业务来说，尽早销售是非常重要的，越是在竞争者做出活动之前尽早落实，对活动越有利。曼森习惯于抢先发售《旅游便览》。不过率先推出也有其弊端，别的公司可以根据曼森的定价制定出竞争性价格，利用便宜的价格来抢夺顾客。对于这一问题，曼森公司暗暗藏了一个锦囊妙计。

9月1日曼森开始发行第二年的夏季《旅游便览》。第二天，五家全国性的报纸、广播电台、省级报纸和电台以及旅游出版物，都大张旗鼓地为曼森公司进行宣传，博得了度假者的注意。当9月下旬其他旅游公司开始推出他们的便览时，曼森公司的旅游价格已经出台了，并且比竞争对手低得出乎人们的意料。公司的应变计划生效了。

收取附加费可能会使消费者稍有不快，但多年来在包价旅游中已被人们接受。英镑疲软引起的海外项目成本上升，迫使旅游公司让游客承担最高10%的附加费。为了

加强竞争，10月，一家主要的旅游公司在推出旅游项目时保证"不收附加费"。曼森公司在几小时内立即做出反应，也不收附加费。

9月、10月、11月是订票稳定的时期，但当年11月形势不妙，营业额仅达到了去年同期的70%。公司把希望寄托在圣诞节后的几周，这是往年订票的高峰时节，大约有半数的旅游售票在此期间卖出；但秋季售票的不良成绩让旅游公司也吃不准圣诞后的售票是否能逃脱经济衰退的影响。

为了保证最后的成功，曼森公司的主要应变计划是在必要的情况下，印制和发售《旅游便览》，提供最低的价格。这将使公司旅游价格非常有竞争力，会让其他旅游公司措手不及。在严格保密的情况下，设在意大利的印刷公司印制了320页的彩色便览，里面至少有50个假日旅游项目减价了，几乎在便览的每一页上都有新的标价，封面添上了"不收附加费"的保证和减价的声明。便览运到伦敦的仓库，只有几个关键的职员了解情况。他们小心翼翼地守护着这个秘密，不让竞争对手有丝毫察觉。

让人们了解重新推出的旅游项目的时机终于到了。他们计划在12月6日一鸣惊人，以全面覆盖式的新闻报道连续宣传三天，然后才刊出广告。他们为全国性的报纸准备了新闻内容，这些内容的地方性版本都精心选写，对各种预计可能会出现的问题都做了准备。

曼森私下定了套间，以备12日的记者招待会之用。舰队街的主要选稿人在上个周五已经到达，参加本周末上午8点30分的香槟早餐的宴请。编辑们也应邀参加类似的活动。招待会很成功，受邀请的人无一缺席。

为了确保当晚的报纸、电台和电视的新闻节目刊登消息，公司对投递稿件、打电话、发送新闻的时间顺序制订了严密计划。公司的新任董事长卡尔·德内尔决定接受所有申请的电视采访。伦敦广播公司抢先播出了对卡尔的采访，接着是IRN报业辛迪加的报道和地方电台对当地曼森公司发言人的采访。国际电视网亦作了长篇新闻报道，引起了新闻界的重视。BBC电视台光临总部办公室，拍摄了供晚上9点新闻播放的采访。全国性的报纸想要更多的评论，不同的报纸需要不同角度的评论。《标准晚报》用通栏标题，宣布了这次隆重推出的活动。令公关部难以忘怀的是12月7日星期二这天，曼森公司取得前所未有的报纸覆盖率。每家全国性的报纸都刊登了消息，有些甚至还在头版。报道的质量更是令人惊喜，9家全国性报纸提到曼森公司72次，若干种省级报纸在头版给予了报道。报纸和电台的报道持续了整整一周。《星期日时报》居然用一整版来介绍这次旅游项目的重新推出。电台、电视台在全国假日节目中也发布了消息。

2. 实践效果

竞争对手面对曼森公司这手铺天盖地的"杀招"，毫无反击之力。一家主要的旅游公司在圣诞节前没有相应降价，电台采访了该公司的发言人，开门见山地问他们是否被曼森公司这着棋弄得狼狈不堪！

报刊上连篇累牍的报道使曼森公司的名声大振。12月11日，公关人员做了专门的调查，测试公司的知名度，发现人们首先想到的就是曼森的假日旅游，有强烈的参与该公司假日旅游的意向。旅游刊物用大量的篇幅介绍这次重新推出的旅游项目，旅游代理人热烈欢迎并对之予以很高的评价。

报刊的报道重振了市场。传播媒介覆盖率的分析表明，从9月的首次推出到圣诞节，曼森公司赢得了4家全国性电视台的电视报道、13家全国广播电台的报道、45家全国性报纸的报道、66个地区性电台的采访或新闻广播，在省级报刊上共发了350条新闻，旅游出版物更是连篇累牍，在杂志和国外的报纸上也刊登了不少消息。以广告的费用来算，新闻覆盖的总值达11.5万英镑。许多旅游专栏作家都赞赏曼森的行动，开始鼓励读者早订票，以利用早订票的价格折扣。声望极高的旅游期刊《旅游代理》1月号刊文说："曼森公司瞅准了时机，不给竞争对手在圣诞节前做出反应的时间……实际上，曼森这一手最大限度地发挥了公共关系优势，发起行动的时刻恰到好处。"

曼森公司的旅游业务急剧回升，一改过去的局面，它的知名度也同时得到了大大的提高。更为重要的是，还有人认为它成功地推动了该年度的旅游活动。

从以上案例不难看出：公共关系是一项持续不断的策略性工作，需要策划与众不同的公共关系活动去不断引导旅游消费的热潮，而在此过程中，全面的信息收集、明确的目标制定、创新的活动策划、有效的信息传播、到位的活动实施与及时的公关项目评估反馈是必不可少的。

（二）老年登山旅游公关活动效果评估报告书

2019年重阳节，由广州市匠心艺术中心策划的"匠心文化创意"老年登山旅游活动在某风景区成功举办，本活动得到了老年人和社会各界的一致好评，取得了良好的社会效应和宣传效果。

活动达到了预期目标，即借"九九重阳节"开展老年活动之际，拉近广州市匠心艺术中心与老年人的关系，初步建立广州市匠心艺术中心关爱老年人生活，关注老年事业的企业公益形象，锁定老龄群体，为广州市匠心艺术中心在老人群体当中发展"健康养生、老有所乐"业务奠定良好的公关基础。

1. 效果评估

（1）从组织策划方面看：定位准确、专业，活动安排周密，有层次。

农历九月初九，是我国传统的重阳节，又是登高节，人们把重阳登高的风俗看作免灾避祸的活动，而且在人们心目中，双九又是生命长久、健康长寿的意思，因此人们又把重阳节称作"老人节"。策划者选择在重阳节举办老年登山活动，可谓顺应民意，准确把握了时机，体现了广州市匠心艺术中心尊老、爱老、敬老的初衷。

整个活动的策划安排专业、周密，而且有层次。

第一，从树立广州市匠心艺术中心的公益形象出发，专为老年人举办活动，扮演"欢乐使者"的角色，丰富老年人的晚年生活。

第二，造声势引发社会大众和新闻媒体对此次活动的关注，制造了新闻兴奋点，老人们也非常踊跃。活动当天定好8:00集合，而老人们积极性很高，有的早早来到现场等候，有的还是从郊区倒车赶来，令组织者感动。

第三，活动准备充分。策划者早在国庆放假之前就把活动所需的物品准备齐全；活动当天，全体工作人员在早上6:00天刚蒙蒙亮时，就开始布置现场，做了充分的准备。

第四，整个活动以调查问卷为凭证，使活动有秩序，一切尽在把握之中。

第五，邀请了省有关部门领导、省高新企业管理协会专家、省养老协会秘书长、老年大学校长作为嘉宾，邀请了电视台知名节目主持人担任主持，为整个活动增光添彩。

第六，组织了老年筷子舞、扇子舞、新疆舞、秧歌、老年迪斯科等优美欢快、丰富多彩的文艺节目，充分展现了老人们的朝气和活力。节目结束后，老人们意犹未尽，觉得还没跳够呢，希望以后再有这样的机会。

（2）从实施方面看：整个活动安全有秩序。

活动过程中没有出现任何意外，策划者准备的药箱和医务人员都没有派上用场。整个活动从收问卷、发纪念品、登山、领奖，直到活动结束，秩序井然。老人们老当益壮、兴高采烈，他们的朝气和活力，深深地感染了在场的所有人，大家禁不住为老人们的精彩表演一次又一次地鼓掌。老人们高兴而来，满意而去。

风景区经营科李科长说："以前在我们景区举办的活动很多都乱糟糟的，你们这次活动组织得很好！秩序井然，热闹隆重……"

（3）从宣传方面看：取得了良好的宣传效果，得到社会各界的一致好评。

①激发热情、获得共鸣：

老人们一致夸广州市匠心艺术中心想得周到，感谢广州市匠心艺术中心为老人们提供了这么一个好机会——增进了朋友间的友谊，又认识了许多新朋友。而且通过登山活动锻炼了身体，也更多地了解了广州市匠心艺术中心，激发了老人们健康养生、老有所乐的热情。

②获取更多组织活动的机会：

风景区管理处的领导认为这次活动是他们这里组织得最成功的一次，而且希望经常来举办活动，以提高景区知名度。

③社会效应——引起了新闻媒体的关注：

《××晚报》头版头条报道了这次活动，"我们快乐，我们年轻！"正是"广州市匠心艺术中心登山健身活动"的完美写照。其他报纸也有相关的报道，市电视台、省电视台还录制了专题，在《社会纵横》栏目播出。通过这次活动，通过各大媒体的宣传报道，拉近了广州市匠心艺术中心与老年人的关系，建立了广州市匠心艺术中心关爱老年人生活、关注老年事业、提高老年人生活品位的企业公益形象，为广州市匠心艺术中心在老人群体当中发展健康养生、老有所乐业务奠定良好的基础。

2. 准备过程

第一，要及早确定公关活动开展的具体时间、地点，提前向上级等有关方面请示通报。提前寄发请柬。对重要客人除了上门呈送请柬外，还应在公关活动前两天再面请或电请一次，必要时要有专车接送。

第二，要准备好足够数量的宣传材料和纪念品，装入专门的资料（绿色礼品）袋中，在活动推出时发给客人。要设计好场所布置方案，落实音响、照明，并在活动推出前一两天安排布置完毕。注意要设置贵宾休息室和记者休息室。

第三，在公关活动推出前可通过预演、预展、彩排、新闻发布会等形式，及时发现准备工作的不足，并加以改进；另外，也可通过电台、电视台、报刊等新闻媒介制造舆论，引起社会公众的关注。有的公关活动在实施时，可提前在大众传媒上做广告，吸引公众参加。

3. 灵活应变

（1）设置现场总指挥。

在公关活动实施现场要设置一名有丰富经验并具有很高组织能力和指挥能力的现场总指挥，负责把活动按工作内容分解到各个岗位，并安排专职人员负责。明确职责，以保证各个岗位的工作互相协调，保证活动的顺利进行。

（2）公关专题活动场地应有明显标志。

在大门口应设有迎宾员，对来宾表示欢迎并为他们提供方便。在签到处要多准备几张桌子和几个签到簿、签到笔，以避免拥挤。为便于交际，有的公关活动可为来宾事先制作好胸卡，在来宾签到时随宣传材料和纪念品发给来宾。对未持请柬的客人，不得无礼相待，要问明身份和情况，灵活处理。

（3）优选主持人。

公关活动的主持人必须具备较强的组织能力与控制场面能力，既能使活动按原计划方案进行，又能及时利用专题活动过程中出现的各种机会，机智而幽默地活跃专题活动的气氛，提高活动的感染力。此外，主持人的服饰设计要妥当，要与绿色环保公关活动的主题相协调。主持人要熟悉主持词并对活动可能出现的情况即兴发挥。主持人在活动中要表现得自信、端庄、热情、礼貌，善于掌握时间进度。主持活动时要照顾到方方面面，遇到意外情况，主持人应保持镇定，并根据情况果断采取紧急措施。

（4）应安排专门的接待组。

由旅游组织负责人或公关经理出面接待，如对领导人、社会名流、新闻单位人士等重要公众。领导人、知名人士在活动结束离开时，要将其送到门外，并对他们能够出席活动表示谢意。新闻记者要有专人接待、陪伴，并尽力满足他们的现场采访等要求，主动为他们的工作提供方便。在公关活动结束后，公关人员应通过面访、电访、信访等形式对各界人士，特别是领导人、社会名流、新闻单位人士等重要宾客表达感谢并征询意见。

（5）维持会场秩序。

公关活动开始时，应先请一般客人入场，会场稳定后，再由组织负责人陪同领导人、社会名流进入并安排其在主席台或突出位置上就座。活动开始后，主持人应首先宣布领导人、知名人士参加活动的消息,使与会者感到这次活动的规格很高,同时也表示对领导人和知名人士的尊重。如果请领导人或知名人士讲话,应事先征求他们同意,不能搞突然袭击。

(6)在公关活动现场,应设有专用通信设施,供对外联系和内部指挥使用。

要指定专人负责摄影、摄像、录音等方面的工作。活动过后要及时将音像资料归档。要保证灯光、音响在活动中不出问题。在活动现场还要保证足够的饮料供应。如有宴请活动,要统计好用餐人数并留有余地,要保证准时开餐。

(7)在公关活动推出现场,应有完善的安全措施并由专人负责。

要预见可能出现的意外事件并事先准备好应急预案。大型公关活动还应设有医疗卫生应急站,以处理急病和意外伤害人员。疫情期间还要增加防疫卫生措施。

(以上内容由广州匠心艺术中心CEO张胜卿、杨旭琪供稿)

(三)都市让生活更美好——上海申博案例

项目背景:当今社会国际商品互换扩大和科学技术与经济发展之间紧密联系使世界博览会这一国际经济、科技、文化奥林匹克盛会显得举足轻重。中华人民共和国正以她前所未有的发展速度和在世界政治、经济、国际事务中的影响和作用,令世人所瞩目,举办一届成功的世界博览会显得极其重要。能否成功举办世界博览会,不但反映出一种国家建设成就和综合国力,更显示出主办国迈向新世纪的决心和信心。

1. 项目调查

作为中华人民共和国最大经济中心都市,拥有1300多万户籍人口的上海,2002年人均国内生产总值超过4900美元,综合经济实力达到中档收入国家水平。通过20年不懈努力,上海市政基础设施建设、旧区改造、产业构造调节都获得了重大进展,都市综合素质大大提高。特别是通过"99财富全球论坛"、2001年亚太经合组织会议洗礼,上海举办大型国际活动能力得到进一步增强。上海正在迈向国际经济、金融、贸易和航运中心。如果中华人民共和国申博成功,则将对长江三角洲影响巨大。上海周边都市将迎来一种扩大对外开放,活跃人流、物流、信息流,带动有关产业发展的历史性机遇。世博会从申办到举办,整个过程长达数年,上海市初步预计要投资30亿美元用于世博会园区建设。1美元会展投资,将拉动5到10美元都市有关产业投资,这对江浙两省无疑是一种极好机遇。

江浙两省作为经济大省、建筑大省,为上海发展出力,接受上海辐射,是江苏、浙江区位优势。当前,上海进行上万个建筑工程中,有无数江苏、浙江人在竭诚奉献。上海世博会的参观者,其中30%至35%将继续在华东地区游览。这意味着上海周边100公里以苏州、周庄为代表的江南水乡,150公里至200公里的无锡、杭州,300公里内的南京、扬州、镇江,以至中华人民共和国最为富庶的华东6省1市,都将被上海世博会直接带动。

对于民众支持度调查,申博办委托上海都市经济调查队对全国50个都市民意进行调查，结果显示：89.4% 的人认为中华人民共和国有必要申办世博会，94.4% 的人拥护中华人民共和国申办世博会，92.6% 的人认为中华人民共和国有能力申办世博会，78.6% 的人相信中华人民共和国申办世博会会成功。一次广泛网上调查也证明，92.3% 的人支持上海举办世博会。

2. 项目策划

公关目的：

塑造上海国际大都市形象，呈现上海魅力。最后夺取世博会主办权。

3. 项目执行

9月前以发放宣传册为铺垫，之后展开了大规模全方位宣传。具体宣传活动如下：世博会知识网络电视竞赛、举办申办上海世博会新闻通气会、世博主题文艺表演、"万人支持申博网上签名"活动、"上海市民骑车申博万里行"、上海市民代表宣誓、"长江三角洲申博之旅"、征求申办徽标、标语、招贴画等活动。

4. 项目评估

项目活动影响评估如下：

（1）亚洲地区影响

韩国 YTN 电视台在新闻报道中高度评价中华人民共和国申办成功，认为这显示了中华人民共和国经济发展实力，提高了中华人民共和国在国际社会上的威望和地位。

（2）欧美地区影响

西班牙《世界报》把上海定为世界最知名都市，其中成功申办世博会是核心原因之一。法国《世界报》发表评论认为中华人民共和国拿到世博会主办权是众望所归。

（3）国际形象的改善

整个申博过程中，政府牵头国际公关为上海赢得了不少加分。一方面在国际展览局成员国会议上四次陈述形式有重大突破，给成员国代表以耳目一新的感受。另一方面1亿美元援助基金提出也是史无前例，充分表达了中国政府的诚意以及上海努力办好国际性世博会的意愿。最重要的是，公关活动抓住了上海五大优势展开，扬长避短，展示了上海开放、包容的鲜明个性，最后吸引了世界目光。

（四）精工表公关巧实施，奥运会场名效果佳

第32届夏季奥林匹克运动会又称2020年东京奥运会。东京申办奥运会成功后，成为继巴黎（法国）、伦敦（英国）、洛杉矶（美国）和雅典（希腊）后的世界第5个至少两次举办夏季奥运会的城市，同时也是亚洲第一个。由于新冠肺炎疫情，2020年东京奥运会推迟至2021年7月23日举行。但人们现在还在津津乐道东京上一届奥运会期间精工计时公司借助奥运会开展的公共关系活动的成功案例：1964年东京奥运会结束后不久，曾有日本人访问罗马。在一家餐厅里，当侍者看到这位日本人手腕上戴的是瑞士产品时，竟疑惑地问："您真的是日本人吗？"诧异的是什么？日本人竟然没戴在东京奥运会上叱咤风云的国粹——精工表。侍者的态度不仅反映了公众对精工表

的评价，实际上也说明了精工计时公司借助奥运会开展的公共关系活动的成功。从某种意义上讲，这也是对该公司公共关系活动的最好评价。

那么，当时精工计时公司的公关计划是如何实施的呢？

1. 精心策划运筹帷幄

功夫不负有心人。精工表饮誉东京奥运会，其公共关系战略却要追溯到4年前、当奥运会一经宣布将在东京举行，日本主办单位决定的第一件事，就是大会的计时装置要使用日本的国产表。而在这以前奥运会所使用的计时装置几乎全部是瑞士产品。当东京奥运会决定首次使用日本表后，奥运会的有些人士曾深感不安，唯恐发生了故障使大会难堪。

日本精工计时公司决心消除人们的种种顾虑，制订了"让全世界的人都了解精工的计时是世界一流的技术与产品"的公共关系计划，确立"荣获全世界的信赖"为公共关系目标，"世界的计时——精工表"作为公共关系活动的主题，为此，精工计时公司着手制订并实施了一项长达4年之久的整体计划，开始了一场史无前例的公共关系活动。

2. 巧妙实施逐层推进

首先，精工计时公司派遣本企业的公关人员到罗马奥运会现场进行"奥米茄"计时装置的现状设施使用情况的调查。根据调查结果，决定产品开发的程序，拟订全盘公共关系计划。同时，各公司也开始进行多种多样的计时装置技术开发工作。随着计时装置开发工作的顺利进行，精工计时公司的公共关系计划也策划成熟。调查研究工作结束后，整个公共关系计划便分为三个阶段实施：

第一阶段，主要是全力以赴地开发计时装置技术并同时说服主办单位使用该企业的产品，另外，会场的布置也需征得日本国立竞技场和东京都政府认可。精工计时公司一方面积极从事游说工作，另一方面将新开发的计时装置提供给日本国内举办的各种运动会作为实验之用，其目的是向各委员会证明精工技术的可信度。真诚努力终结硕果，奥运会于1963年5月正式决定东京奥运会全部使用精工计时装置。

第二阶段，在改进技术的同时，展开了以"精工的竞技时表将用于东京奥运会"为主题的公共关系活动。为了在世界范围内大造舆论，精工准备了奥运会预备会上所需的宣传手册，广告宣传也紧锣密鼓地开展。

进入奥运会前的第三阶段，公共关系的各种计划先后付诸实施，报纸、广播、电视等在报道与奥运会有关的消息时，都或多或少地涉及精工表，从而造成了"东京奥运会必须使用精工计时装置"的舆论。

由于精工与奥运会完美结合，公共关系活动收到了奇效。当东京体育馆室内比赛大厅的竞技计时装置完成后举行盛大的落成典礼时，精工的技术被夸耀为日本科学的精华、无与伦比的结晶，终于实现了"精工——世界的计时表"这一目标。精工计时公司为这次长达4年的公共关系战役投入的资本是：85名技术员与890名作业员以及数亿日元的财富。然而，公关成就的最好例证便是前面的故事，在罗马人眼里，精工

表可以和瑞士表媲美，这足以说明精工计时公司此项公共关系活动的效果。（资料来源于《公关世界》，内容有删减）

二、旅游公共关系策划新特点

文化是品牌的土壤。强势文化生出强势品牌 IP。1987 年肯德基来到中国，它的一只鸡让国人排起长龙，背后其实是西方文化优越感的彰显。2017 年杨铭宇黄焖鸡开到了美国，引发排队和抢购，使得海外门店不得不像奢侈品牌一样在美国施行限量限购。30 年间，中国文化自信的回归可见一斑。当今旅游市场将呈现出个性游与大众游共存、理性消费与感性消费共存、旅游体验与服务考量共存等多种旅游形态相互交织、相互影响的局面，面对这种变化形势，我国旅游业必须强化自己的竞争优势，挖掘并宣扬自身独特的体验价值，以适应 21 世纪世界旅游市场公共关系营销策略发展趋势（见图 5-2）。

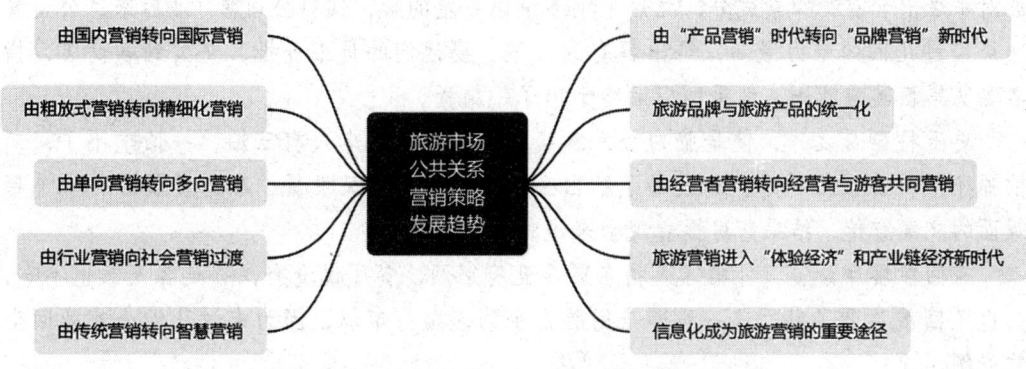

图 5-2　旅游市场公共关系营销策略发展趋势图

（一）企业外部营销发展趋势

（1）由国内营销转向国际营销；

（2）由粗放式营销转向精细化营销；

（3）由单向营销转向多向营销；

（4）由行业营销向社会营销过渡；

（5）由传统营销转向智慧营销；

（二）企业内部营销发展趋势

（1）由"产品营销"时代转向"品牌营销"新时代；

（2）旅游品牌与旅游产品的统一化；

（3）由经营者营销转向经营者与游客共同营销；

（4）旅游营销进入"体验经济"和产业链经济新时代；

（5）信息化成为旅游营销的重要途径。

在"美通社2020新传播年度论坛"上，5位来自不同领域的资深传播专业人士用关键词的形式，分享了他们对未来互联网+时代公关营销活动策划趋势的展望，希望能对旅游公关营销人的旅游公共关系活动策划和传播战术起到前瞻性助益和启发。这些关键词分别为：关联性、B2B（Business to Business，即对商家的产品）社交化、B2C（Business to Customer，即对消费者的产品）世俗化、定位清晰、跨界、媒体"BAT"化、国际化、创业心、理性洞察和感性表达。

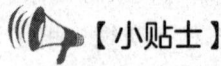【小贴士】

营销与销售的区别

三十几年前，台湾黑松是一家有名的饮料公司，公司的王牌祛暑沙士碳酸饮料，被对手爆出含有黄樟素成分，之后半年多没出一箱的货，饮料公司惨了！后来，公司管理层经过几回的脑力激荡，给出解套的方案，要他们的员工分批、交叉到各商店，指名要买黑松碳酸沙士，结果两周后终于出了一箱货。

史玉柱翻身之作，便是脑白金，拿给老人体验，因老人有三怕，一怕吃不了，二怕睡不了，三怕排不了。老人喝了脑白金睡得香，药房又没货，事态发展后再来个超版面的文案宣传，结果药房提着现金来进货。

有回在餐厅聚餐，邻桌客人指名要喝孔府家酒，餐厅说没有，邻桌客人饭也不吃，头也不回就离开了餐厅。一看即是用脑白金的套路打市场，因为有过让沙士起死回生的先例。

总结上面的案例，简单地说，销售是把产品卖给顾客，而营销是把产品卖给一片市场，两者是完全不同的概念。

（三）关联性

你的目标用户是谁？你有没有解决他们所关心的问题？解决方案的优势在哪里？凭什么值得他人关注？获取关注的首要前提是提升关联性。这样，当消费者寻求某一方面的利益或情感需求时，就会有意或无意地由相关需求联想到特定品牌。比如一提到咖啡，星巴克就浮现在眼前。把品牌打造成品类的代名词，也就占据了消费者心理认知的高地。可是，很多旅游公关传播人只关注于创造完美内容，而忽略了内容与受众的关联性。比如，为什么同样是毛肚火锅，巴奴成了，其他的则难以生存？同理，为什么聚焦鸭血的火锅品牌谭鸭血品牌开遍全国，其他聚焦鸭血的火锅品牌似乎都看不到了？……

（四）B2B 社交化

无论是 B2C（商家对消费者）还是 B2B（商家对商家），都无法忽视社交媒体对现代人的影响。所以，不存在不需要做社会化营销的企业，只存在"做哪些"和"怎么做"的问题。也许与充满热点的消费类产品企业相比，B2B 企业的产品可能不为人所见、所知。正因为不为人知，所以恰好为 B2B 企业提供了很大的空间去做知识科普，而知识分享又恰好是社交媒体的独特价值。此外，B2B 企业都是有故事的企业。也许谈产品、谈技术略显生冷，也不一定适合社交媒体传播，但为什么不去讲更生动、鲜活的故事？挖掘自己的历史、探讨技术带来的变化、展现企业员工的工作生活，这本来就是企业传播者的责任，而 B2B 企业从来不缺少这些内容。

（五）B2C 世俗化

B2C 世俗化程度更加剧。伴随着经济发展及时代体制的转变，以及人们心态的变化，这些社会化、社会层面的问题一定会解释公共关系层面的问题。所以 B2C 做公关传播，其世俗化程度会更快地加剧。这是一个技术巨变的年代，交互视频 HTML5（一种互联网技术）等各种新技术层出不穷；这也是一个充满诱惑的年代，各大品牌金主昨天还在竞相追逐各种炫酷的 HTML5，今天又在纷纷效仿 vivo、可口可乐的微信朋友圈广告。例如，反手摸肚脐、蓝金色裙子之争、duang、电商双十一大混战等一系列所谓的"社会化营销""热点营销"事件，你方唱罢我登场。但是，在创意天马行空的时代，公共关系从业者，一定不能忘记公关传播的尺度和企业的社会责任。

（六）定位清晰

旅游公关是策略层面的东西，我们想要表达什么，我们想要接触什么样的人群，都需要仔细规划。至于涉及不同的媒体，还有如何去传达信息，这些都是工具和渠道的问题。也就是说，首先要清楚品牌形象是怎样的，然后通过不同的渠道接触到不同的人群，进行有效沟通。值得注意的是，不是所有的传播渠道都要用，找到需要的就可以了。旅游企业在进行品牌传播时首先需要明确自己的品牌定位，由此才能够确定传播目标。品牌是对企业长期的战略负责的，不是说今天做一个活动，今天搞一个事件就能快速吸引眼球。所以一开始就应从公司自身的个性出发，打造它的文化和个性，突出"酷"，把"酷"作为关键词全方位对品牌进行打造。这样，品牌有了个性及识别性以后，才可达到事半功倍的效果。做每一件事情、传播的每一个信息要给别人留下印象，这比盲目地刷存在感有意义。

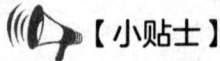
【小贴士】

乡村旅游项目策划总是做不好，是因为你的项目策划没有灵魂！

成功的乡村旅游项目策划各具特色，失败的乡村旅游项目策划则各有成因。乡村旅游必须依托当地资源禀赋进行策划，充分结合本土特色文化，通过多产融合发展，增加农民收入效益，这样才能将乡村旅游的价值真正发挥出来。乡村旅游项目策划失败的原因主要有以下几点：

1. 没有文化内涵支撑

文化是乡村旅游的一部分，有效挖掘乡村文化是乡村旅游促进乡村振兴的内核动力，不过如今大多数乡村旅游要么没有文化，要么文化流于表面形式，导致乡村旅游整体缺少一种根基和灵魂，为何会这样？

因为部分人片面地以为乡村生活不过就是简单的"日出而作，日入而息；凿井而饮，耕田而食"，没有什么深层次的文化，其实这是一种误解。文化的种类很多，包括本地民俗、美食、典故等，它们都是文化的一部分，并且农耕文化是世界上最早的文化之一，也是对人类影响最大的文化之一。以文化为基底，才能让游客深入地感受到乡村旅游的魅力。

2. 产业单一无法持续

产业兴旺不仅是旅游产业兴旺，还需要多产融合，共同兴旺。对于大多数乡村而言，仅靠单一的旅游业很难实现长远的可持续发展，例如像采摘、花海等旅游产品会受到季节性影响，并且客流一般集中在节假日，平时人流较少，对于村民而言，收入波动大。所以在发展乡村旅游的同时，还要基于当地自然禀赋和资源环境优势，一、二、三产融合发展，如基于农业和自然景观优势形成的农旅休闲观光产业，抑或是当地区域特色产业或产业集群配套的产业、发展创意农业，还能基于农业开发不同的特色伴手礼。以花生为例，一是融入旅游产业，把其构建成一项体验产品，像花生采摘、花生榨油、花生画画等；二是将花生加工成特色小食，通过文创包装，可以实现溢价销售，这样通过一产带动三产，同时延长农业产业链。

3. 缺乏旅游管理人才

很多乡村旅游景区为减少管理成本，就在本地随便招了几个人对景区进行管理和运营，有的甚至就是几个村干部在管理，有的可能还会在村里找几个低保户作为临时管理员，为他们解决工作问题。出发点是好的，但结果往往不尽如人意。

4. 规划太整齐划一

整齐划一不好吗？这要分地点。现在去一些乡村，总能看到整齐划一、色彩样式相同的房子，平整笔直的路面。看起来似乎整洁漂亮，其实与大自然不协调，与农村本味不协调。对于看惯了城市整齐划一格局的市民来说，再来农村看同样的复制品，又有什么意义呢？

5. 太高大上

乡村旅游的落脚点是乡村，游客去乡村主要是想体验乡村特色和风情，如果把乡村开发得太过豪华，太过高大上，反而失去了乡村旅游的意义。开发乡村旅游，万万不能摒弃了乡村的质朴与自然。

6. 忽视现代文化的培育和开发

一提到旅游文化打造，一般就是注重传统文化挖掘，试图寻找历史的内涵。实际上，如果能够在现代文化娱乐体系方面下功夫，也能产生巨大的吸引力。在这个方面，就要充分挖掘、利用本地的各种文化人才，比如诗书画唱舞文等各个方面的人才。

7. 整个旅游项目与村民无关

2022年中央一号文件明确提出，在发展田园综合体建设定位上，要确保"姓农为农"的根本宗旨不动摇。一方面，是因为开发田园综合体的目的就是要提高农民收入，让农民得到实实在在的实惠；另一方面，也是因为只有农民当家做主，把乡村旅游项目当作自己的，他们才会珍惜，才有干劲，才会主动去维护景区形象。

8. 乡村原味不够

乡村的原味不只是自然风光，更要融入乡村的生产、生活，乡村的淳朴风俗，以及乡村的社会治理方式。尤其是传统的治理方式、宗族、家族，包括今天的村民自治、村规民约等。这些原味是要结合乡村的现实，不要刻意去打造，从而形成一个原汁原味的乡村图画。

9. 不懂传播乡愁

乡村旅游，怎么进行传播？传播什么东西？当今时代，传统媒体、新型媒体都有着不同的优势，尤其新型媒体更为快捷、直接，鲜明的构图、视频，很能引起游客的兴趣。但是主要传播的是美景，以及好玩好吃的东西，这些往往一闪而过，难以激荡起人们内心深处的情感。

那么，真正让人安放心灵、追求恬静的乡愁及乡村意境，又该如何传播？该如何展现？该如何策划？这是现代旅游公共关系研究需要重视的问题！

（资料来源：贵理工涛声涛影. 乡村旅游项目总是做不好，是因为你的项目没有灵魂！［EB/OL］. ［2022-03-23］. 内容有删减）

（七）跨界

跨界营销在旅游营销界早已经不是什么新鲜词。随着消费者个性化需求的演变，市场竞争也在不断升级，旅游产品功能快速更新迭代。为了占据稳定市场，培养用户忠诚度，许多品牌毅然跨界联姻，通过不断完善精细化的优质体验，来满足大众多变的口味。但是，有效的跨界合作，需要深层次地了解消费者需求，实现用户口碑传播产品的价值；既要走在时代前端，引爆潮流，同时又不能单纯地哗众取宠，标新立异。否则，一次次的跨界活动，最终也就只能成为一场场的表演。

（八）媒体"BAT"化

近年来，"BAT"（百度、阿里巴巴、腾讯）为了保住垄断性地位，频频进行传媒业布局。

阿里巴巴以现金收购优酷土豆，投资 36 氪公司，与《华西都市报》联合创办《封面》，后来，又对外正式确认了收购《南华早报》的消息，缔造了一个媒体帝国。

腾讯在全国各大区域布局，分别和《重庆商报》《楚天都市报》《南方都市报》等传统媒体合作成立了大渝网、大楚网、大粤网、大申网等 12 家"大"字号网络媒体，又收购了财新传媒的部分股份。微信公众号迅速成为舆论传播的中心场，公众号数量已超 1000 万个，且每日以 1.5 万个的数量递增。

百度也不甘落后，收购了纵横中文网，百度新闻是全球最大的中文新闻平台，百度百家也迅速成为最大的自媒体平台。

科技公司进军媒体似乎成为一种新的趋势，而这一切，正在引发互联网行业 20 世纪以来最大的震荡。

（九）国际化

中国酒店行业的发展其实是中国改革开放后不断国际化的一个重要缩影，尤其是高端酒店的发展，其发展过程更是展现了中国向欧美国家张开怀抱、吸引外资、引进技术的实践路径。1978 年改革开放后，中国饭店业迎来了发展的第一个春天。一批合资的经典酒店腾空出世，如广州白天鹅（1978 年）、中国大饭店（1978 年）、北京建国饭店（1979 年）等，随后在 1982 年，北京建国饭店引入第一家国际酒店管理集团——香港半岛集团。现在，"互联网让世界扁平化、传播国际化"，这是一个新突破点。如今，越来越多的企业拓展海外新兴市场，加快向全球化迈进的步伐，提升企业形象和影响力。很多企业通过外媒将他们的稿件发往全球，以期提高海外知名度和媒体曝光率。在这方面，广汽传祺的案例具有代表性，其海外传播整体规划很有策略性，传播效果也很出色。广汽集团通过参加北美车展来拓展国际知名度。此外，广汽集团通过海外战略发布，向世界展示其充满活力、勇于创新、放眼全球的国际企业形象。

（十）创业心

所谓创业心，就是要有开放和积极进取的心态，要持续不断地挑战自己。旅游企业，不管是大还是小，如果能够有一种创业心，可能就会想出不同的办法或者从不同的角度去思考。近几年，数字网络媒体的普及度迅速提高，传播方式也从单向传播转为对话式的互动交流，这些发展变化给公共关系从业者带来了更大挑战。作为公共关系传播人，应该把外界变化当作一种时代契机，主动求变，让公关、市场手段更加多元化、创新化，进而为企业决策提供科学化、强有力的保证。专家提醒："我们做公关传播，适应还是不够的，要主动去求变，因为变化实在是太快了。"

【案例】

为何"机票盲盒"能引爆年轻人的社交圈呢?

2021年4月3日,某OTA平台发起了"机票目的地盲盒"活动,号称"98元盲盒随机飞,不想去全额退",吸引超过1000万用户参与抢购。围绕着开出的"神秘"目的地,网友们纷纷在社交平台上晒单,关注度和话题度飙升。仅仅几天时间,"机票盲盒"在抖音话题下的播放量已经达到1.7亿次。而从2020年各大航空公司的"随心飞",到2021年各个OTA平台的"机票盲盒",实际上也从侧面反映了,疫情过后,航空公司、旅游企业对整个市场全面复苏的渴望正在日益加剧。

那么,为何"机票盲盒"能够引爆年轻人的社交圈呢?

首先,需要从盲盒是什么来讲起。盲盒,顾名思义就是一种消费者无法提前获知具体产品款式的玩具盒子。盒子里有什么、能够开出什么,全都靠猜。盲盒作为一种潮流玩具,精准地切到了年轻消费者的心理。近年来,泡泡玛特、扭蛋等盲盒产品深受年轻人喜爱。"机票盲盒"的灵感正是来源于"盲盒经济"的大爆发,其魔力在于用户购买时的不确定性和未知的惊喜,活动的火爆也证明机票与盲盒的结合是一次成功的尝试。

其次,98元的机票盲盒相比3000元+的随心飞来说,价格门槛足够低;而且参与活动的用户并不需要下载各大航空公司APP以及OTA软件,从操作层面上来说无疑十分简单,这也是其病毒式传播的有利条件。同时,此次同程旅行的机票盲盒活动,不仅退款处理十分及时,"全额退款"几个大字,更是直接打消了用户的顾虑,自然更容易调动用户的参与积极性。

最后,"报复性"的消费心理也开始反弹,众多压抑已久的年轻人迫不及待地想要进行一场"说走就走"的旅行,以满足自己压抑已久的心。"机票盲盒"或许不是最好的选择,但却戳中当下消费者的痛点。

在新冠肺炎疫情的冲击之下,国内旅游行业损失惨重。而当如今疫情消退、经济复苏开始之时,如何恢复曾经的荣光,成为众多旅游平台和航空公司的首要目标。实际上,新冠肺炎疫情的发生,也间接暴露出了国内旅游行业存在的诟病:缺乏优质的宣传、营销能力。

经济的逐渐复苏,使得一片狼藉的旅游行业重新恢复起来,而消费者的消费意识也得到重新建立,短距离、高频次、亲自然、重家庭、微定制、小团游等成为国内旅游消费的显著特征。"预约、限量、错峰"成为新的旅游规则。博物馆、城市公园、休闲街区、夜间旅游、城郊乡村游等备受青睐。在这样的状况之下,从2020年的随心飞,到2021年的机票盲盒,很显然都直击消费者的痛点。有业内人士表示,盲盒其实就是卖各个目的地的尾单机票,把这些机票做一个打包抽奖,最后到底有多少人去并不重要,在抢盲盒、拆盲盒的过程中,平台已经完成了一次完美营销。同程旅行的负责人在媒体采访中也承认:"这的确是一次营销活动,作为在线旅游行业影响力头部企业,我们觉得自己有责任推动旅游行业的经济复苏。而这次的盲盒产品,也是我们针对当下年轻群体的一个新探索、新尝试,希望可以用一定的成本来获得用户的口碑和对品牌的认知。"而且,在盲盒的数量上同程旅行也一定是做了合理的测算,不管购买的用户是真的成行,还是最终选择退票,对于同程旅行来说都是成本可控,最终还赢得了口碑与营销的双收获。

经文化和旅游部数据中心测算,2021年"五一"假期,全国国内旅游出游2.3亿人次,同比增长119.7%,按可比口径恢复至疫情前同期的103.2%;实现国内旅游收入1132.3亿元,同比增长138.1%,按可比口径恢复至疫情前同期的77.0%。全国文化和旅游系统未发生重特大安全生产事故。假期游客满意度达84.8,处于"满意"水平。种种迹象表明,国内游市场已经迎来快速恢复期。而无论是随心飞,还是机票盲盒,其背后的逻辑就是希望通过爆款旅游产品来挽回不断下滑的营收以及人气。

那么,疫情过后,"随心飞""机票盲盒"也会随着烟消云散吗?随着国内航空市场态势格局最终趋于稳定,"随心飞"产品可能会逐步取消,推动整个行业回到正常的运营规则之下。但是,这些创新产品确实为航空公司、OTA在线旅游平台赢得了不少人气。特别是对于航空公司来说,旗下自有的APP日活率并不高,而"随心飞""机票盲盒"产品推出后,由于需要在航空公司自有APP上购买和使用,于是航空公司APP的下载量、唤醒量和总互动时间便提升了。这将有助于增加航空公司与顾客之间的黏性,减少对OTA中间商的支出,甚至有希望围绕出行打造"吃喝玩乐"的一体化服务。

总而言之,新型的机票营销方式得到了年轻群体的肯定,而这种成功的尝试,相信不会是最后一次,在未来将会有更多的令人耳目一新的产品推出,加速旅游业的复苏与多元化服务的发展。

(资料来源:机票盲盒、随心飞……疫情烟消云散前的狂欢?〔EB/OL〕.〔2021-04-09〕.http://user.guancha.cn/main/content?id=492404.有删改)

(十一)理性洞察,感性表达

内容关乎三个维度:核心信息、讲故事、与时俱进。讲故事,就是用大家喜闻乐见的方法,基于一个有说服力的事实,能够用带着情感的表达方式让受众接受。从旅游企业的角度来讲,需要考虑:什么东西是受众喜闻乐见的?什么是他期待的东西?什么是他期待的表达?不仅要让传播内容被受众所期待和喜爱,更要让他愿意在朋友圈里转发。最好的传播绝不仅是站在企业的角度自说自话,而是每一则内容都需要从行业或者企业用户的角度思考,精心策划,让内容更加有温度。在这里,讲"好故事"的内容能力和技巧就尤为重要。在企业发布的所有内容中,通过这种更加灵活有趣的讲故事的方式来设计和规范传播内容及发布策略,不但能够增强读者的理解,还能够让内容更加深入人心。因为,好的公关是好的故事。因此,需要跳出旧的模式,尝试用更有趣的方式来表述（感性表达），假如坚守枯燥的语言和固定的套路，那么很可能会限制内容吸引力以及最终的传播效果。值得注意的是，这里有一个原则要重复强调：旅游企业讲故事，绝不是凭空编故事，旅游公关在创建内容时，首先要保证内容素材本身的真实性和可信性，就是我们所说的"理性洞察"。

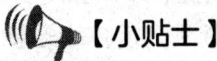【小贴士】

共享经济：重构未来商业新模式

新一代信息技术与创新2.0的互动演进推动了共享经济的发展。共享经济是信息经济发展的典型创新2.0模式，也称为分享经济，是指能让商品、服务、数据（资源）及（人的）才能等具有共享渠道的经济社会体系。

世界上最大的即时用车公司Uber没有一辆属于自己的车，世界上最大的旅行房屋社区Airb&b也没有一间属于自己的客房，世界上最大的互联网借贷平台Lending Club也没有一分属于自己的钱。这三家创新公司有什么共同点？没错，它们都是共享经济（Shared Economy）的产物。打造共享经济产品（服务）有三个步骤："开发"过剩产能、"创建"共享平台以及"实现"人人参与。例如现在人人熟知的打车应用Uber，它的网站及移动应用可让车主将他们的私家车变为出租车。这里，空闲时间闲置的私家车便是过剩产能，Uber搭建了一个每周7天、每天24小时调度的平台，所有想利用碎片化时间参与其中的私家车主就使人人参与机制可以兑现。英特尔计划通过Real Sense实感摄像头以及与Nuance合作的语音控制系统搭建起"感知计算"环境，让机器学习更加人性化，也更加高效。

现代旅游公共关系的研究表明，首先接受共享经济观的一定是年轻消费群体，所以Zipcar当初下大力气攻下大学城市场，其2/3的会员年龄都在35岁以下。年轻人喜欢Zipcar租车的低门槛，也更钟情绿色出行的理念，就连Zipcar标榜的口号"你身边的轮子"都透露出年轻时尚的气息。在气候变化、人口增长、环境恶化等问题威胁着我们这个蓝色星球的当下，愿每一个有开放头脑的人都能从这一点上来认识和实践共享经济。

本章小结

策划公共关系活动是公关工作的重点也是一个难点，要求按一定的步骤（确定目标与主题—认定目标公众—设计活动项目—制订方案—审定方案—组织实施—评估反馈）去开展。

思考与练习

1. 简述公共关系活动策划和公共关系方案实施过程的要点。

2. 请分析曼森公司公关策划的成功原因。

3. 根据美国旅行社协会的目标设定情况，你认为旅游组织在处理公共关系时首先要解决的问题是什么？讨论解决首要问题应注意哪些因素。

4. 选择某个电视广告，以你周围同学为调查对象（目标受众），写一份公关活动评估报告。（提示：应表明电视频道及该广告在"目标受众"中的知晓状况、印象程度）

5. 某旅行社，长期经营中国西部沙漠旅游项目，由于市场竞争激烈，项目缺乏新意，旅行社已经面临倒闭的状况，假如你是这家旅行社的总经理，请你从目标受众、广告标语设计、旅游项目设计等方面来突出新意，策划旅游公共关系活动，以使旅行社处于不败之地。请说出具体的方法和步骤。

6. 美国最新营销专著《定位》提出了被称为"有史以来对美国营销影响最大的观念"——定位，改变了人类"满足需求"的旧有营销认识，开创了"胜出竞争"的营销之道。请在阅读《定位》一书后，尝试思考互联网＋时代的旅游公共关系活动策划应该怎样创新，并分组讨论当代社会"满足需求"无法赢得顾客的原因，尝试给出几条如何进入顾客心智以赢得选择的公共关系定位之道。

7. 结合案例，熟悉公共关系工作四步工作法。

8. 某酒店开业在即，为提高酒店的知名度，公关部策划了一次别出心裁的公关活动：开业当天，在酒店外搞抛售礼券活动，每张礼券价值200元，共抛售1000张。活动当天，先后有数万人参加了抢礼券活动。受活动影响，周围交通被迫中断，导致市政方面的不满。同时，活动本身秩序失控，导致一些人被挤伤。对此，当地几家媒体对活动所带来的问题进行了报道。

（1）试运用公关实务中的相关知识分析评点这一案例。

（2）假设你是这家酒店的公关部经理，请制订一个切实可行的酒店公共关系计划，并写出详细的公关策划书，并以小组为单位，在班级交流讨论。

拓展阅读

1. 单霁翔. 讲好故事，让文化遗产资源"活"起来[N]. 扬子晚报，2021-04-22.

2. 罗军. 分享创造未来[M]. 北京：中国科学技术出版社，2021.

第六章 旅游组织的公共关系宣传

学习重点

- 旅游组织形象的含义和特点
- 旅游组织知名度和美誉度的概念
- CIS 和 TDIS 的基本概念
- 新闻稿制备的过程
- 公关广告的特点和分类
- 编制公关广告的技巧

设计、塑造并维护旅游组织形象是公共关系的核心工作之一，而旅游组织形象的推广主要依靠新闻宣传、广告宣传等大众传播方式达成组织与公众之间有效的双向信息传递、交流、分享与沟通。为把塑造组织形象落到实处，旅游组织需要重视企业形象战略的实施，通过导入企业形象识别系统（Corporate Identity System，CIS）或旅游目的地形象策划系统（Tourism Destination Identity System，TDIS），将组织鲜明独特的经营理念、企业精神和企业文化充分展示在公众面前并得到社会的认同。本章讲述了组织形象的内涵、特点、组织形象设计以及 CIS 与 TDIS 导入的相关知识，并详尽介绍了有关旅游组织开展公关宣传活动的知识与技巧。

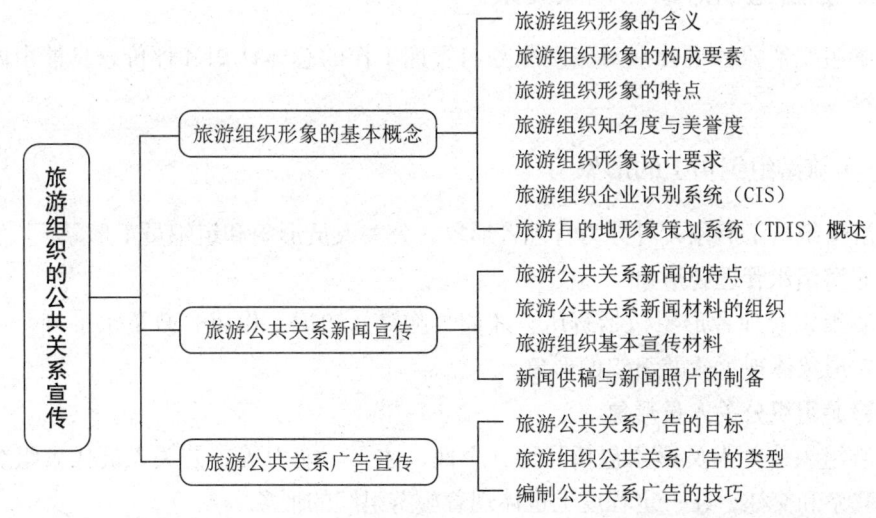

第一节　旅游组织形象的基本概念

一、旅游组织形象的含义

所谓旅游组织形象，是指旅游组织内在文化理念和外在行为表现在公众中获得的总体评价，是组织的表现和特征在社会公众心目中的反映，是旅游组织公共关系和舆论状态的总和。它表现为公众对组织历史背景、领导者资历、员工素质、团队氛围、行为准则、产品及服务质量及内外环境状况等要素的了解和认同的程度以及情感倾向。这种印象不仅来自有形的外显事物，还源于公众对组织行为和表现的内在精神的长期感知和记忆。旅游组织形象受以下四个方面的影响：关系程度与舆论指向；知名度与美誉度；认可度与忠诚度；旅游组织形象定位。形象认知与评价的主体是公众，形象是知名度和美誉度的统一。知名度（认知度）是组织形象的前提，美誉度（满意度）是组织形象的基础，和谐度（接纳度）是组织形象的重要指标。

旅游组织形象的价值和作用：
（1）良好的组织形象是组织一笔宝贵的无形资产。
（2）良好的组织形象有利于增强组织的向心力和凝聚力。
（3）良好的组织形象有利于提高组织的生存和竞争能力。

有人说，如果可口可乐公司遍及全世界的工厂一夜之间被大火烧光，那么，第二天的头条新闻将是：各国银行巨头争先恐后地向它贷款，以尽快让它恢复生产。这是因为人们相信可口可乐"世界第一饮料"的良好形象，也是因为它有巨额的无形资产。

二、旅游组织形象的构成要素

旅游组织形象体现公众对旅游服务与管理工作的总体认识和评价，具体由四个要素构成：

（一）旅游组织员工的形象

旅游组织员工形象，可分为管理者形象、公关人员形象和组织员工形象。

1. 旅游组织管理者形象

旅游组织管理者形象包括资历、才能、胸襟、知识、作风、政策水平等。一般说来管理者形象体现了旅游组织的形象。

2. 旅游组织公关人员形象

旅游组织公关人员形象包括品德、个性、才干、能力等。公关人员代表组织直接与公众联系和交往，在一定程度上也体现着旅游组织的形象。

3. 旅游组织员工形象

旅游组织员工形象包括道德修养、工作能力、服务态度和文化程度等。员工直接面对客人进行服务，其形象是旅游组织形象的一个构成要素。

（二）旅游组织的管理形象

旅游组织内部各子系统运行正常、各要素充分发挥作用并和谐一致，就能显示出旅游组织高超的管理水平，从而在公众中形成良好的组织管理形象。

（三）旅游组织的实力形象

旅游组织的实力形象一方面反映在硬件建设上，即建筑构造、装修格调、设施设备、环境状况等，特别是颇具新意的建筑造型与外观在公众心目中留下的印象。例如，北京长城饭店是北京第一座大型玻璃幕墙建筑，外观像古长城，这对其形象的树立与传播都起到了很好的促进作用。另一方面，旅游组织的实力形象体现在员工的待遇与福利上，组织经济效益好、实力雄厚，才有凝聚力，因此，经济实力是旅游组织形象塑造的物质基础。

（四）旅游组织的产品和服务形象

产品和服务质量是旅游组织形象的缩影，形象直观、易受评价，因此通过产品和服务来反映组织形象，是树立旅游组织形象的最佳途径。旅游组织形象一旦形成，也会反过来影响产品和服务的形象。如喜来登、凯悦、马里奥特、里茨·卡尔顿等世界著名饭店，都是因为能在任何地方、任何时间向宾客提供同一标准的优质服务，充分满足宾客的个性化需求，从而在消费者心目中树立起了优异的形象。

除以上因素之外，旅游组织的名称、店徽、象征物、广告语、代表色等亦是构成旅游组织形象的因素。这些因素相互作用、相互影响，构成了旅游组织的整体形象。例如，温州金海岸开元度假村的新春布置凸显了"中国元素"，古式茅草屋、窗栏倒福、手写的春联、木舟独桥、瓦缸装饰，以及散养的鸡羊、象征丰收的玉米棒……各种传统元素无不还原了海岛渔村、农家小院的生活气息，也将中国过春节的年味和度假村的整体形象展现得淋漓尽致。

三、旅游组织形象的特点

（一）客观性

组织形象的建立，必须凭借其良好的组织行为做基础，而公众对组织行为的评价是依据客观事实判断得出的。

【案例】

蓝鸟饭店的形象积累

蓝鸟饭店以优质服务形象享誉世界，而它的优质服务形象则是由一件一件小事积累起来的。1867年，蓝鸟饭店开业时，总经理罗伯特立下一个规矩，员工如有优质服务建议被采纳，饭店奖励其30美元。100多年过去了，这个规矩仍然保留着，只是奖金增加到100美元。在执行过程中，许多建议被采纳。如服务生早晚对客人礼貌地问候、记住老客户的习惯特点、在大厅设置雨伞取放点、在客房中放置电话簿等。

蓝鸟饭店的优质服务形象就是在这一点一滴的积累中树立起来的。

（二）多重性

在公众心目中，旅游组织机构是否健全、设置是否合理、运转是否灵活、办事是否高效、服务是否尽力、产品种类是否齐全、人员是否精干等诸多要素的组合，是组织形象的具体表现。

（三）相对性

世间万物每刻均在运动变化中，不同公众的评价也会因主客观因素不同而产生异同。因而，组织形象好坏是相对的。随着旅游业的发展，旅游组织形象必须不断适应公众需要的变化，才能得到相应的发展。例如，广东省文化和旅游厅针对海外互联网媒体面向全球推广的"广东向导"招募活动，以"广东年俗、商务旅行、秀美风景、广东美食、文化瑰宝、粤语唐话"为主题，向外国游客推荐广东之美，提升"食在广东"的岭南食都旅游新形象。

四、旅游组织知名度与美誉度

公众对旅游组织总体形象的评价一般是由组织的知名度和美誉度共同构成并反映的。

所谓知名度，是指社会公众对旅游组织知晓与了解的程度。它反映旅游组织社会影响的广度和深度，是评价旅游组织公共关系工作的量的指标。

所谓美誉度，是指社会公众对旅游组织信任和赞美的程度。它反映旅游组织社会影响的好坏，是评价旅游组织公共关系工作的质的指标。

知名度主要衡量舆论评价"量"的大小，美誉度主要衡量舆论评价"质"的好坏。美誉度高，不一定知名度大，美誉度低也不意味着知名度小。知名度和美誉度这两项指标可以分别通过一定的调查方式，如"组织形象地位图"（如图6-1所示）来测定，任何一个旅游组织的实际形象都能在这个坐标系中找到自己的形象位置。组织形象地位图分为 A、B、C、D 四个区，分别表示四类不同的组织形象状态；甲、乙、丙、丁是四个假设旅游组织的形象位置。

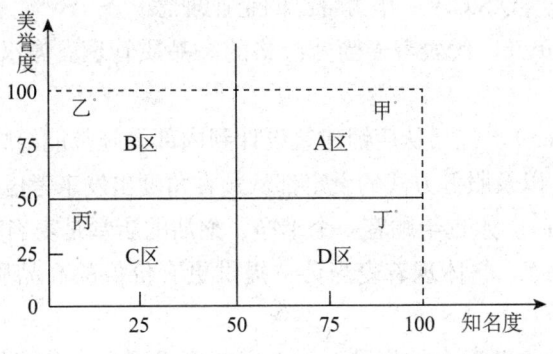

图 6-1　组织形象地位图

从图 6-1 中可以看出：

A 区：高知名度、高美誉度。在 A 区中的甲旅游组织处于最佳的公共关系状态，应持续发扬优势，继续努力。

B 区：低知名度、高美誉度。在 B 区中的乙旅游组织已经具有了良好的公关基础，应在保持高美誉度的基础上，通过传媒的宣传让外界更多地了解自己，尽快提高知名度。

C 区：低知名度、低美誉度。在 C 区中的丙旅游组织公关状态欠佳，首先应该完善自身，争取较高的美誉度；暂时保持低姿态的传播，待获取到较高的美誉度后再设法大力提高知名度。

D 区：高知名度、低美誉度。在 D 区中的丁旅游组织公关处于"臭名远扬"的恶劣环境，必须通过整体工作的改进和公关活动，先扭转坏名声，提高美誉度，尽快扭转公众对组织形象的看法，否则将无法生存。

"组织形象地位图"能够较直观地显示旅游组织目前的形象地位，帮助公关人员诊断公关工作中存在的问题，寻找解决问题的方案，辨明下一步的选择、设计新形象的方向。

五、旅游组织形象设计要求

建立旅游组织新形象，是一项从硬件到软件，全方位、立体化的系统工程。良好形象的建立比产品销售更复杂、更困难。在组织新形象策划上，旅游组织公关人员应从以下几方面去考虑：

（一）体现旅游组织的经营理念

组织的经营理念是组织的"灵魂"核心内容，是得到社会普遍认同、体现组织自身个性特征、促使并保持企业正常运作及长足发展而构建的反映整个企业明确的经营意识的价值体系。企业形象只有同企业的价值追求相吻合，表里如一，内外相称，才能获得公众的理解和好感。

例如，麦当劳把"Q.S.C.V"作为自己的企业理念。

Q：品质（Quality）。代表着麦当劳严格的高品质管理。像汉堡包出炉超过10分钟就舍弃不卖。

S：服务（Service）。包括从店铺建筑设计到内部设施都能给顾客带来快感与美感；营业时间、服务态度以及服务方式的设定都从顾客角度出发来考虑。

C：清洁（Clean）。永远给顾客一个干净、整洁的店堂是麦当劳的宗旨。

V：价值（Value）。它体现着麦当劳"提供更有价值的高品质的物品给顾客"的宗旨。

正是在这种企业经营理念的指导下，麦当劳形成了自己独特的企业形象，并取得了巨大的成功。

（二）选择恰当的时机

旅游组织新形象的策划要选择恰当的时机：一是利用开业庆典或新项目、新产品上市之际推出组织新形象；二是利用重大节庆日推广组织新形象；三是利用对名人的访问及举办各种重要会议宣传组织新形象；四是利用重大事件（如救灾、赞助等）突出组织新形象。"机不可失，时不再来"，旅游组织建立新形象一定要抓住有利时机，全力实施，否则新形象的策划难以取得预期效果。

【案例】

西山房车博览嘉年华活动
——众多企业联手制造的一次成功的公共关系新闻事件

桂林晚报讯：为期7天的桂林西山房车博览嘉年华5月1日上午10时30分正式拉开帷幕。截至昨日，各项准备工作已全部就绪。今天的开幕式内容丰富，除歌舞表演外，还将举行开香槟仪式，巨型"大家庭爱心蛋糕王"也将露面。同时，"桂林红十字会——博爱献真情，救弱除苦痛"大型捐赠活动将在开幕式上进行。开幕式结束后，"娃哈哈"快乐大抽奖活动将举行，每隔1个小时左右抽奖一次，100%的中奖率让人惊喜。据了解，"娃哈哈"森林寻宝活动将于4日至7日在西山公园举行，藏宝图在3日的《桂林晚报》上公布。本次活动与以往车展房展不同，以嘉年华的形式出现。活动致力于向桂林及周边区域群众展示、介绍国内外汽车产业最新成就和本地房地产开发的辉煌成果，弘扬汽车文化与家居文化，推进以汽车和房产为代表的现代时尚新生活。在众多品牌的大力支持下，截至今天，已经有宝马、别克、丰田、日产等品牌的40辆名车签约嘉年华，还有广运·美居商城、裳汇·翔龙花园、山水凤凰城等30个本地地产名盘集体亮相，更有近40万元的神秘礼物隐藏在石缝里、草丛中、大树下，等待游客用自己的智慧去发现与挖掘这些宝藏。嘉年华期间，每天上下午，西山公园中心大舞台都有精彩的文艺演出和主题促销活动。嘉年华可谓是今年五一桂林最精彩的节日盛宴。

案例分析：这是媒体和众多企业联手制造的一起成功的新闻事件，极大地提高了参与的企业及媒体的知名度和美誉度，塑造了良好的企业形象和媒体形象，为组织创造了良好的生存和发展的舆论空间。

（三）制造"新闻事件"

制造新闻事件，是指公共关系人员有意识地进行引起公众兴趣的工作，从而促成新闻事件的发生，以达到宣传组织形象、提高组织知名度的目的。

要健康有效地制造新闻需注意以下六个方面：

（1）就公众近期内最关注的话题、社会热点制造新闻，因为这是公众注意力的焦点，容易产生广泛的影响。

（2）注重事件的新、奇、特，有意识地增加新闻价值。

（3）要事先制造一些气氛，使公众有心理准备，以强化制造新闻的效果。

（4）寻求新闻点，有意识地把旅游企业和某些权威人物、社会名流联系在一起，以引起公众的关注。

（5）寻求适当的契机，与传统的节日或纪念日联系在一起，制造有关新闻。

（6）注意和新闻机构联合举办各种活动，增加旅游企业在新闻媒介宣传中的出现机会。

正当地制造新闻，不但有助于社会公益事业和文化活动的发展，而且可以引导旅游企业向健康正确的道路发展，促进旅游企业的经营管理，是一项有效的旅游公共关系活动。

【案例】

《印象·刘三姐》——桂林旅游文化最强劲的增长点

制造新闻事件，进行品牌的公关宣传，增加媒体曝光率，是提升品牌知名度的有效途径，也是推出旅游组织新形象的重要手段。由张艺谋、梅帅元、王潮歌、樊跃等著名艺术家策划、创作、执导的《印象·刘三姐》是世界上最大型的山水实景演出作品。它以流传久远、家喻户晓的壮族刘三姐民歌为素材，以方圆两公里的漓江水域和十二座背景山峰为表演舞台，将刘三姐经典山歌、广西少数民族风情、漓江渔火等元素创新组合，巧借春夏秋冬的自然景观，配以变幻莫测的灯光，用山野炊烟、漓江浣衣、渔舟唱晚、樵夫放排、顽童牧归等人们"久违了"的景象交织出诱人的田园诗话，展现人与自然的和谐、劳作与收成的快乐，创造出天人合一的梦幻艺术境界，在漓江山水间展现出一幕幕原生态的艺术画面。《印象·刘三组》把举世闻名的桂林山水风光资源、"刘三姐"文化品牌以及一流的艺术创作进行巧妙的嫁接和有机的融合，提升了桂林作为历史文化名城的内涵，并通过新闻媒体制造"新闻事件"的宣传，向游客集中展示当地自然风光和民族文化，使广西桂林阳朔的旅游发展急剧升温。现在，游漓江、看《印象·刘三姐》已经成为国际旅游名城桂林时下最热门的两大旅游活动。

（四）开展有特色的、标新立异的专题活动

特色活动，是指旅游组织通过策划、开展有别于其他旅游组织的活动，以构筑、推广本组织新形象。如举办专题征文、专项竞赛、记者招待会和展览会等。

以广州几家五星级饭店为例，白天鹅宾馆发起"故乡水"征文活动；花园酒店每年邀请广州各界社会名流参加大型"新年舞会"；中国大酒店举办美国菜、孔府菜、莫家菜周；东方宾馆争取到广州新机场交通快线停靠权等，这些活动不但增加了这些饭店的服务项目或文化、艺术内涵，而且制造了新闻轰动效应，吸引了传播媒介的注意。新颖、别具一格的专题活动深深地吸引了公众，引起了社会广泛关注，对饭店企业树立独特的形象发挥了积极的作用。

【案例】

张家界大峡谷玻璃桥"一字一万"全球征名，塑造世界旅游品牌

被誉为"世界之最"的湖南张家界大峡谷玻璃桥全球征名评选活动在中山大学、北京大学、复旦大学同步展开，张家界大峡谷景区董事长介绍，年初景区向全球发布了玻璃桥"一字一万"征名公告，年底征名活动结束，本次活动景区共收到实名注册的有效征名达12万个，各大媒体争相报道本次征名活动，引起亿万人关注。本次实名注册参与征名并有效投稿的近12万名网友，他们的个人身份信息全部录入景区智慧管理系统，玻璃桥开放后他们可直接刷本人二代身份证（与征名时注册的一致）无限次免费进入张家界大峡谷景区游览及参观玻璃桥。最终入选作者除了获得标准为1万元/字的奖励外，还将被授予"张家界大峡谷玻璃桥命名人"终身荣誉称号。张家界大峡谷玻璃桥一次征名，近12万人实名投稿，这在全球网络征名活动史上尚无先例。

（资料由广东省旅游学校罗嗣清高级讲师提供）

（五）强调优质服务，促进形象塑造

为使服务质量经常保持较高水平，除了严格管理外，还必须建立组织与客人之间的沟通渠道，收集客人对组织的意见，使客人获得被重视、组织具有社会责任感的感受，提高客人的满意程度。

例如，在法国、西班牙、爱尔兰、澳大利亚、新西兰等乡村旅游发达国家，国家、

地区（省）、市（县）、乡镇都成立有乡村旅游协会，其主要职能是制定标准和进行质量评估、通过网络开展联合推广和人员培训等工作。这些经验值得我国借鉴和推广，因为乡村旅游个体的实力是非常有限的。我国应加快成立各级乡村旅游协会，建立规范统一的乡村旅游网，为分散的乡村旅游业主提供良好的服务，以推进乡村旅游纵向和横向的联合，共同塑造乡村旅游整体形象，打造乡村旅游品牌。同时也可利用各种现代技术手段，比如微信公众号，加强宣传推广和产品营销。

六、旅游组织企业识别系统（CIS）

（一）CIS 的基本概念与特点

CIS 是英文 Corporate Identity System 的缩写，直译为"企业识别系统"，是指旅游组织运用理念识别、行为活动、视觉设计等识别系统，将组织的经营战略和文化精神，融入组织整体形象，并通过各种传播途径，统一组织的形象标志（如组织的店徽、中英文店名），以扩大组织的社会影响力，促使公众产生认同感的一种战略性活动。

旅游组织识别系统传播的特点是频率高、强度大、易于记忆，便于识别，有突出的整体性和统一性，以及强烈的持续性和广泛性。

（二）CIS 的构成

CIS 由组织理念识别系统（Mind Identity System，简称 MIS）、行为识别系统（Behavior Identity System，简称 BIS）和视觉识别系统（Visual Identity System，简称 VIS）三个子系统构成。这三个子系统相互独立、各成体系，又相互作用、有机结合，共同塑造特定的组织形象。

组织理念识别系统是组织的思想系统和战略系统，是 CIS 设计运作的原动力和核心，是组织的灵魂，具有统摄作用；行为识别系统是动态的识别形式，是在组织理念建立后所有具体执行的规范化、协调化、统一化的组织行为；视觉识别系统是静态的识别符号，负责将组织理念识别系统的内容通过视觉形式，准确、快捷地传达，使公众清楚掌握组织的信息，产生认同感。

一个优秀的组织离开先进理念的统筹指导，就难以较好地统一组织的各种行为，会出现内部耗损；没有行为识别系统，则无法实现组织理念；缺乏视觉识别系统的促进，理念和行为的识别难以具体地对外传递。三者相辅相成，缺一不可。

（三）旅游组织视觉识别系统（VIS）传播的主要内容

组织标志的形象与组织的形象融为一体，成为代表组织形象的"视觉识别形象（VIS）"。旅游组织视觉识别系统传播，是以组织标志为中心，以特定的文字、图案、色彩等符号形式向公众提供本组织或产品有别于其他组织或产品的有关信息，它代表本组织或产品的形象标志，具体如下所示：

1. 商标

商标由文字、图案或符号构成，具有标记、服务、传播、促销、保护的功能。在设计商标时，必须突出产品的特征和优点，简练醒目、美观大方、构思巧妙、新颖独特、容易识别，同时还应考虑当地消费者的文化风俗。

2. 品牌名称

品牌是衡量一个企业的软实力的重要体现，品牌名称即产品的牌子。在给旅游企业或产品定牌子、起名字时要做到语感好、新颖独特、寓意美好，容易被消费者所接受。如印度的泰姬陵（Taj）品牌（品牌价值2.96亿美元）成为世界上最强大的酒店品牌，其品牌强度指数（BSI）得分为89.3分（满分100分），相应的品牌强度评级为AAA。这家豪华连锁酒店以其世界级的客户服务而闻名。

3. 徽记

徽记是指组织的标志，即组织的"商标"。如中国旅游的标志源自甘肃武威雷台东汉砖墓出土的"马踏飞燕"，它集我国当时绘画、雕塑、冶炼铸造艺术于一体，堪称国宝，象征着中国旅游业的奋进和前程似锦。

4. 代表色

即组织为其自身或其产品选定的有代表意义的色彩。旅游组织的产品、建筑、员工服饰、广告宣传等有传播意义的物品都应使用代表色。代表色一经选定就应相对稳定，设计时应注意其形象内涵、美学效果、情感象征、文化风格等因素。

5. 包装

包装涉及产品形象，对顾客发挥"第一印象"的作用。包装设计应注重实用性和创意性。

应注意的包装设计包含以下三大方面：①办公方面。如名片、信纸、信封、文件、档案等。②宣传方面。如报纸广告、杂志广告、DM（广告信函）、CP（电视广告）、广告简介、海报等。③用品。如，饭店内的桌椅家具、茶具、宾客须知、便笺、笔、床单被套、牙膏牙刷、洗澡用品以及价目表、台布餐巾、碗碟筷、牙签、烟灰缸、火柴、装饰用品等。

6. 门面

门面是组织的包装，每个组织都会根据自身的特点来设计自己的门面，包括以下几个方面：（1）符号方面。如徽章、纪念章、工作证、指示牌、旗帜等。（2）服装方面。如工作服、制服、工作鞋帽、服饰等。（3）运输方面。如客车（大巴、中巴、的士）、货车、维修车等。（4）建筑方面。如门面、招牌、室内外标志、会议室、办公室等。

（四）CIS的作用

世界驰名组织皆通过导入CIS，设计出与众不同的，使组织赢得市场、赢得信任、保持永久活力的组织形象。可见CIS的作用非同寻常。

1. 强化组织管理

CIS 策划和推行让组织全体员工遵守和执行 CIS 战略，必定使各项工作井然有序，提升组织经营管理水平。

例如，北京长城饭店具有一套严格的职工培训和管理制度（组织行为识别系统），指导员工提供贴切服务。有一次，一位服务员在清扫房间时，发现客人在床上摊放着一本书，他既没有挪动书的位置，也没有将书合上，而是细心地将一张小纸条当作书签夹在翻开的那一页后再进行床铺整理。客人回店后感慨不已，激动地说他住过许多五星级饭店，但如此动人的一幕的确少见。可见 CIS 的推行保证了组织管理的规范化、系统化，完善了组织经营管理功能。

2. 集聚员工的向心力和协调员工关系

成功导入 CIS 的组织，统一了价值观念，对所有员工提出了相应的责任和义务，使其在共同价值观支配下，履行各自的责任和义务，有利于建立平等、协调的人际关系，创造一个团结、和谐、宽松、融洽的环境和催人奋进的良好氛围，不仅增强员工对组织的信心、自豪感和向心力，还能使员工自觉地把自身利益与组织发展紧密相连，努力为组织发展出谋划策、贡献力量；反过来，这种无形的归属感和使命感又为组织兴旺发达提供可靠的动力源泉。

3. 整合组织文化

通过 CIS，旅游组织可塑造鲜明的个性形象，提高组织产品的文化含量，将组织文化的精髓转化成系统的组织理念识别，并贯穿于组织行为和组织视觉标志之中，从而增强组织的整体性、知名度和美誉度。

例如，北京九龙游乐公司当年在设计景园时，采用以"九龙"二字重叠、古典装饰条纹为主体的园徽，体现出现代组织制度建设与中国传统文化相结合的景园文化底蕴，并使古老的神话传说与现代化的娱乐方式相融合，形成超时空、反差大的独特氛围，进而充分挖掘"水—龙—人"这一历史概念集合的文化内涵，彰显了"九龙"公司的理念，强化了"九龙"公司的形象。

4. 有效传播沟通

CIS 将组织的历史、规模、质量、服务、产品等信息，凝聚成一个标志或一句话，通过统一的视觉设计，予以系统化传播且不断重复，引起公众注意，刺激公众产生兴趣和欲望并付诸行动。

比如，可口可乐标准的红色，配之以独特鲜明的白色飘带的标志，随处可见，确实达到了"红色的冲击，挡不住的诱惑"的境界。因此 CIS 能使社会公众透过鲜明的视觉识别系统认知组织信息，提升组织形象。

5. 形象识别

CIS 将组织的经营理念、文化、行为、产品等形成统一的形象标志，借助视觉符号展现，广为传播，便于公众识别组织产品，树立公众对组织品牌的信心，增强组织竞争力。

例如，美国希尔顿饭店在世界上多个国家和地区建立了 200 多家连锁饭店，拥有客房数近 5 万套，从业人员近 5 万人，年营业收入超过 20 亿美元。每当世界各地的人们看到代表希尔顿饭店的 H 字母，就会联想到豪华的房间、先进的设备、优质的服务和庞大的连锁王国。

七、旅游目的地形象策划系统（TDIS）概述

（一）TDIS 的概念

TDIS 是旅游目的地形象策划系统（Tourist Destination Identity System）的英文字母简称。大量研究证明，旅游者选择旅游目的地时主要依据其对旅游地的感知形象。旅游者在某国（或地区）的旅游活动结束后，将会比较一下自己所得到的产品和服务与所付代价的差异，若所付代价远小于所得，便会形成满意感，对该国（或地区）产生良好印象。

（二）TDIS 的作用

旅游目的地形象策划系统的作用主要体现在以下三个方面：

1. 使地方旅游决策部门和公众深刻地理解地方性旅游资源特征

TDIS 使决策者清晰地识别出当地旅游资源的核心部分，进而把握未来旅游产品开发和市场开拓的方向；同时促使地方公众知晓本地旅游开发的潜力和前景，强化其积极参与地方旅游开发和建设的意识。

例如，利用旅游景区的知名度，安徽屯溪市改名为黄山市、湖南大墉市更名为张家界市。这些地区借助旅游风景区的知名度，建立起依托城市与景区一体化的旅游目的地，有利于旅游地形象的确立，扩大了旅游地的发展。

2. 为旅游者的出游决策提供信息帮助

独特鲜明的 TDIS 形象促进公众对旅游目的地的识别度，吸引公众注意，诱发公众出行欲望。例如，上海的外滩、西安的秦始皇兵马俑以及桂林山水等誉满天下的优质旅游品牌，均会对旅游者产生巨大的吸引力。

3. 支持了旅游组织，尤其是旅行批发商和旅行零售商的产品组织及销售

旅游组织设计和开发产品与旅游目的地形象的建立和推广有着不可分割的联系。例如，旅行社在其线路组织和产品包装方面，应综合考虑旅游目的地形象，只有那些形象好、美誉度和口碑效应高的旅游地，才会受到旅行社和旅游者的青睐，旅游者才会购买此类旅游产品，从而扩大旅游组织的销售，提高组织经济效益。

（三）旅游地形象策划的 TDIS 设计

1. 旅游地形象定位和口号设计

形象定位是指使旅游地深入到游客心目中并形成生动的感知形象。

形象定位是旅游地形象设计和传播的前提与核心。例如，1991年，美国管理大师在对新西兰政府和企业界所做的战略咨询中建议，作为一个小国，新西兰人必须寻找自己独特的特点。之后，新西兰决定把自己定位在干净环保和注重品质方面，并通过TDIS传达信息，取得空前成功。

形象定位往往以一句主题口号概括表述出来。首先，口号的实质内容必须来源于旅游地所处的独特地理文脉；其次，要充分体现旅游行业特征；再次，要反映时代特征，具时代气息，要反映旅游需求热点、主流和趋势；最后，要能打动旅游者的心，激发旅游者的欲望，要给旅游者留下永久而深刻的记忆并能迅速广泛地传播。

我国的旅游主题与口号鲜明、独特。例如2021中国旅游日主题口号，2021年：绿色发展 美好生活；2020年：爱生活 爱旅游；2019年：文旅融合 美好生活；2018年：全域旅游 美好生活；2017年：旅游让生活更幸福。2016年：旅游促进发展 旅游促进扶贫 旅游促进和平；2015年：新常态 新旅游；2014年：文明旅游 智慧旅游；2013年：休闲惠民 美丽中国；2012年：健康生活 欢乐旅游；2011年：读万卷书 行万里路。

2. 旅游地视觉识别符号系统的设计

旅游地视觉识别符号系统，引导和帮助旅游者实地感知旅游形象，消除由于进入陌生旅游地环境的不确定性所带来的紧张心理，呈现清晰、易懂的旅游地形象特征。旅游地形象的视觉符号识别系统主要包括以下几方面内容：

（1）旅游地名称。名称是认知事物的起点，旅游地往往以地名为名称，但缺乏特色。显然，"迪士尼乐园"比"游乐园"有吸引力；"锦绣中华"比"微缩园"有个性。

（2）旅游地徽标。随着旅游业发展，旅游地徽标已渐渐发展为旅游地形象的标志。一般旅游地徽标设计可结合特征性地理风貌，通过具象、意象到抽象处理产生不同形象，也可采用特征性实物图案和人为设计图案等。例如，中国"马踏飞燕"的旅游标志已成为中国旅游形象的代表因素之一。

（3）旅游地标准字体。旅游地路标、指示牌、导游图和旅游指南都可利用标准字体传达独特的旅游形象，标准字体可设计，亦可直接采用名人题字。一般在不影响旅游者文字理解的前提下，尽量使用本地域和本民族的文字，这是建立旅游地文字符号形象的基本原则。例如到过新疆、西藏、内蒙古等地的旅游者，往往会对那些反映了浓郁地域文化特征的少数民族文字产生兴趣并留下深刻印象。

（4）旅游地吉祥物。生动、有趣、形象的吉祥物容易得到公众喜爱，实现广泛传播效果。所以旅游地应设计能体现旅游地形象的吉祥物，让旅游者接受。例如，中国大熊猫代表了中国的形象，唐老鸭和米老鼠则代表了美国迪士尼乐园的形象。

（5）旅游地象征人物（形象大使）。将真实人物与旅游目的地联系，使其成为旅游目的地的象征，可增强旅游地的形象感召力，利用名人效应激起人们在接触认知名人时对旅游地的向往。例如，香港曾以著名演员成龙作为旅游大使来传播香港旅游形象。

（6）旅游户外广告。户外广告因其分布于旅游地而成为旅游地视觉景观的一部分，其已成为地区形象塑造的重要元素。旅游地户外广告包括招牌、旗帜、标志牌或路牌广告、方向牌、灯柱广告、模型广告、气球广告、导游录等。

（7）旅游地纪念品。旅游者从旅游地能带走的，除了照片和留在记忆中的经历、体验外，恐怕只有旅游纪念品了，这类纪念品能反映和帮助旅游者记住旅游地的形象。发展当地独具特色的旅游纪念品有利于建立与传播当地形象。例如，外国人总喜欢购买印有京剧脸谱的T恤，京剧脸谱已成为中国目的地形象的一部分。旅游纪念品通常包括纪念章（币）、明信片、导游地图、旅游画册、景点门票、地方手工制品等，纪念品地方性特征越浓厚、越独特，形象传播力越大。

（8）旅游地交通工具。某些特殊旅游目的地往往因其所提供的交通工具独特特色而给旅游者留下深刻印象。例如，长江游轮已成为三峡风光的一部分，而滑竿已成为峨眉山独特的形象符号。

（9）旅游地人的视觉形象。当人被旅游者作为观察对象时，人也成为与风景一样的可设计的形象元素。例如，深圳华侨城主题公园对演员、服务员、清洁工等员工都进行了形象设计，他们与物质景观实体共同反映旅游形象，开创了"我是一个景点"的活动。

（10）旅游企业的服务视觉形象。旅游目的地的整体形象与提供吃、住、行、游、购、娱等各种服务产品的众多旅游企业形象分不开，因此，个别旅游企业形象能给目的地形象带来正面的或者负面的光环效应。例如，业界著名国际饭店若坐落于某一名不见经传的地方，将会大大提升该地的旅游形象；反之，若某地航空公司经常发生空难事故，将会极大地损坏该地的旅游形象。

3. 旅游地视觉形象的区位分异和空间结构

旅游者在旅游地到过或活动过的地方，都会影响旅游者对旅游地的直接感知形象。根据旅游地内各功能区对旅游者视觉形象形成的方式和作用的差异，将旅游地视觉形象进一步划分如下：

（1）第一印象区。第一印象区是旅游者形成旅游地印象的最初依据，也是使旅游者印象最深刻的地方，如机场区、火车站区、风景旅游区的大门景区等。

（2）最后印象区。最后印象区是旅游者离开目的地前最后接触的地方，例如，最后一个旅游观光点，新开发的景区、边界区等。一般而言，对于首次旅游的人，第一印象区意义比最后印象区大；而对于重游者而言，最后印象区的形象意义比第一印象区大。

（3）晕轮效应区。在旅游目的地中，由部分区域的特征而推及整体区域的形象并决定整体形象的意义，这部分区域就是所谓的晕轮效应区，如城市中心区、重点旅游区等。

（4）地标区。地标区是旅游目的地中独一无二的、逐渐成为当地标志性的形象特征的地域。例如，纽约自由女神像所在的区域以及由众多摩天大楼组成的曼哈顿区就是纽约市的地标区，是旅游者心中旅游目的地的代表区域。缺乏地标区的旅游地就是没有鲜明形象的旅游地。

4. 其他感觉形象设计要素

旅游地形象设计除了设计视觉形象要素外，也可进行相应的听觉、嗅觉、味觉等感觉形象要素设计。听觉方面要素一般包括旅游地的方言、地方民歌，以及旅游区的主题曲等。例如，旅游者到少数民族地区旅游，对地方语言很感兴趣，往往以学会当地一两句口语为炫耀的谈资。嗅觉、味觉等设计要素中最典型的是食品的味道，旅游地特色食品和美味佳肴会令游客终身难忘。

【案例】

海洋温泉度假城——海泉湾与可口可乐联手打造顶级品牌

由香港中旅国际投资有限公司首期投资22亿元的珠海海泉湾度假城，由国际著名公司担当各项规划设计，将"自然、健康、欢乐、亲情"等元素与建筑设计完美融合，以罕有的海洋温泉为核心，由两座五星级度假酒店、集美食/娱乐/大型演艺于一身的渔人码头、拥有1200个座位的大型高科技的现代剧院、拥有亚洲多项第一的游乐设施的神秘岛主题游乐园、拥有国际先进医疗设备和专家服务的诺亚体检中心、配备星级服务的健身俱乐部等七大项目构成。该度假城内拥有被誉为"南海第一泉"的天然海洋温泉，汇聚世界各种风格的56个温泉池，让游人尽情享受各国的温泉文化，体验海风、阳光伴浴的奢华。海泉湾内的亲亲鱼，不仅喜欢在温泉中游弋，还喜欢用细细的牙齿亲吻人的肌肤，把人身上的死皮轻轻地啄掉，极具新鲜感和刺激性。该度假城打破了传统的单一度假模式，开创出多元化的"度假区+主题公园"的综合性旅游度假新体验，其打造的休闲娱乐方式被媒体称为传统度假区的升级产品。在开业前后，不断地通过各大传播媒体就区内各个具有吸引力的休闲康乐主题一一进行大张旗鼓的介绍，其宣传攻势在相似类型的旅游景区中"奇兵突起"、广收良效。在中国有着与众多知名品牌战略联盟的成功合作历史的可口可乐公司在多轮公开投标后，与海泉湾度假区正式签署了合作协议，标志着两个知名品牌之间的强强联合，也意味着强势品牌将给地方经济带来新的活力。双方确定战略合作伙伴关系后，可口可乐将把积累了100多年的营销、服务经验和一些全球独有的资源与海泉湾共享。双方将在联合促销、品牌互动等多方面互补、合作，锻铸出旅游产业和饮料业著名品牌进行整合公关营销的创新模式。

（资料由原香港中旅集团珠海海泉湾度假区陈江总经理提供）

第二节 旅游公共关系新闻宣传

新闻是一种典型的大众传播方式，它是旅游组织通过传播媒介对组织最近发生的，有利于社会公共利益、自身利益和相关公众利益，受社会各界公众欢迎的、新鲜而重要的事实的报道。组织新闻传播已日益成为旅游公共关系传播中最常用的一种方式，对舆论的形成和导向起着重要作用。

一、旅游公共关系新闻的特点

旅游公共关系新闻具有传播内容新、传播内容重要、社会影响大、可信度高四大特点。

（一）传播内容新

新闻贵在"新"。新，主要指内容新，即人们不知道的事情。要保证"新"，就必须在时间上保证"近"。一般来说，只有事情发生的时间越近，才能保证内容越新。时间决定新闻的命运，越新越近的事实，其新闻价值就越高，越能引起公众的兴趣和注意力。

（二）传播内容重要

新闻不但要新，还必须重要才有新闻价值，即该事情是否与广大公众利益相关，是否为公众所普遍关心，是否对社会进步产生影响。通常关联程度越高，重要性越大，新闻价值也就越大；反之亦然。据此公关人员可以分辨和判断身边的事件是否具有新闻价值，以保证传播效果。例如建党100周年中央电视台热播的"悬崖村"（四川省凉山彝族自治州阿土列尔村）纪录片，就是与公众利益相关的乡村振兴项目：全村72户人家居住在海拔1400多米的悬崖顶部。200多年来，村民出入需要利用藤梯攀爬落差达800多米的悬崖。近年来，当地政府修建了2556级台阶钢梯，既解决了村民的出行困难，又利用独特的峡谷、溶洞、温泉、原始森林、岩壁、彝族文化等特色促进了特色乡村旅游业的发展，打造的"悬崖村·古里大峡谷景区"，在保留原生地貌景观的前提下，逐步被打造成全国知名的山地旅游、度假旅游目的地，以及彝区农文旅体验目的地和文旅产业扶贫示范基地，使"悬崖村"变为"幸福村"。

（三）社会影响大

所有通过媒体以新闻形式报道的事实，都是与公众的切身利益密切相关、公众关注度很高的事情。旅游组织的信息如果通过新闻媒体报道出来，这个事实本身就表明该信息一定是具有典型意义的，它也将立即成为有公众影响力的舆论话题。此外，新闻报道所凭借的大众传播媒介具有传播迅速、覆盖面广的特点。因此，消息一经传播出去，就能在最大范围内迅速影响公众。

（四）可信度高

新闻报道强调客观、真实，这就要求新闻界站在公众的立场上说话。因此，当我们的信息通过新闻媒介传播时，比较容易获得公众的认可、接受与信任。

二、旅游公共关系新闻材料的组织

社会组织的信息能否通过新闻媒介传播出去，一方面取决于新闻界对组织的信任感；另一方面则关乎公关人员是否了解新闻的特点并能有针对性地向新闻界提供本组织的新闻素材。一般而言，具有典型性、教育性、先进性、社会性、国际性、地方性、知名性、新鲜性、指导性、突发性等特征之一的事实，便可能成为有价值的新闻。旅游组织内可能成为新闻的素材大致存在于三个方面。

（一）管理特色

（1）旅游组织的特定文化、组织精神，特别是组织的经营风格、管理哲学、营销观念及一些有特色的外在形象等。

（2）旅游组织在经营管理上的重大突破与改革。

（3）旅游组织新设备、新服务设施的使用和新产品的推出，如饭店新推菜品、旅行社新路线的开发与推出。

（4）旅游组织对员工福利、社会环境与发展等方面做出的重大改善。如旅游景点在环境保护上的新举措。

（5）旅游组织对突发事件的处理措施及效果。

（6）旅游组织或经营管理人员的活动及其变化情况。

（7）组织纪念日庆祝、开放参观日、庆典、展览会等活动的有关消息。

（二）组织成就

（1）旅游组织（主要是饭店和景点）接待重要人物和知名人士，以及其他重要团体的有关消息。

（2）员工优质服务及其他方面的动人事迹，或特殊的社会荣誉。

（3）组织成员参加各种社会活动，如文体活动、本行业技艺大赛等方面取得的成绩。

（4）旅游组织在利润、创汇等方面的重要突破，对国家及地方财政的贡献。

（三）社会公益活动

（1）赞助各种文化性、体育性活动。

（2）捐赠慈善事业。

（3）赈灾及捐赠"希望工程"等献爱心活动。

总之，旅游公共关系人员应不断结合社会发展和公众的要求，根据本组织的具体情况，挖掘本组织内有价值的新闻，及时报道，以达到树立组织形象、提高组织声誉的目的。

三、旅游组织基本宣传材料

新闻资料档案夹是旅游公共关系人员手头必备的重要宣传材料。

（一）新闻发布稿件

必须是单面双行打字稿；要有醒目的标题，开头要冠以日期；所有的新闻发布稿件必须复制一份存档。

（二）事实背景材料

组织重要人物（组织总经理、销售总监等）的传略（附照片）；特色产品、地理位置；组织基本设施或情况等。应设法了解并尽可能按照各种新闻机构的要求去制备合乎要求的材料，例如应使新闻发布稿件赶在报纸的截稿时间之前送到。

新闻发布稿件和事实背景材料应至少每季度更新一次。

（三）图片资料

最好是高质量的、艺术性强的黑白或彩色照片，大小为20厘米×25厘米或12.5厘米×17.5厘米。照片背面要附有文字说明，并注明联系人姓名、电话及电传号码等。

（四）组织与新闻机构联络一览表

公共关系人员应按照新闻机构类别排列编制"新闻机构联系一览表"，其基本内容包括以下几个方面：

（1）日报或周报：①新闻编辑；②通讯特写编辑；③经济财政事务编辑；④文艺编辑；⑤专栏作家。

（2）广播电台、电视台：①新闻编辑；②特写节目编辑。

（3）大众杂志：①编辑主任；②发行人；③新闻编辑；④艺术及建筑编辑。

（4）新闻通讯社：①驻在各主要目标市场地区的执行编辑；②采写某些特别题材的记者。

（5）自由撰稿新闻工作者。

（6）专事写作旅游、艺术、饮食、经济等题材的撰稿人。

此外还应制备按国家排列的、驻酒店所在城市的外国新闻记者联络表，以及酒店目标市场地区的外国新闻机构联络表。上述联络表至少应每季度更新一次。

向新闻机构提供以上材料应在信封上写明收件人的官衔和姓名，而不要只是笼统地写"××报新闻编辑收"，坚持写姓名可以使组织与新闻机构之间长久保持良好的关系。

四、新闻供稿与新闻照片的制备

（一）新闻供稿的制备

新闻供稿的制备要做到中心突出，结构合理，语言简洁，事实清楚，避免议论性。文稿应使用印有组织名称的文稿纸隔行打字，一般不超过两页，每一页都须写上公关人员的姓名和电话号码，以方便报社记者、编辑随时同组织联系。如果要引用总经理或其他权威人士的评论，要先征得该评论者的同意并应以直接引语形式标明。公共关系人员在给新闻机构发送新闻时，要注意照顾到本地各种新闻机构，让所有的报刊、广播电台、电视台都有机会获得有关组织的新闻。

1. 新闻供稿的结构

一篇完整的新闻稿应包括标题、导语、主体、背景、结尾五个部分，最常见的写作结构方式是倒金字塔结构，即将最重要、最新鲜、最吸引人的事实放在文章的前面，按重要程度依次安排段落和层次。该种结构形式能瞬间吸引读者的注意，吸引他们往下看。新闻稿应该讲明主要事实，一般要包括五个"W"和一个"H"：When（何时）、Where（何地）、Who（何人）、What（何事）、Why（何故）、How（如何）。

2. 新闻供稿的标题和导语

标题要能概括和提示新闻的基本内容，阐明基本立场和态度，吸引读者的阅读兴趣。完整的新闻标题由引题、正题、副题构成。新闻标题要做到准确、生动、简洁、准确，即要求标题要能清晰地反映基本事实，不能让人产生歧义和误解，更不能题文不一。生动，就是要求标题从形式到内容都要新颖、别致，有表现力和冲击力，能一下子抓住读者。简洁，就是要求标题言简意赅，在准确表意的前提下尽可能用较少的文字，以免读者望题生厌。

导语是新闻体裁独有的结构部分，其作用是引导读者阅读，一般是用极其简要的文字介绍新闻的中心内容，提示新闻的主题，引起读者的注意。导语通常是新闻的第一句话或第一个自然段，少数复杂的导语也可以是由两段甚至两段以上的文字组成复合导语。

导语有以下四种：

（1）叙述式。

叙述式是用摘要或综合的方法，对消息中最新鲜、最主要的事实作扼要的叙述。如"6月10日，奉节县100名诗人齐聚老县城依斗门，朗诵自己的诗作，送别有着1000多年历史的古城门，这座古城门即将在三峡水库蓄水达135米水位时，永沉江底"，就是采用的叙述式。

（2）描写式。

描写式是对消息中的主要事实或某一个有意义的侧面，作简洁的描写。如："感谢老师们！感谢北京亲人们……"安文同学从张老师手中接过一张价值600元的衣服包裹单时说了上面的话。

（3）评论式。

评论式是对所报道的事实，作简洁、精辟的评论，以揭示事物的性质。如：2021年是开好局、起好步的关键一年。广东旅游要抓住机遇，迎接挑战，高起点、高标准地抓好今年的工作。

（4）提问式。

提问式是把主要事实用提问的方式写出来，使报道的问题更为尖锐，以引起读者的注意。如："父亲双目失明、母亲体弱多病的钟山为什么只拿了张条子走进了校门？这张条子能让她入学报名吗？"

写作导语一般采用叙述的方式，包括概括式、摘要式、结果式、对比式等，直接将新闻中最新颖、最重要的事实陈述出来。

少数导语也采用描写、议论的表达方式：描写式是作者抓住主要新闻事实或其某一个有意义的侧面，进行一番绘声绘色的描述，先给读者一个生动具体的形象；议论式导语指先提出问题供读者思考，或直接对主要的事实发表评论，或援引新闻人物的观点、谈话，新闻主体部分则通过客观事实对这些看法、观点逐层加以证实。

写新闻消息还应注意：

（1）拟写好标题，力求准确、凝练、新颖、醒目，最好能使人过目难忘。

（2）语言表达要准确、简洁，力争"用事实说话"。

（3）要讲究结构，一般采用"倒金字塔"式，即先写结果，再按照事实重要的程度（重要的、次要的、再次要的）依次写来。

【新闻稿范例】

《共建美好生活·共享快乐旅游——上海迪士尼度假区快乐旅游趋势报告》
发布仪式在上海举行

2021年5月19日中国旅游日，由中国旅游研究院主办、上海市文化和旅游局支持、上海迪士尼度假区协办的《共建美好生活·共享快乐旅游——上海迪士尼度假区快乐旅游趋势报告》发布仪式在上海迪士尼乐园内举行。报告以上海迪士尼的五年成功发展为主题，为中国主题乐园行业的发展趋势和中国游客的需求变化提供洞察与见解。中国旅游研究院院长戴斌、上海市文化和旅游局二级巡视员邹波共同为报告揭幕。上海迪士尼度假区总裁及总经理薛逸骏（Joe Schott）出席了揭幕仪式。

（资料来源：杨静，林馥榆.央广网，2021年5月19日）

（二）新闻照片的制备

为了设计、拍摄和制作高质量的新闻照片，公关人员应该掌握一些摄影和美术方面的基本知识：①善于趁被摄对象不注意时抓拍现场照片，并使被摄人物彼此之间的无用距离尽可能地小；②避免拍一群人盯住照相机镜头看的照片或5人以上的集体照片；③不要拍没有人物在场的房间及设施照片；④不能拍摄站在组织标记旁的人像照片，否则媒体会认为这种照片类似于广告；⑤为了让更多的公众认识组织，可选取几处适宜拍照的外景，把环境气氛连同组织的铭牌或标记一起拍摄下来。

另外，必须将标明组织名称的文字说明黏附在新闻照片背面。文字说明中的文字力求语言亲切、简洁、通俗、流畅，且应与照片互相配合。对于需要黑白照片的报刊，应给它们提供20厘米×25厘米大小的、聚焦准确、曝光适度的光面照片。

此外，公关人员还应准备好彩色幻灯片，如从各个角度拍摄的酒店外景照片；喷水池、浮雕等的照片；空中拍摄的表明组织所处位置的照片；主要经管人员和职工照片等。

国外一些中小城市的日报和周报喜欢刊登本地居民在海外度假旅游时拍摄的照片。可以在旅客中挑选一些外国人，在征得同意的前提下为其拍照，然后寄给他们家乡的报纸。所有的照片必须配有说明，将照片中出现的人物身份说清楚，注明人物的姓名、身份，以及照片拍摄的日期。同时要注意三个基本原则：①好照片要有主题。②一幅好照片要有一个能吸引注意力的主题。③好照片画面要简洁。当然，不管用何种拍摄工具，构图都是一个回避不了的技巧，几种常见的构图方式有以下几种：一是把拍摄的主体放中间；二是对称式，可以左右、上下、斜着对称；三是对角线构图；四是水平和垂直式构图；五是三分法构图，可以横着也可竖着。特别注意，地平线不要歪；六是九宫格构图，将主体放在四个红的焦点。

（三）特约采访与特约通讯

特约采访和特约通讯是指旅游组织公关部为发布组织新闻而长期特约或临时约请某传媒机构、记者或专业人士，进行重大新闻题材和专题采访报道。公关部要经常向特约采访和特约通讯人员提供新闻素材和新闻线索，并为他们到组织现场采写提供必要的条件。

1. 计划周密、准备充分的新闻采访会产生积极的宣传效果

接受新闻采访时，公共关系部应事先了解前来采访的记者所属的新闻机构的情况，具体可阅读这位记者写的几篇报道，掌握其风格。

另外，应当明了新闻机构感兴趣的题材并准备好它们的背景材料，明确所要讨论的问题，例如：

（1）旅行社方面：在年终或季度末统计光顾的宾客来自多少个国家；关于老员工的故事和趣闻；从宾客中挑选那些多年来最忠实的宾客，关于他们的故事可以成为有趣的新闻；组织"扶贫助学团"的情况；新开发的旅游路线等。

（2）饭店方面：邀请25年前或50年前在本酒店度过新婚蜜月的夫妇重返酒店庆祝他们的银婚或金婚纪念日（最好能附上照片）；介绍厨师的技艺；介绍工作多年的服

务员以及他们所掌握的知名人士的癖好和逸事等信息;饭店向灾祸受害者免费提供住房;饭店的购买能力(例如,关于饭店在一年内购买的鸡蛋数量、所食用的面包数量、所购置的床单和毛毯数量等,可以显示出饭店对本地工商业的重要作用)等。

2. 要特别尊重记者的"知晓权",积极配合其收集新闻资讯

被采访对象一般是组织负责人或部门负责人,对于直截了当的问题应明确回答;对于回答不了的问题,应坦率承认,并建议对方向有资格回答问题的人士咨询。被采访者必须用事实和数字来支持自己的观点,回答问题应简明、中肯,述说要点后即可停止回答问题,不要为了把谈话延续下去而导致离题,以使记者在报道时既表达出主旨,又不易作含糊的解释。如需较详细的解释,可在采访后的当天把有关细节书面写出寄(交)给记者。

3. 友好地结束采访,拉近双方关系

结束采访的最佳方式是感谢记者为采访付出了宝贵时间,了解对方是否已获得了所需的材料。采访结束后,不要问记者如何处置所得材料。在新闻见报之前,决不要求记者事先把稿子给自己看。

【案例】

奔驰新车的新闻发布

梅赛德斯已经在上海设有研发中心,本月底将在北京开设新的技术中心。从商业角度来看,很容易理解梅赛德斯采取这一举措的原因,因为目前中国市场对奔驰汽车的需求超过了美国和德国。奔驰新车新闻发布会给记者留下了深刻的印象。

一是规模与耗资巨大。有50多个国家和地区的1200名记者参加,为记者每天支出的住宿费就至少在180万元人民币左右。

二是材料全。有公司历史沿革、经营情况、首脑简况以及公司总部大楼艺术特色介绍。关于新车的材料,光数据就详不胜详,可供挑选的照片有二三百幅,有专门拍摄的一部专题影片,有介绍情况的光盘等。

三是组织严密。第一天上午在公司总部报到。下午一点半首次举行30分钟的会议,介绍日程安排和新车的大致情况,中间穿插两段短片,给人形象、具体的感觉。下午两点,所有记者二至三人为一组,分别驾驶近百辆不同型号、性能、装饰的新车,从斯图加特市出发,主要沿着乡间公路,开向160公里外的乌尔姆市,先参观新车展览,然后参加由奔驰公司首脑主持的新闻发布会。第二天早上8点,记者再驾车从另一条以高速公路为主的道路返回,中午到斯图加特机场解散、回国。

四是注意收集记者反映。公司抓住机会同记者交谈。当试车结束后,又请部分记者座谈。

五是服务细致。奔驰公司通过公共关系新闻发布活动,让世界更好地了解奔驰。

(资料来源于路透社2021年10月12日新闻)

（四）组织开业前的新闻宣传

组织应根据所需的修建时间，确定新闻宣传活动时间表。营业前可考虑分阶段进行宣传活动。

1. 营业前 180 天至 150 天的宣传要点

①举行会议，确定公共关系活动的目的，研究公共关系和广告之间的配合方法，规定完成各项工作的时间表；②准备好新闻宣传的基本资料；③准备寄送信函的人员和新闻单位名单；④与所有受益的人接触；⑤确定举行记者招待会的日期。

2. 营业前 150 天至 120 天的宣传活动要点

①向所有新闻单位发放本组织即将开业的消息和照片；②向新闻单位和有关单位寄发目前组织建造情况公告；③开始准备宣传小册子；④制订开业庆祝活动计划。

3. 营业前 120 天至 90 天的宣传活动要点

①向全国性新闻单位进行宣传；②向新闻单位邮寄信函；③第二次发组织建造情况公告；④为开业庆祝活动制订最终计划；⑤向同行宣布组织即将开始营业。

4. 营业前 90 天至 60 天的宣传活动要点

①向当地新闻单位进行宣传，强调本组织对当地的作用和贡献；②发建筑情况的最后一次公告和宣传小册子；③开始接待公众参观；④举行午宴，接待旅游记者；⑤布置好接待参观者的设施。

5. 营业前 60 天至 30 天的宣传活动要点

①发送即将营业的业务信息（以后每 3 个月发一次）；②举行预演性开幕式和剪彩仪式；③举行记者招待午宴或鸡尾酒会；④确定开业庆祝活动的最后计划。

6. 营业首月的宣传活动要点

①向代理商广泛散发信函；②举行开业庆祝活动；③接待记者参观。

【小贴士】

流媒体（Streaming Media）是指将一连串的媒体数据压缩后，经过网上分段发送数据，在网上即时传输影音以供观赏的一种技术与过程，此技术使得数据包得以像流水一样发送；如果不使用此技术，就必须在使用前下载整个媒体文件。流式传输可传送现场影音或预存于服务器上的影片，当观看者在收看这些影音文件时，影音数据在送达观看者的计算机后立即由特定播放软件播放。

第三节　旅游公共关系广告宣传

旅游公共关系广告宣传是旅游组织的重要宣传手段,是一种设法增进公众对组织的总体了解,直接提高组织的知名度和美誉度,从而使组织获得公众的信任和合作,间接为组织带来经济效益的广告。公共关系广告一般比较含蓄,多以组织的服务精神、整体特点以及形象推广为主,主要是唤起公众对组织的关注和好感,其效果主要体现在社会效益方面,其宣传属于战略性的措施和行为。

一、旅游公共关系广告的目标

(一)巩固形象

旅游组织在组织形象已在消费者心目中获得认可时,可选择广告宣传来进一步巩固其公众形象。

(二)改善形象

旅游组织在公众心目中的形象欠佳时,必须以组织自身的改进为基础,选择改善形象的广告。此类广告宣传尤其要重视社会效益,并要辅之以其他的公关活动。

(三)公众沟通

旅游公关人员可通过举行一场大型的公关活动,并以广告宣传与公众进行联系,向公众介绍旅游组织及其产品情况,交流感情,争取公众对组织及其产品的支持。

二、旅游组织公共关系广告的类型

旅游组织公共关系广告主要可分为四类。

(一)展示组织形象的广告

此类广告以建立组织信誉和观念为目标,宣传组织的经营宗旨和观念,以提高组织及产品形象。

1. 实力广告

向公众展示组织设施、设备、服务质量、人才技术等方面的实力。

2. 公益广告

指不以营利为直接目的,采用艺术性的表现手法,向社会公众传播对其有益的社会观念的广告活动,以促使其态度和行为上的改变。公益广告的形式活泼短小,表现手法多样，易为受众所接受。公益广告拥有最广泛的广告受众。从内容上来看大都是我们的社会性题材，从而导致它解决的基本是我们的社会问题，这就更容易引起公众的共鸣。因此，公益广告容易深入人心。旅游企业通过做这样的广告更容易得到社会公众的认可。以公益性、慈善性、服务性为主题，更能够传播旅游组织勇于承担社会责任的形象。

3. 信誉广告

信誉广告亦称公共关系广告。指着重宣传企业信誉与形象的广告。传播旅游企业荣获重大奖项或受到表彰、赞誉的情况，借以扩大旅游企业声誉。包括商品信誉广告和企业信誉广告两种。商品信誉广告的目的在于推销旅游产品，其宣传内容主要包括商品的质量、价格、创新优势、商品的荣誉等。旅游企业信誉广告的目的在于推销旅游企业，树立旅游企业形象。其宣传内容主要包括旅游企业的合理政策、诚实形象、进取精神等旅游企业整体面貌的优点和旅游企业在社会公益事业中的突出表现。

4. 观念广告

指向社会公众宣传组织经营目标、经营宗旨和管理理念的广告。观念广告是通过提倡或灌输某种观念和意见，试图引导或转变公众的看法，影响公众的态度和行为的一种公关广告。可以宣传组织的宗旨、信念、文化或某项政策，也可以传播社会潮流的某种倾向或热点。如广州中国大酒店的"中外通商之途，殷勤款客之道"的经营理念展示。又如西屋电气公司曾在《时代周刊》上刊登岁末广告，把本年度有关公司的各种新闻和报道汇集在一起，并冠以总标题《一年来本公司的一切好消息》。它是以建立观念为目的的广告，不直接介绍产品，也不直接宣传企业信誉，旨在建立或改变一种消费观念。此类观念广告有助于旅游企业获得长远利益。

5. 纪实广告

也叫新闻性广告，指采用纪实性的笔调，结合某些社会性主题，将旅游企业的有关情况通过新闻媒介介绍给公众的广告形式。是将旅游企业的历史、发展状况、对社会的贡献，或具体参与某一社会文化、体育活动的来龙去脉等方面内容，结合公众的兴趣，编辑成故事、报告文学、专题特辑等，以报刊的较大篇幅刊登，以引起社会公众的重视和注意。纪实广告是广告和记叙文章的变体。纪实广告可以以特辑的形式在印刷媒介上多篇幅刊登，也可以将广告主题以新闻报道、专题报道等形式表现出来。其特点是以第三者的立场说话，与其他公共关系广告相比，其客观性比较强。

（二）引导市场需求、传播产品信息的广告

此类广告是通过向市场提供组织新产品信息、宣传新产品功能，使消费者对新产品产生感性认识，引导市场消费的广告。

1. 产品广告

产品广告是为了引导目标消费者去购买广告主的产品或服务而从事的广告，广告的对象可能是消费者或最终使用者，也可能是渠道成员。产品广告展示、介绍旅

游组织的旅游产品,向消费者传播旅游产品的信息。产品广告又可分成先锋性广告(Pioneering Advertising)、竞争性广告(Competitive Advertising)、提醒性广告(Reminder Advertising)三类。

2. 庆典广告

指借工程落成、开业剪彩、周年节庆之机,开展大型宣传活动制造声势,以提高组织知名度。如某露天水上娱乐场开业之日,浩大的彩车巡游绵延100多米,"去夏威夷太远,请来水上大世界"的广告语在大型乐队和歌舞表演的衬托下,显得声势夺人。

(三)改善组织形象的广告

通过举办一些特殊的大型活动,或在出现一些突发的意外事件时发布广告,以壮大组织声势、树立形象。

1. 解释广告

是指当受到舆论公众误解,形象受到损害时,用广告的形式向公众做解释以澄清事实真相,解释误会。如加拿大多伦多某木材公司,因每年采伐大量木材而经常遭到有关环保组织的抗议。为宣传公司既采伐又种植的经营宗旨,公共关系部特地制作了几幅风景照片广告。有公司栽培的幼林;有堆放木料的库房,旁边有可爱的小动物在嬉戏,并且冠以"我们崇拜大自然"的醒目标题。这些广告张贴散发后,极大地改善了公司与环保组织之间的关系,树立了组织的形象。

2. 驳斥广告

是先向人们呈现对某一品牌所持的消极或否定态度,然后用事实提出正面观点加以反驳,从而达到改变人们态度的目的。这是一种以退为进的方法。驳斥广告往往会带来销售的极大成功。驳斥广告策略对那些持消极或否定态度的消费者的态度转变有极大作用。另外,即使对那些对某一品牌一无所知或无喜恶可言的消费者,驳斥广告也有很大的作用。这类广告针对各种诬蔑不实之词和流言蜚语进行驳斥,以正视听,维护组织的声誉和尊严。但驳斥广告应注意掌握分寸,有理有节;言词过于激烈、反驳过分都容易影响企业形象。

(四)礼仪广告

礼仪广告是一种适应社交、公关(公共关系)、礼仪的需要,表达旅游企业、酒店之间合作关系与友好情谊的广告文体。礼仪广告多运用于社交公共场合,旨在对组织内外的人事关系表达自己的态度,争取公众对组织的信任、理解和好感,以进一步加强和密切各种社会关系。

1. 祝贺广告

在有关企业单位开业、庆典或节日之际,以广告的形式表示祝贺,或在节假日及特定的日子向公众表示祝贺或问候,联络感情,扩大影响,同时提高自己的知名度。例如,珠海华美达国际旅行社有限公司发布的广告:"祝珠海人民春节快乐!"

2. 致谢广告

用广告的形式对给予自己帮助和支持的企业单位和公众表示谢意。例如，南沙大酒店发布的广告："广州南沙大酒店全体员工衷心感谢社会各界朋友的大力支持！"

3. 歉意广告

这类广告的主题旨在通过就自己某些过失向公众赔礼道歉的方式，以退为进，表示诚意，以谦逊的方式表现组织发展所取得的成就。例如，中国内地首家五星级酒店——广州白天鹅宾馆发布的广告："宾馆在内部装修三年期间，给各界人士带来诸多不便，特此致歉！承蒙各界人士的关怀和厚爱，酒店的装修已顺利完成，定于近日全面复业。"

三、编制公共关系广告的技巧

广告是复杂的多层面的商业文化活动，它的直接对象是人。而作为体现"一切社会关系"的本性的人，其生存环境、生存状态、生活方式、传统习惯和风俗等，必然会在广告活动中产生影响。中国历史悠久，人口众多，地域辽阔，与世界其他国家相比有强烈的民族文化特征，国内不同地域之间也有明显的地域文化特征。

有计划、有步骤地编制公共关系广告，有利于提高旅游公共关系广告的效果。

（一）公共关系广告编制原则

1. 目的明确，实事求是

应明晰广告目的是巩固还是改善组织形象，或是与公众沟通。同时须以事实为依据，要按照客观事实的本来面目宣传，不能因追求完美而无中生有，否则宣传效果会适得其反。

2. 立意深刻，构思新颖

广告的形式、内容、风格应别出心裁，求新求异，切忌老套、雷同。例如，美国纽约斯戴拉饭店的广告语"除了人情味，这里没有丝毫旧的东西"，服务风格呼之欲出。

3. 文字简练，避免商迹

一般来说，人们对广告的记忆是在无意中形成的，所以广告文字应简练得体，以使受众容易记住。文字的表达要力求避免过重的商业化痕迹，要突出公共关系广告的特色。例如，某个大饭店的广告："找一天，我们温习浪漫！"

4. 攻心为上，生动有趣

设法洞悉公众心理，适当选择能吸引公众兴趣和注意的表现形式，如凯撒饭店的广告："把噪音和空气污染留在都市，到凯撒享受几天的清静！把单调和枯燥留给工作，到凯撒再加点色彩！"

【案例】

香格里拉推出全新形象广告：世外桃源，梦幻成真

为了树立一个与众不同的品牌形象，香格里拉酒店集团曾耗资数百万美元推出新广告。公共关系广告宣传按公众—组织—产品的模式进行，它先着力于让公众了解组织的整体形象、风格特征，在感情上认同并喜爱组织，继而再接受组织的产品。香格里拉饭店推出的公关新广告便是其中的典范之一。该广告一改饭店广告的传统模式，树立了一个与众不同的品牌形象，准确地体现了香格里拉亚洲豪华饭店服务典范的定位。众所周知，"香格里拉"一词源于詹姆斯·希尔顿的小说《消失的地平线》，广告将小说中体现的安详宁静以及亚洲殷勤待客之道与当今繁重的商务旅行压力相对照，选取了一系列突出的视觉形象，将缺憾、陌生、有距离感的旅行与香格里拉充满活力的温暖、舒适、熟悉并置，并推出新的广告词"世外桃源，梦幻成真"，这一全新广告以其轻松休闲的主题告诉公众选择香格里拉是解决旅行问题的最佳方案。这一定位正好诠释了以往的形象广告词，即为什么"必然是香格里拉"。

（二）公共关系广告编制程序技巧

1. 规划广告任务，明确广告目标

旅游公关广告程序设计应明确任务，并根据广告的性质确立广告目标。如介绍性公关广告，主要用于新产品投入阶段和新形象传播阶段，其目的是启动市场需求，占领消费者的认知空间；在产品的成长期，说服性公关广告尤其重要，目的是引导消费者建立品牌偏好；提示性公关广告一般用于产品的成熟阶段，目的是保持消费者对组织产品的记忆。例如，登载在行业杂志上的某著名旅游景点的风光相片，既非介绍性广告，亦非说明性广告，只是为了提醒人们不要忘记这一亮丽的风景线，故属于提示性公关广告。

2. 根据目标公众选择广告媒介

公关广告选择媒介的主要依据，一是向目标公众传播次数的多少，二是所需成本的高低。例如，针对青少年受众的年龄及其接受习惯，选择广播和电视作为广告媒介最为有效；旅游新产品信息广告最好利用标牌、报纸，或专门的电视节目等媒介。另外，选择媒介须量力而行，可根据广告目标来选定媒介，尽量节省成本；但从目标效果分析，当需要采用电子媒介时，也不可过分吝惜。

3. 按最佳效果进行广告设计

公关广告不能面面俱到，要围绕一两个特征做广告设计，重点突出才能取得最佳广告效应。另外，生动、具吸引力的广告的插图与照片也可以吸引公众的关注，直观、形象地展示所要宣传的内容，是广告文字的补充，请予以重视。

4. 编制广告预算，检测广告效果

为有效达成广告目标，节约资金，必须事先编制好广告预算。同时，为了解公关广告是否达到预期目标，在广告播发后还须进行效果检测。

【案例】

如何决定海外广告计划和创意设计

一般来讲，饭店海外广告计划和广告创意设计通常应依据下列因素决定：

（1）客源地的分布情况。主要客源地分到的广告金额、媒体和播发频度应占较大比例。

（2）饭店市场推广的策略。若饭店想在某地区对某类客人加大推广力度，则广告也须向此类客人阅读的媒体倾斜。

（3）客人成分的比例构成。商务客人、观光团队的比例决定广告种类和广告在总预算中所占的比例。

AH饭店九成以上的客人来自海外，故指定了一家海外广告公司M做总代理，负责操作AH饭店的全部海外广告事宜。该饭店新上任的公关部经理获公关销售总监指示，尽快研究并提出下年度广告计划，预算总额与今年仍一样。公关部经理立即发出传真告诉M公司，AH饭店下年度海外广告总预算（包括代理费和创意制作费）仍为20万美元，要求M公司据此尽快提出下一年度全年广告刊出计划及相应的广告创意设计。M公司很快回电，请AH饭店确认是否与今年一样需做5种广告，即饭店形象广告、商务消费广告、旅游行业广告、会议宴会广告、特惠价广告。AH饭店公关部经理查阅了今年的海外广告档案，发现今年也是这5种广告，立即回复确认这5种广告。

一周后，M公司传来5种广告在海外媒体上的全年广告计划及5种广告创意设计草稿。公关部经理审核了广告计划和设计草案并与今年的广告计划做比较，发现二者差异不大，然后又向销售部、财务部、工程部核查，发现下一年饭店也没有新的装修改造计划。因此，她认为下一年的市场推广重点应该与今年一样，进而推断M公司传来的计划是可行的，广告创意设计也应该与今年相似，此计划和广告创意只需做一些小的调整便可获管理层批准。基于这种想法，公关部经理坦然地向公关销售总监汇报，未想到公关销售总监向她指出两个方面问题：一是AH饭店的传统客源地现在发生金融风暴，明年最多只能从该地区获得20%的客源（原可获取40%以上的客源）；二是主要客源地客源下降，不仅要吸引豪华宾客，也要设法吸引一些普通商务客人。因而，此广告计划需要调整，不予批准。

此案例中，公关部经理的问题表现在：一是获得公关销售总监指示后未做仔细思考，在还不了解公关销售总监指示的全部含义以及不确定所传达的信息量是否足够时，就匆匆发出传真，造成M公司发回要确认的传真；二是广告计划的制订仅仅依据没有装修改造计划就提出与上一年度一样的广告形式；三是其对饭店所处的市场状况和形势没有透彻地了解和分析。

本案例中，公关销售总监向公关部经理提出的第一个问题是，AH饭店的传统客源地现在发生了金融风暴，过去从该地区可获取40%以上的客源，明年最多只能从该地区获得20%左右的客源；如果明年本饭店仍按与今年一样的预算比例和媒体分布状况刊出广告，将难以发挥广告的作用，也不能将客源比例向上拉动。因此，须将广告计划中在该地区的预算下调，应将在该地区的广告削减50%，只做一些形象广告，达到告知人们AH饭店的目的即可。第二个问题是，既然主要客源地发生萎缩，就要开发新的客源，如开辟未受金融风暴影响地区的新的客源，既要像今年一样吸引豪华档宾客，也要设法吸引一些普通商务散客等，这表明AH饭店的市场策略发生了变化，不再单纯将市场推广重点放在豪华宾客上。这就要求改变广告创意设计，因为各地的人和不同消费档次的人对广告设计的认知程度是有差异的，此时公关部经理应要求M公司创意的广告设计，要符合新客源的口味。此外，鉴于市场已发生剧烈变化，AH饭店必须加大团队所占比例方能保持所占的市场份额，因而在制订广告计划时要加大旅游团广告的力度，故公关部经理须要求M公司在媒体的选择和频度上要有所侧重。

（资料来源于厦门昕锐社传媒科技有限公司）

总之，旅游组织公共关系人员须以市场状况为基础，以组织的目标和广告理论及实际工作中所获得的经验为依据，在与各有关部门充分沟通的情况下，制订正确和可行的广告计划草案和广告创意设计，切忌照猫画虎，知其然而不知其所以然，照搬过去的计划和设计，否则不仅无济于事，还会造成更大浪费。

本章小结

塑造旅游组织形象是旅游公共关系工作的核心，CIS和TDIS与旅游组织的形象定位、传播、推广密不可分，作用巨大。旅游公共关系宣传能极大地影响并引导公众的感受、态度与行为，是促进公众对组织了解和信任的重要手段，旅游公共关系人员尤其要利用好新闻宣传、广告宣传与印刷品宣传等手段，掌握各种公共关系宣传的方法与技巧。

思考与练习

1. 简述旅游组织形象的含义和特点。
2. 旅游组织知名度和美誉度的概念有何区别？
3. 简述旅游组织设计的要求。
4. 什么是CIS和TDIS？
5. 简述新闻的特点与新闻稿制备的过程。
6. 编制公关广告都有哪些技巧？
7. 以小组为单位进行一次广告设计大赛，制订详细的公关广告计划与步骤，要以适合处理旅游组织公共关系作为广告设计的准则。

8. 请找一篇多家网站都转载过的有图片的旅游公共关系新闻，比较多家网站对同一篇新闻中的图片的选择与编辑情况，评价各自的优劣。如果是你来编辑，你会怎么编辑？试编辑之，并在小组讨论中相互交流。

拓展阅读

1. 中国旅游研究院. 2021 年旅游经济运行分析与 2022 年发展预测（中国旅游经济蓝皮书 No.14）[N]. 中国旅游报，2022-01-12.

2. 陈雅，丁旻，陆青霜. 公共关系实务[M]. 北京：清华大学出版社，2022.

第七章 旅游公共关系工作实务与工作技巧

📖 学习重点

- 旅游公共关系日常工作实务
- 旅游组织开展大型活动的技巧
- 公关谈判技巧

中国旅游研究院出游意愿专项调查数据显示，2022 年第一季度居民旅游意愿为 85.32%，同比增长 3.15%。这意味着旅游需求的基本面还在，并稳步恢复至新冠肺炎疫情前水平。受流动性管控政策影响，近程游与本地游需求进一步增长。从搜索量、预订量、关注度等先行指标来看，高品质的微旅行、宅度假和文化消费需求将得到进一步释放，高频低价仍是主流需求。近程游、散客游、休闲游、体验游成为主体，研学、自驾、旅游专列、宿营等产品需求旺盛。旅游公共关系日常实务也应该与时俱进，其中包括举办社会赞助、参观活动、展览会、庆典礼仪或公众联谊会等活动。为有效达成公共关系工作目标，公共关系人员应具备策划、组织大型公共关系活动以及开展公关谈判等专业技能与工作技巧。本章将分别阐述以上各项公关实务工作的基本要求、技能与技巧。

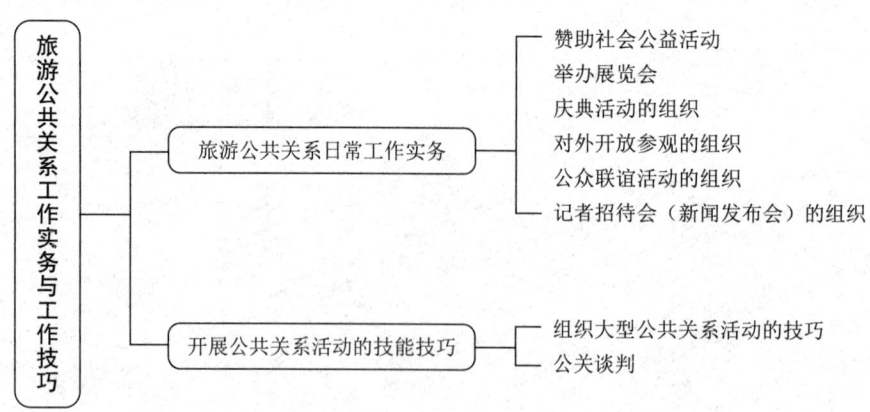

第一节　旅游公共关系日常工作实务

旅游公共关系各项活动的成功举办，都要依赖公关人员对各项工作的基本特点、基本要求和具体工作技巧的掌握程度。

一、赞助社会公益活动

中共中央总书记、国家主席、中央军委主席习近平在北京主持召开教育文化卫生体育领域专家代表座谈会并发表重要讲话，强调指出："文化产业和旅游产业密不可分，要坚持以文塑旅、以旅彰文，推动文化和旅游融合发展，让人们在领略自然之美中感悟文化之美、陶冶心灵之美。"旅游组织作为一个社会单位，不仅要考虑经济效益，还要注重社会效益与环境效益。对各种社会公益活动提供赞助，是旅游组织搞好政府关系以及社区关系的有效途径，也是宣传组织社会责任感的重要手段。

（一）赞助活动的意义

1. 赢得良好的社会效益

赞助公益事业、解危济困是每个社会成员的责任和义务。赞助活动体现了旅游组织履行社会责任和义务的积极态度。

2. 赢得公众的信赖和支持

旅游组织开展赞助活动可以使广大公众在参加社会活动时潜移默化地接受旅游组织的相关信息，增加对旅游组织的了解，提升美誉度。

3. 赢得广泛的知名度

赞助活动往往会引起媒介的注意，使之加大对旅游组织的宣传报道，从而扩大组织的影响力，提高知名度。

（二）赞助活动的类型

根据不同的公关目标，旅游组织可以开展各种形式的赞助活动：

（1）慈善捐赠活动，为社会福利事业做贡献。
（2）赞助举办各种文化、体育、艺术、教育等活动，扩大组织的社会影响。
（3）免费邀请公众参加各种庆典活动、联欢会、招待会、舞会、宴会、演讲会、研讨会等，促进与社会各界的沟通。

（三）赞助活动的实施过程

实施赞助活动要制订周密的计划，步骤如下：

（1）确定一个明确的主题或一个令人耳目一新的口号。这个主题或口号既要体现旅游组织的特定理念，又要能引起公众的广泛兴趣。

（2）专门组建一支精干的筹备队伍，既分工又合作，以充分展示组织的实力。

（3）进行赞助研究。事前对赞助对象与本组织的关系、赞助要求及赞助效果等问题进行研究，以使组织、公众和社会在赞助中达成三赢。

（4）制订赞助计划。包括赞助对象的范围、数量，赞助经费预算，赞助方式步骤及赞助宗旨等。要合理安排活动预算，根据交通条件和参加人数决定活动的时间、地点及规模。赞助计划须经仔细审核与评议，确保达成预期效果。

（5）选择赞助手段。要灵活运用各种公关宣传手段，有效扩大企业的社会影响。

（6）事先与新闻界取得联系，为相关媒介提供新闻稿，做好记者接待和采访配合工作。

（7）进行赞助效果的评估。将赞助结果与计划对照，考察预定指标的完成情况，并找出各自的原因，为今后的赞助活动提供参考依据。

（四）赞助活动的注意事项

1. 量力而为，拒绝"摊派"歪风

社会赞助是一种自愿履行社会责任和义务的表现，因而旅游组织拥有选择赞助的权利，不必满足所有赞助要求。遇到不必赞助或明显没有社会效益的情况，要坦率相告，解释原因；对难以负担的赞助请求，亦要坦诚表明自己的难处，婉转地要求减少赞助或表示不宜参与赞助；遇上无理纠缠者，必须坚决用法律来保护自己的权益。

2. 充分利用机会大力宣传

进行赞助后，要尽量利用赞助活动，充分运用媒体或公众"曝光"的时机着力传递组织信息，大力宣传自己。

3. 提高赞助的效率和质量

旅游组织可以出面调集多方资金，设立基金会，单独或联合向社会公益事业提供稳定的长期资助，取得长期的社会效益。另外，在赞助活动仪式举行时，旅游组织可以邀请与自己有密切联系的新闻媒介记者出席仪式，以利于组织信息传播达到最佳效果。

4. 严格财务审计制度，控制赞助的预算

要严格执行财务制度，以免资金被挪作他用，或被私人非法侵吞，组织必须严格控制赞助的预算，防止超支。组织还要注意保留一部分机动款项，以解决临时活动之用。

二、举办展览会

展览会是旅游组织通过实物、文字、图片图表、音像等形式来展现组织成就、风貌、特征，推介产品或服务的一种公共关系专题活动。该种传播方式直观、形象、生动,通过与公众面对面的沟通,及时搜集反馈信息、扩大组织影响力,比一般的文字和口头宣传更具吸引力和效果,是旅游组织开拓新市场、吸引新客户的最好的公共关系媒介之一。

成功的展览能进一步影响舆论。一方面,展览会的盛况往往会吸引新闻媒介采访,使之成为新闻舆论的热点;另一方面,通过参加者中心圈进一步扩散,可以使展览会的影响传达到社会更大范围。

(一)展览会的类型

1. 综合性展览会

该类展览全面介绍一个地区或一个社会组织的情况,既要求内容有一定的整体性和概括性,又要求重点突出,给参观者留下全面而深刻的印象。如"某某旅行社某某周年回顾展""某某饭店创业史"等展览。

2. 专题性展览会

这是围绕一个主题或一项专题举办的展览活动,要求主题鲜明,内容集中、深刻,能集中显示出旅游组织某些经营特色和成就。如"秋季美食节""厨师技艺展评活动"等。

3. 商品展销会

这类展览商业味较浓,既展且销。具体做法是为展销的商品分类设立专柜,标明生产单位,让公众在评比中选购。饭店或景点内的商场可定期或不定期地举办商品展销会。

4. 博览会

这是大型的展览会,如"中国食品博览会""国际旅游博览会"等。各类旅游组织经常参加这类博览会,有利于提高自身的知名度和扩大社会影响。

5. 名城街

名城街是指具有重要的历史文物价值的历史城街,是重要的旅游地点,也是开放的城街博览。如"翠亨村""老街"等。

【案例】

西班牙的古堡饭店

每个人的心里都有一个城堡梦……公主、王子、骑士?还是会骑着扫把飞的女巫呢?在西班牙,政府成立了一个"古堡酒店联盟",住在古堡里面仿佛来到了《堂吉诃德》的年代。那一座座奢华复古的城堡或是一幢幢庄严肃穆的修道院,都能满足你的古堡梦。西班牙政府对历史文化遗产的保护非常重视,针对境内古堡很多,而政府又不可能拿出足够的维护费用的状况,20世纪初西班牙政府专门制定了一系列政策,把各地值得保护的一些古堡专门委托给一家公司统一开发经营,政府给予相应的补贴。

这家公司根据市场情况，把古堡统一开发成了古堡饭店，较好地做到了保护与效益的有机统一。例如其中的一家位于塞维利亚的四星级古堡饭店，傲立于市中心的一个小山头上，从饭店可以俯瞰塞维利亚的城市全貌，饭店内部古色古香，很有历史文化遗产的特殊味道。又如西班牙南部安达卢西亚地区有个地方叫哈恩，这个地方更为知名是因为它是中国台湾作家三毛的爱人荷西的故乡。不知道是不是因为三毛和荷西的美好爱情让哈恩这个地方带上了传奇色彩。这座城堡就坐落在圣卡塔利娜山顶，至今保留着巨大的石墙和饱经沧桑的历史之感，也为游客提供高品质的住宿。挑高的拱形房顶、中世纪复古的华丽瓷砖、阿拉伯风格的古典家具，穿行在 Parador Jaén 酒店内，仿佛来到了欧洲18世纪。这家酒店的13号房间，曾经住过法国著名政治家、作家夏尔·戴高乐，他在这里完成了回忆录的一部分内容。通过对历史文化遗产的保护，西班牙百余家的古堡饭店也就成了西班牙饭店业的一个特殊的品牌，成为饭店中的另一道风景。古堡饭店吸引了不少旅游者，无形中促进了西班牙旅游业的可持续发展。

6. 陈列室

陈列室是小型的展览会，可较为稳定地展示旅游组织的发展过程和荣誉成就。

7. 橱窗

橱窗展览属微型展览，有产品橱窗或宣传橱窗两种形式。产品橱窗是为配合营销而设置的，被称为"门面""广告"，起到吸引顾客、引导消费的作用。宣传橱窗则为组织进行社会宣传而设立，如公益性的"交通安全展览""服务介绍一览"等。

（二）展览会的组织

展览会是大型的综合性公关活动，一般需要大量人、财、物和时间的密切配合，必须周详而审慎地组织与实施。

1. 调查和评估

为防止费用开支过大、得不偿失，或因准备不足而起不到预期的作用，旅游组织必须事前对举办展览会或参加展览会进行可行性研究。

2. 制订展览活动的主题和计划

举办任何类型的展览活动，首先应明确展览活动的最终目的和主题，拟订详细的计划，并据此确定具体内容、形式和传播方法。

3. 构思展览基本框架

展览会的组织者要根据展览主题、类型等要求，构思展览会总体规划及每个展位的布置，由专人负责撰写展览脚本，并设计会标、主题广告，划分展览各部分内容，使之和谐衔接。

4. 明确展览类型，确定参展项目和参展单位

要根据展览主题，选择适当的展览类型，确定参展项目和单位，通常用广告和邀请信等形式向可能参展的社会组织讲明展览的宗旨、类型、要求、时间及费用等。

5. 明确目标公众的类型

对展览的目标公众做好事前预测分析，包括其层次、数量及其需求特点，有针对性地准备展览会的内容，确定传播形式、接待规格和收费标准，力求将展览会的信息传播至特定公众。如参观者对展出项目有较深的了解和研究，要准备较为专业化和详细深入的介绍资料；对于一般的参观者，则应采用通俗易懂的语言，进行普及性的宣传。

6. 确定展览时间和地点

选择展览会的时间时，应遵守季节性和时间性等限制因素。地点的选择主要考虑展览的主题、交通是否便利、环境是否适合、辅助设施是否配套、安全保护系统是否有效等。

7. 做出合理的费用预算

展览会的费用预算项目一般包括以下几个方面：①场地费用；②设计、陈列、装修费用；③工作人员劳务费用；④运输费用和保险费用；⑤宣传费用和广告费用；⑥交际接待费用等。

8. 做好展览活动的宣传工作

成立专门的新闻发布机构，负责与新闻界进行联系的一切事宜，积极为新闻媒介提供有价值的新闻稿，安排记者采访、召开记者招待会、播发广告、派发宣传资料等，扩大展览会的影响。

9. 展厅（室）布置

围绕展览主题，认真选择展品，精心布置陈列，既可进行统一装修布置，也可以由参展单位自行组织符合标准的装修以体现个性。合理配置展品，使之突出展览会的主题，避免用脱离主题的过分装饰、音响刺激等，去分散参观者对展品的注意力。还应该筹划好电源、电话、照明、音响、影像等辅助设施，并提供相应的文书、邮政、检验、交通运输、住宿等相关服务。

10. 策划和组织开幕仪式

为赢取生动活泼、新颖别致之效，一般大、中型的展览活动往往举行别开生面的开幕式或剪彩仪式，邀请有关知名人士出席，安排有关文艺团队助兴等，以活跃展览会的气氛，吸引更多公众前往参观，具体应拟定典礼仪式的内容、程序以及助兴节目，等等。

11. 充分准备

旅游组织在参加展览前，要印制好参展需要的宣传资料，包括景点介绍、公司简介、旅游线路（或其他产品）。要在展销会签名处索取参展者名册、买家名录等展览会资料，提早准备正式商务信件，发给潜在公众，邀请他们在展销会期间光临洽谈。还要选择好重点招徕的目标商，研究其需求结构、可能承受的价格水平、可能面对的其他竞争者的压力，制定出适当策略。

12. 培训工作人员

对展览会工作人员包括讲解员、接待员、服务员等进行展览专业知识、传播沟通能力、礼仪规范等方面的培训，以保证展览会的质量。

13. 提供良好的接待服务

在展览会举办过程中，参展人员要注意行为举止和穿着形象，坚守展台，负责提供业务、产品方面的咨询服务。在接待参观展览者时，不要用"雷达式"目光进行扫描，要认真倾听公众的意见，搜集信息，尽快判断出参观者的意向，实现与参观者的良好沟通。对其提出的有关旅游业务或其他类似产品问题，不能立即回答的，要向对方致歉，并送上小礼物，应设法留下对方的联系方式，以便以后答复。

14. 做好后续工作

展览会结束后，应趁热打铁地做好公众追踪工作，积极拜会新旧公众，解决在展览会期间来不及处理的问题。另外，还应及时整理参展时进行的调查，将同行组织的产品行情，推销手法，不同年龄、性别职业者的不同旅游需求等最新信息整理出来，反馈通报组织，应用到组织的营销策略及产品开发上面。

三、庆典活动的组织

庆典活动是旅游组织在重要节日或因自身重大事件而举行庆祝的一种公共关系专题活动。鉴于庆典活动具有特殊性和隆重性，能引起公众较广泛的关注，因此，旅游组织应经常利用庆典活动以达到扩大知名度、提高美誉度的目的。

（一）庆典活动的类型

庆典活动的范围较广、形式也很多。概括起来有以下类型：

1. 开业庆典

开业庆典是旅游组织的首次亮相活动，往往给公众留下深刻的印象。这"第一印象"体现了组织领导人和公关人员的组织能力、社交水平及综合素质，经常成为公众取舍亲疏的重要标准。旅游公关人员务必要精心安排好"第一次"的活动，让社会公众知晓本组织，从而为旅游组织的产品或服务顺利进入市场铺平道路。

2. 周年纪念庆典

周年纪念庆典是旅游组织向各界公众宣传自己的发展、成就和社会贡献，提高公众的信任感和组织声望的一种公众沟通活动。

3. 庆功典礼

庆功典礼是指旅游组织为强化并扩大在公众中既有的良好形象而组织的一种庆典活动。其目的在于创造新闻价值，进一步吸引传播媒介与公众的注意。

4. 节日庆典

旅游组织可以利用国际旅游日以及春节、儿童节、国庆节、圣诞节等一些重要的节日举办各种联谊活动，如大型游园、团拜会、嘉奖会等，借助喜庆和热烈的气氛渲染组织形象，融洽各种公众关系。

5. 重大活动庆典

旅游组织借助其所在社区的体育、文艺团体在重大比赛中获奖等契机，开展庆典活动，必能被社会各界所关注，收到良好的公关效果。

（二）庆典活动的意义

旅游公共关系心理学研究表明，利用旅游组织的庆典和节日之际开展丰富多彩的公共关系活动，可以吸引公众注意力，增进公众对旅游组织的了解，塑造旅游组织良好形象，是旅游组织扩大社会影响力的极好机会。庆典活动虽然不是直接为促销服务的，但却有深远的意义。

1. 引力效应

旅游组织日常的活动，无论如何优秀也不一定为大部分外界公众所注意。适时举办庆典活动，可以为旅游组织制造声势，吸引外界公众的注意力。

2. 实力效应

通过举行一次大型庆典活动，旅游组织无形中向外界展现了人、财、物、信息资源等方面的强大实力，可以增强外界公众对旅游组织的信任感，强化公众与旅游组织交往的欲望。

3. 合力效应

通过开展庆典活动，可以增加旅游组织内部公众——股东、员工的自豪感，增强旅游组织的凝聚力和向心力，从而更有效地形成旅游组织发展的支持力和强大合力。

（三）庆典活动的组织

旅游组织的庆典活动要开展得有声有色，引起公众的广泛注意，应做好多方面的组织工作。

1. 策划庆典活动

成功的公关策划实际上就是具有创意的策划。美国广告大师詹姆斯·韦伯·扬对"创意"的经典定义是从意大利人巴瑞多的著作中摘录的一句话——"旧的元素的新的组合"，即庆典活动策划要"新""奇""特"，但同时须避免忽视公众的心理承受力，不能引起公众的反感。因此，庆典活动的具体形式应尽可能地新颖、独特、不落俗套，以激起广大公众，尤其是新闻媒介的兴趣，引发大范围的新闻报道，赢得公众的好感。公关人员在进行策划时，要富于想象，大胆创新，独辟蹊径，方能收到出奇制胜的效果。

【案例】

"开漆大典"

长岛铁路公司是美国铁路运输系统中仍然使用原始名称的最老的一个系统。其实这个公司原来的知名度并不高，为了提高自己的声望值，他们总是想找机会宣传一下自己。花钱做广告当然是一个最简捷的途径，但是费用大，效果也不一定能达到预期目的。怎么能想办法利用一下新闻媒介，吃一次免费午餐呢？经过公司高层的一番策划，他们决定创造机遇，做一次免费的广告。

长岛铁路公司沿线的车站因为多年的亏欠，各种设施已经显得有些陈旧，乘客和周边居民都对这些脏乱差有所不满。于是公司决定对沿线一百多个火车站进行一次大规模的油饰。按照道理来讲，这本来是一件极其简单的事情，只要制订一个简单的计划，然后再请一批油漆工就可以顺利地完成。但是，长岛铁路公司并没有简单地处理这个事儿。他们先是在沿线各站和附近的居民区张贴启事征求意见，大意就是：铁路是为大家服务的，车站漆成什么颜色，应由公众自己来决定；公司希望经常乘坐长岛铁路公司列车的乘客和铁路沿线的居民来投票，选择大家心目中车站理想的颜色。一时间，很多乘客和居民纷纷踊跃响应、来函，争先恐后地发表对车站的颜色的意见。长岛铁路公司的这一做法，很快引起了当地新闻界以及各大媒体的注意，各新闻媒体纷纷采访并报道。经过一段时间的前期准备工作后，长岛铁路公司认为时机已成熟，便在中心车站举行了一个隆重而热烈的"开漆大典"，当众宣布投票选择的结果，并正式开漆。"开漆大典"这一天终于到来了，中心车站的站前广场上万众聚集，政府要员和工商界人士及诸多社会名流也应邀到场。在一片热闹的鼓乐声和欢呼声中，广场中心的帷幕被慢慢拉开，一块涂成绿色的木板被抬了出来——这就是经过精挑细选最后选定的颜色。随后，一桶绿颜色的油漆被抬了出来，当地的一位德高望重的老人，第一个拿起漆刷，在中心车站的墙上刷下了浓重的第一笔。

如此隆重而富有创意的"开漆大典"，引起了方方面面的关注，因为有各大媒体的介入，产生了意想不到的结果。后来，长岛公司还装修了车厢，增设了空调车，调整了火车行车时间，让乘客出行更方便、更加舒适。为了更好地服务于公众，公司又以诚实的态度对待差错，邀请社会各界人士提意见找差错，使得公司的服务质量又上了一个新台阶，也使公众对他们的态度发生了很大变化。长岛铁路公司还曾为此荣获《公共关系新闻》杂志颁发的"年度成就奖"。从这个意义上可以说，公众对组织形象的评价具有权威性。长岛铁路公司把乘客奉为上帝，尊重民意，服务质量上的名声也不胫而走，从而使公司的知名度得到了广泛的提升。

一般来说，举行新饭店开业典礼仪式，仅仅邀请政要出席剪彩，会给人俗套、平庸的感觉与印象，但新颖的开业典礼的策划会起到极佳的效果。例如，跳伞运动员拖着几股五颜六色的烟雾，从2500米的高空，徐徐降落在饭店的门前空地，然后将一把钥匙交给特邀主宾，打开饭店前门；在新开业的机场饭店，由分别来自不同航空公司的空中小姐把从地球上不同海域里取来的水倒入饭店的游泳池的情景，通过新闻记者的摄影镜头出现在这几家航空公司分别主办的杂志、报刊上，自然会起到很好的传播效果。另外，别出心裁地将饭店大门钥匙扔掉则可表明饭店的大门将不分昼夜地向疲倦的游人敞开,独具深意:在新开辟的度假饭店开业仪式上,将饭店大门的钥匙系在一个高尔夫球上,由主礼嘉宾用球杆将球打进附近的树林;或者在湖滨饭店的开业仪式上,把一条身上系着钥匙的鲤鱼扔进湖里;或者特邀主宾将钥匙投入一只钢鼓,紧接着钢鼓里喷发出一股烟雾,表明钥匙随着"原子"爆炸而销声匿迹……均是创意之举,值得借鉴。

2. 邀请庆典来宾

庆典活动应邀请有关的政府官员、主管部门的领导、知名人士、新闻记者、股东代表、社团代表、同行业代表、合作伙伴、客户代表、社区公众代表等前来参加。一般要提前半个月将请柬发到来宾手中,以便他们安排日程。旅游组织公关部经理应亲自登门邀请重要人物以示尊敬和重视。同时应提前半个月将有关庆典的信息告知社会公众。

3. 制订庆典计划

庆典活动一般比较盛大,需要制订详尽明晰的活动计划来明确职责分工,指导各部门密切配合,按照活动程序,将任务落实到人,以便检查。

4. 把握时机,明确举办庆典的时间

庆典活动是一种技巧性很高的公共关系专题活动,要有计划地把庆典活动纳入组织的整体公共关系计划。切忌想起一事办一事,遇到一节庆祝一节,应在调查研究的基础上,抓住时机,尽可能使活动与旅游市场开拓、与旅游组织的形象塑造相结合。

5. 确定庆典活动程序

庆典活动一般有下述几个程序:主持人宣布庆典开始;介绍重要来宾;组织领导和重要来宾讲话;安排剪彩、奠基、颁奖或参观、座谈、宴会、晚会等活动。活动间歇可请重要来宾留言、题字、进行文艺表演等。

6. 编写宣传材料和新闻通稿

新闻媒介对旅游组织庆典的反应,是衡量活动成功与否、旅游组织形象能否树立的标志,因此,必须事先组织编写、审定、印刷宣传材料以及有关庆典的新闻通稿,供记者发稿时参考引用。

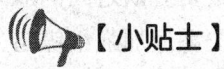【小贴士】

新闻通稿的写作技巧

紧紧围绕旅游这一中心收集新闻素材。例如在撰写某一旅游景点的消息新闻稿时,其收集素材的重点在于旅游自身的真实情况,突出它与众不同之处,既要引起公众的注意,又不能误导公众。

注意专业性及普及性的结合。旅游公关新闻通稿是面向广大公众的,只有达到普及性的要求公关新闻稿的作用才能得到发挥。

写好导语,运用合理的写作结构。导语是新闻消息的精华和灵魂,导语的写作无一定格式,但要抓住文章的要害和核心。新闻消息写作结构主要分导语、主体和结尾等部分。

(资料来源:张舒哲.导游口语技巧[M].北京:旅游教育出版社,2006.)

7. 设计宣传品、纪念品

利用庆典之机,把组织的业绩向外界传播,加深公众对组织的了解。上海锦江饭店在开业35周年前夕,精心印制了大量公共关系宣传品,如《店庆35周年纪念画册》《锦江指南》《锦江菜谱》等,通过这些公共关系传播活动,锦江宾馆誉满海内外。

8. 选择助兴节目

为营造热烈欢快的气氛,可以在庆典活动中安排诸如奏乐、燃放烟花,举行酒会、文艺演出、歌舞会、戏剧和电影招待会,或者安排一些必要的即兴节目,如锣鼓、舞狮、歌舞、礼花鞭炮等。最好由组织员工表演节目,必要时也可邀请外单位的人前来助兴。

9. 做好庆典活动接待工作

庆典开始之前,公共关系人员要事先了解来宾的身份、人数,做好迎送准备工作。负责签到、接待、剪彩以及摄影、录像、留言、食宿等环节的工作人员,应及时到达指定岗位,按照典礼程序分工协作。要分别设置贵宾、来宾休息室、新闻记者休息室(采访室)等。组织高层领导人亲自接待重要来宾以示重视和礼貌。还应准备好庆典现场的电源、灯光音响、录像录音、横幅、会场气氛布置等。另外,还要做好安全保卫、医疗保障、文秘配合、交通食宿以及应急方案等工作。

10. 收集信息反馈,争取新闻报道

典礼结束后,以组织来宾参观或召开小型座谈会或设置留言簿的方式,广泛征求宾客的意见和建议,做好总结及资料存档工作。公共关系人员利用典礼现场的各种机会来创造具有新闻价值的"事件",扩大活动的社会传播面和影响面。

四、对外开放参观的组织

开放参观是一种团体专项公关活动,旨在增进旅游组织与某类重要公众之间的双向了解;消除某些公众对组织的一些偏见和误解;亲善社区与邻里关系,加强组织与公众的联系。

开放参观的筹备工作貌似简单,实际却需耗费很多精力与时间,顾及许多细节问题,否则难以取得良好的公关效果。具体程序如下:

1. 合理安排好参观活动的时间

尽量避开假期,最好安排在一些特殊的日子,如庆祝组织周年纪念、逢年过节等。同时还要考虑天气的变化,如晚春或早秋通常较为理想。

2. 精心准备好宣传品或纪念品

为使参观活动的效果持久,可向参观者赠送宣传小册子,上面记载参观的程序以及有关组织的资料，这些小册子还可以转送给有兴趣但无法亲自参观的人；或者在参观之前先放映电影或幻灯片，帮助参观者了解组织的主要概况。另外，还可以设计、制作一些具有纪念意义的小礼品或小工艺品（铭刻有组织标志），强化公众对组织的印象，增强宣传效果。

3. 做好相应的接待与服务工作

例如，如果邀请的对象是儿童，则要准备些点心、合适的休息场所或适当的玩乐环节等。如果邀请的客人年龄较大，还要考虑医疗保障、餐饮，以及休息安排是否符合年龄特点等。

4. 高度重视安全问题

要确保设施设备与消防安全、参观者人身与财物安全、组织内（如饭店住客）的信息不外泄、组织内部经营管理诀窍的保密等安全细节。如参观者提出特殊要求，应先和有关人员仔细商讨后再作答复，以免妨碍正常工作或发生安全问题。

五、公众联谊活动的组织

公众联谊活动是旅游组织为增进与公众之间的联系和友谊，邀请一些特定公众对象参与各类联欢的一种公共关系专题活动。联谊活动特有的友好、欢乐、活跃气氛，最容易使组织与公众之间产生特别的好感，极好地维系密切、融洽的关系，效果明显。

（一）公众联谊活动的形式

联谊活动的形式多种多样，主要有联欢会、茶话会、联谊会、交谊舞会、文艺演出、电影招待会等。

（二）公众联谊活动的组织

公众联谊活动的组织包括以下事项：①明确活动目的，根据目的确定活动类型和组织形式。②确定联谊层次。③提出预算。根据经费来源积极筹备，保障经费供给。④确定活动的时间、地点和场所。⑤安排活动程序，每项工作的准备要落实并由专人负责。⑥布置活动场地，安排专人接待，应付各种意外情况，确保活动按计划完成。⑦准备必要的宣传制品或纪念品。⑧收集、统计、分析、归纳公众反馈的信息。⑨做好总结和资料存档工作。

六、记者招待会（新闻发布会）的组织

记者招待会是新闻传播的一种重要方式。通过召开记者招待会，可以展示组织的重大发展，推广新产品、新服务，提高组织知名度，或者就公众的误会进行解释，取得公众的谅解和支持。

新闻发布会是旅游组织召集新闻记者、政府官员、社区公众等，由新闻发言人代表旅游组织传递企业宗旨、阐述企业意愿、发布某种消息、接受提问并回答问题的一

种特殊会议。旅游组织要创造条件尽可能满足记者的业务工作要求，以借助新闻报道，达到公共关系宣传的目的。

（一）记者招待会（新闻发布会）的特点

记者招待会（新闻发布会）作为旅游公共关系专题活动的内容之一，具有以下特点：

1. 隆重正规、筹备充分

相对公共关系活动中的其他项目而言，记者招待会（新闻发布会）的形式不仅比较正规，而且规格档次较高。成功的记者招待会（新闻发布会）需要较长时间的策划、筹备和布置，除专业记者参加外，还要邀请新闻界负责人、部门主管、各协作单位代表及政府官员参加。

2. 沟通活跃、互动交流

在会上除了组织向记者发布信息外，记者也可就自己感兴趣的问题，从各自的角度进行采访，记者之间也可相互激发灵感，深层次挖掘消息，使会场气氛轻松默契，更富有人情味，更利于增进旅游组织与新闻界的沟通，促进双方的合作。

3. 方式优越、传播迅速

记者招待会（新闻发布会）发布的信息将会统一经各大众传媒迅速地扩散给部分社会公众，避免了单独采用其他的新闻传播方式（如报纸、广播、电视）时因媒介机构的视角与取舍的不同以及载播时间不一致等而影响传播效果。因此，无论在深度还是在广度上，记者招待会都比其他传播方式显得更为优越。

（二）记者招待会（新闻发布会）的筹备

记者招待会（新闻发布会）要借助新闻媒体的力量，获取理想的传播效果，就必须使记者相信组织所要传达的信息的真实性，增强记者播发这些信息的意愿程度。因而，精心的筹备显得尤为重要，必须保证细致周密、万无一失。

1. 确认召开会议的必要性

由于召开这两种会议的成本较高，旅游组织至少要在三个方面进行研究和分析，之后方可确认是否召开：①旅游组织所要发布的消息是否重要和紧迫。②消息是否具有广泛传播的价值。一般可以举行这两种会议的事件有：可能对社会产生重大影响的新产品的开发与推广；组织的合并与重组；组织遭遇紧急重大事件，需要进行情况说明或表明自己的态度；组织受到公众和新闻媒介的批评，需要及时做出反应，以解释或澄清等。③选定的发布时期是否最佳。应避免与社会重大活动的时间发生冲突，以免所邀请的记者因公务繁忙而分身乏术，影响招待会的效果。

2. 确定会议主题

记者招待会（新闻发布会）的核心就是中心议题，大致可以分为公布新消息、解释和澄清、宣布决定等。具体应从新闻价值和组织利益的角度出发，确定单一、集中的信息主题，应避免在同一个会议上发布几个方面互不相关的信息，否则会分散新闻媒介的注意力，影响会议的效果。

3. 确定时间、地点

召开记者招待会（新闻发布会）的时间和地点的选择会直接影响到会议的效果。

时间的选择可以根据两种情况来考虑。一种是临时发生重大危机或紧急情况，需要迅速做出反应解决问题，或者延缓发布就会丧失新闻价值，需要抢时间的重大发现，应努力在第一时间做出反应。另一种情况时效性不那么强，可以比较从容地根据组织的运作情况以及媒体的规律来确定时间。为方便记者到会并及时发稿，一般选在周二至周四上午10点或下午3点为佳；会议正式发言时间不超过1小时，应留有时间让记者提问。

根据交通便利情况、发布信息的内容及影响的不同、新闻发布的硬件等因素来选用新闻中心、饭店、会议中心等场所。大部分记者招待会（新闻发布会）都在室内举行，但秋高气爽时在室外草坪举行招待会也会获得特别的效果。也可根据目标公众所在地域以及这些地点媒体的覆盖范围来确定召开地点，全国性的一般要选择北京作为发布地，区域性的则选择区域中心城市。会前要进行实地考察，切忌临时改变地点或时间，造成与会者及记者的不满以及财力、人力的浪费。会场不可太大，以免分散气氛；设施要完善，有通信、音响及方便记者使用的灯光和电源等设备。

4. 做好费用预算

制作预算应根据预先的款项做出合理开支计划，并留有余地。预算主要包括会场租金、设备租金、会场布置、宣传材料、礼品以及通信、交通、文稿制作、劳务、就餐等费用。

5. 确定记者范围

根据所发布信息的重要性、涉及的范围等因素确定邀请记者的范围：想影响全国或者几个以上省区的公众，就得邀请中央级新闻单位记者；以本地公众为目标对象的，则仅邀请本地新闻媒介的记者；专业性比较强的事件，则邀请专业性报刊的记者。另外，应尽可能广泛地邀请记者，以顾及公众对新闻媒介的不同偏好；为体现一视同仁，应邀请所有同级别的各种新闻媒介。

6. 邀请记者

为保障会议的圆满举办，应提前1~2周向记者发出书面邀请，以利于记者充分安排好时间。还应在邀请函上附回执，以便统计、确认到会人数，做好相关接待工作。会前一两天，再用电话邀请并落实。对于未被邀请的与会记者，也要热情接待。

7. 落实主持人和主要发言人

主持人一般由组织的公共关系部负责人担任。其作用在于把握主题范围，掌握会议进程，控制会场气氛，促成会议的顺利进行。必要时还承担着消除过分紧张的气氛、化解对立情绪、打破僵局等特殊任务。

发言人首先代表组织宣布决定、公布消息、解释或者澄清，然后回答记者的提问。

出于职业的需要，记者提出的问题往往会较敏锐深刻、考虑全面，回答稍有不慎就会对组织形象造成不良影响。这就要求发言人既要有较强的统筹驾驭能力和应变能力，反应敏捷、口齿清晰，而且必须对组织的决策方针和运行过程有清楚的了解，这样才能显出权威性，发言人一般由企业主要负责人或部门负责人担任。

8. 统一宣传口径，准备相关宣传材料

宣传材料的准备有两个原则：一是要真实客观；二是要发掘新闻价值，要按媒体的规律来组织材料。会前应准备的材料包括发言稿、宣传材料、答记者问的备忘录和为记者准备的新闻稿、组织的情况介绍、发言人的资料、有关的背景资料和数据等，最好附以图片、实物、音像等辅助材料。具体应由专门人员在详尽讨论、端正认识并统一口径的基础上，负责起草、打印和分发给与会者。为增强会议的传播效果，发言稿和相关材料的编写要清晰简洁，实事求是，并形成系列。各种口头的、书面的、实物、图片或模型宣传辅助材料要尽量全面、生动、详细，要方便现场的分发、展示和播放。

9. 筹划接待工作

（1）布置会场。注意会场的环境气氛布置，使会场既体现组织的精神与特色，又使记者获得宾至如归的感觉。会场入口或入场通道处应设有记者签到处，会场座次安排要分清主次并摆好名牌，准备适宜的通信设施和采访辅助设施。

（2）安排接待。包括交通与会务接待。安排专人负责保管和发放资料与礼品。要事先培训接待人员，使其衣着和精神状态体现出组织的风范。

（3）准备工作餐。最好采用自助餐形式，以便记者间互相交流或对组织领导人进行深入采访。

10. 按照会议的程序做好演练

为保障会议成功召开，事先按会议的程序演习一遍，以发现准备工作中的不足并加以改进。

（三）会议的程序

记者招待会（新闻发布会）一般包括如下程序：

1. 迎宾、签到

签到处设在入口或入场通道处，迎宾人员在此欢迎客人，协助与会人员在签到簿上签上自己的姓名、单位、职务、联系电话等，然后分发相应的资料袋和礼品袋，引领与会者入座。

2. 介绍

会议开始后，首先要介绍召开会议的原因，主要是组织所要公布的信息或是事件的经过和真相。

3. 发言

发言稿要做到用语准确、思路清晰、重点突出，既要符合口头语言的规范，又要

兼顾平面媒体的需要。发言人吐字要清晰，语气要自然。

4. 回答提问

发言人事先要拟出备忘录，预测记者可能提到的问题，并将问题分成几类，按类准备资料和基本立场，回答记者提问时尽可能将问题归入某一类中，始终掌握主动权。

主持人和发言人要做到有问必答、态度诚恳、语气自然、准确流畅、快慢适中、详简得当、重点突出；要善于引导现场气氛，以庄重、有涵养，富有想象力和感染力的言谈举止活跃会议气氛。切忌打断记者提问，或以各种动作、表情、语言表现出任何不满的情绪，更不能对记者进行人身攻击。当遇到意料之外的情况时，要保持冷静，以幽默化解尴尬。尽量避免使提问变成辩论，即使记者所述与事实不符，或别有用心，亦不能使对方难堪。对于不便回答的问题，可采取适当的方式委婉地拒绝回答。以下几点技巧可做参考：

（1）委婉拒绝——当对方提的问题不便回答时，就可以采用此法。

（2）避正答偏——故意避开正题，而将话题引向一些细节，让对方自己去揣摩话中的含义。

（3）诱导否定——在记者提出问题后，不马上回答，先讲一点理由，提出一些条件或反问一个问题，诱使对方自我否定，自动放弃原来提出的问题。

（4）回以自解——有时记者是明知故问，想借你的口来证明一点什么，这时可以将皮球踢回对方，不授人以把柄。

（5）幽默诙谐——幽默诙谐既能巧妙地避开难题，又不至于伤害提问者的感情。

5. 其他相关工作

除以上基本程序外，还可适当组织参观、实地采访、摄像等活动，也可举行茶会、酒会、自助餐会等活动，既发布了消息，又融洽了与新闻界的关系。

6. 做好会议的接待和记录工作

所有工作人员都应明确本次会议的目的、内容、对象等情况，并能各司其职，礼貌待客。开会期间，工作人员要佩戴工作牌，人员数量要适当，避免随意走动；要注意安排好本单位领导和嘉宾的席次，如有社会名流参加，也应突出其身份，借以扩大影响；应准备合适的礼品或纪念品赠送出席者；要安排摄影人员专门拍摄会场情况，留作资料以利于日后的宣传；开会时应有专人负责记录记者的提问和发言人的回答，并归入专门的档案，以便为以后的新闻发布会和检查新闻发布会的效果做准备。此外，散会时注意维持好秩序，做到有条不紊。

（四）会议效果的评估

记者招待会（新闻发布会）的效果通过新闻媒介的报道立即就能反映出来，具体如下：

1. 现场效果评估

依据现场记者对发言和提问的踊跃程度，可以评定会议的事前准备是否适当与充分、所发布的信息能否引起记者的兴趣、材料的组织方式是否适宜、对发言人的回答是否满意等。

2. 发稿情况评估

发稿的数量和发稿率是衡量记者招待会（新闻发布会）成功与否的一个重要的指标。公关人员应及时搜集媒介的发稿数量与签到记者数量，计算出发稿率（注意不但要计算新闻稿件数，还要考虑媒体的覆盖面，即受众数量），并对每个记者所发稿件的内容及倾向做一个分析，以备以后参考。还要注意检查是否由于传播过程出现的干扰而造成偏差，以便及早补救。另外，对已发新闻稿的记者，应给予特别的联系并致谢意，以加强与记者的感情沟通。

3. 接待安排评估

与会记者很少会直接反映意见，公关人员要善于捕捉信息，通过观察其细微之处察觉记者对会议安排、日程、接待安排等的满意程度，对会议效果进行检测、总结。

4. 宣传效果评估

新闻媒介的报道是否在公众中产生了组织期望的反响亦应列入检测中。一旦未能达成预期目标，要认真分析原因，包括组织的问题（如选题不当、材料组织不当、发言人选择不当、时间和地点选择不当等）或者报道的缘由（主要是报道的质量和方向），应吸取教训，不断改进，并及时谋求出现不利报道时的应对方略。

【案例】

如何策划、组织更有效的新闻发布会

在如今的互联网时代，消息的传播途径多种多样，其中包含一种形式——发布会。新闻发布会是一种非常正式的宣传形式，通常企业只有在有非常正式的信息需要向公众进行宣传时才会使用，与新媒体等其他宣传方式不同。要想让外界对自己有更深入的了解，企业或公司就必须熟练运用品牌发布会这一对外宣传手段。

精心策划的新闻发布会，可以帮助旅游企业正确传达主观意愿，树立品牌精神，维护媒体关系。那么如何策划一场优秀的新闻发布会呢？一般来说，旅游组织应邀请一些开设有旅游或饭店专栏版面的媒体。这就要求公关部应每半年对媒体进行一次调查，将各媒体的发行量、读者分析、栏目设置、版面设置、刊出内容日程表、广告价目表、主要联系人等汇集成表，做到心中有数，并经常主动与有关媒体保持密切的工作联系。这样当旅游组织要对外发布新闻（信息）时，便可从容地根据需要选择合适的媒体。

一、确定目标群体

我们必须首先确定会议信息将指向的人群。其实准确定位人群并不难，可以根据企业产品或者发布的信息进行定位。定位目标群体的时候，最好从两个维度考虑。

1. 希望谁能接收到信息？

举个例子，奢侈品定位人群应当为追求精致生活的用户，苹果手机定位应是果粉等。

2. 谁能影响目标群体？

有时企业策划的新闻发布会可能不会直接影响目标群体。这时候可以考虑把信息传播给中介群体。

比如很多老年人不关注新闻媒体，体检企业可以将老年人健康体检等信息传播给子女。

二、确定发布会的地点和时间

确定发布会的目标人群之后，下一步就是策划发布会的流程。包括确定会场、新闻发布会时间、邀请媒体和嘉宾、布局和分工等。这里强调一下，作为企业公关活动的策划人，除了上述程序外，为了保证开好一场好的新闻发布会，还需要非常细致地规划细节，比如嘉宾和媒体的座位安排等。

发布会的地点选择取决于企业发布会的形式，需要考虑交通、价格预算等因素，还有最重要的一点，要考虑记者拍照采访的便利性。

发布会需要尽早通知，建议提前两周左右发邀请函，这样便于媒体和嘉宾提前安排时间，确认是否参会。另外，会议时长控制建议在两小时以内，合理安排企业发言和媒体提问的时间比例。一般建议上午召开发布会，因为媒体记者需要时间写新闻稿，这样当天下午基本就能看到发布会的初步结果。

三、初步确定参与客人和媒体

发布会需要提前确定到场的嘉宾和媒体。新闻发布会不是活动，并不是人越多越好。现场人员应提前安排座位等。目前有三种邀请方式：纸质邀请、电子邀请和实物邀请。电子请柬因为可以传递更多的信息，所以比较常见。

另外，还需要提前考虑媒体的实际需求，针对不同需求提供有价值的背景信息和产品体验，最大限度提高新闻发布会的报名率。

四、发布会流程安排

新闻发布会不是活动现场，不需要太多活动。会议现场布置建议简洁明了，会议内容、日期、关键新闻点等关键信息应明显可见。

客人的座位安排应该合理得当。当企业领导和客人的数量通常差不多时，建议坐在两边，级别越高，离中心越近。当事人人数不等时，建议根据身份坐在一起。比如企业的CEO要和政府领导坐在一起，一方面可以让领导得到更好的照顾，另一方面也可以多沟通。作为新闻发布会的发言人要有一定的公司权利，因为这代表了公司的形象，建议公关策划师多准备一段在紧急情况下的发言。

作为新闻发布会的组织者，也要发挥沟通纽带的作用。一般应该在发布会之前开始工作，每位客人到达后，组织者应为客人和领导互相介绍。

五、会后跟进

新闻发布会结束后,还要继续跟进记者和嘉宾。企业可以向参会嘉宾和记者发送一封感谢信,如果有业务相关的嘉宾,还可以在信中表明合作意愿。企业还可以将活动照片、演讲反馈信息发送给参会嘉宾和媒体,通过这一系列方式得以持续传播。

从策划到实施,新闻发布会是一项实践性极强的工作,十分考验公关人员的策划能力和应变能力,一个小小的细节错误就可能引发重大问题。

第二节 开展公共关系活动的技能技巧

旅游公共关系宣传活动的形式很多。在开展各项宣传活动之前,应根据宣传工作的目标和内容,制订宣传计划,确定中心活动及附属性活动项目,形成旅游组织的宣传阵势。

一、组织大型公共关系活动的技巧

(一)旅游组织大型公共关系活动的类型

1. 服务性公共关系专题活动

服务性公共关系专题活动是旅游组织大型公共关系活动的重要内容。它一般围绕两个方面进行:一是围绕客人进行,如为客人举办生日庆典、婚礼,解决客人的疑难问题,提供针对性服务等;二是围绕社会服务进行,如赞助公益事业,解决社区在交通、文娱、卫生、教育等方面的问题。

2. 宣传性公共关系专题活动

宣传性公共关系专题活动是传播组织形象的重要手段,一般包括以下几种类型:①召开新闻发布会、记者招待会;②举办展览及各种类型的竞赛;③举行庆典活动(周年纪念、奠基仪式、节日庆典等);④开展有奖征文、有奖竞猜活动;⑤开展围绕新增设服务项目的促销活动。

3. 交际性公共关系专题活动

社会心理学研究表明,交际性公共关系社交活动是旅游组织公共关系人员与相关社会组织和相关公众沟通的重要途径,一般包括宴请、联谊会、工作午餐、舞会、座谈会、参观等活动。

(二)旅游组织开展大型公共关系活动的技巧

1. 有意新闻曝光

有意新闻曝光,指旅游组织通过巧妙的策划与安排,引起新闻媒介关注,引导大众媒介给予宣传和报道。这种无偿利用大众传媒进行宣传的方式，能够收到事半功倍的公关效果。

策划新闻事件的关键在于事件的新闻价值。要争取以意料之外而又在情理之中的内容、情节吸引公众的注意，激发公众的好奇心；或用不同凡响、别具一格的手段赢得关注和赞誉。策划的新闻事件可以是旅游组织自身的公关活动，也可以通过巧妙的安排，积极参与到社会重大新闻事件（如重要外交活动、社会热点事件、名人活动、大型比赛与表演等）中去或为其提供场地、人员、设备等方面的服务，使旅游组织成为整个社会重大活动的有机组成部分之一，进而成为新闻报道的基本内容或背景内容之一，成功搭乘新闻"便车"。

一般说来，策划新闻的经费投入不到广告费的十分之一，而新闻策划的宣传效果却比广告强十倍，更能获得公众的信任。

例如，某公司宣传其新型保险柜的卓越功能，登出一则这样的广告："10万美元寻找主人！本公司展厅保险柜里存放有10万美元，在不弄响警报器的前提下，各路豪杰可用任何手段拿出享用！"广告一出，轰动全城。前往一试身手的人形形色色，有工人、学生、工程师、警察和侦探，甚至还有不露声色的小偷，但都没有人能够得手。各大报纸连续几天都为此事作免费报道，影响极大。这家公司的保险柜的声誉随之大增。

2. 构思新颖独特的宣传主题

新颖独特的主题构思能使公关专题活动与众不同、非同凡响。

例如：北京长城饭店策划的"使馆之夜"，面对的是各国使馆人员，逢周四长城饭店成了各国驻华使馆人员的沙龙；周三的"仕女之夜"，各国妇女可以免费进入夜总会；而"外国记者俱乐部"则是交流信息、传递饭店信息的重要场所。

又如英国爱尔兰某乡间旅馆"没有东西"的广告主题与众不同："请您来度假吧，这里没有高尔夫球场，您不必天天担心您的健康出毛病；这里没有电话，不会有远方的人来打扰您；这里没有通车的公路，您再也不必为交通拥挤而烦恼。在这里，您可以安静地、随心所欲地休息。"

3. 选择灵活多样的传播方式

传播媒介的选择直接影响到公关专题活动的传播效果。每一类传播媒介都有各自不同的功能特点，具体应注意以下几点：

（1）整合运用多种传播媒体。组织大型公关活动时，切不可单一使用某一种传播方式，应多类型、多形态、多方式地结合，方可达到良好的传播效果。

（2）信息的传播要有针对性、新鲜性和显著性。所谓针对性，是指所选择的传播内容要适合传播对象的特点与需要；所谓新鲜性，是指传播的信息必须是新颖独特的，否则不会引起传播对象的兴趣；所谓显著性，则是指传播的信息具有一定的强度、刺激度与感染力，能迅速吸引公众的注意力。

（3）注重传播的效能。传播的效能，是指传播效果好、质量高且受众面广。要达到好的传播效果可以采用以下几种方法：第一，利用名流做传播者；第二，利用权威公众做传播者；第三，利用顾客做传播者。这三类人中，前两类具有良好的知名度和美誉度，具有较高的权威性；而采用第三种方式传播，公众会感到客观、真实、可信。三种方式均可以引发公众的"从众"行为。

【案例】

"不拘一格"的公关创新策划

万佳平价百货广场人群熙熙攘攘，川流不息。但是大家很快就发现，今天的万佳和往日格外不同。在商场门口，扯着一条鲜艳的横幅："吃中秋月饼，喝阿婆炖品。"商场内处处闪动着一群老太太的身影。她们个个精神矍铄，笑容可掬，穿着中国传统的银缎旗袍，慈祥中透着年轻，稳重中透着俏丽，每个人身上还斜披着一条鲜红的绶带"阿婆炖品"，干净利落、神采奕奕，这样的精神头，让人眼睛一亮。无论在商场门口，还是在货架旁走道口，她都会对你一笑，像邻居大妈似的，亲亲热热地对你说："来，尝尝阿婆的炖品。"在商场宽敞的大厅里，赫然竖着几块大立牌，上书："免费品尝传统珍品老火靓汤，阿婆炖品。花旗参炖乌骨鸡，淮杞炖甲鱼。"一张大桌上码放着一堆洗干净的乌骨鸡、甲鱼、花旗参、淮杞，桌上还摆着三个很大的电饭煲，煲里正咕嘟咕嘟地冒着热气，煲着易拉罐炖品，随着蒸气散发出一阵阵诱人的香味，让人直咽口水。三位同样装束，慈眉善目的阿婆正忙着从煲里将一罐罐浓浓的汤品捧给大家："来来来，尝尝新上市的阿婆炖品。"围观的顾客有的接过来一尝，果然滋润醇和，非常可口，便纷纷表示想再喝一碗。旁边的人见了，都挤过去要求尝一尝。一时间，桌旁竟然排起了长队，三个阿婆都快忙不过来了。尝过的人纷纷打听哪里有这种炖品卖。旁边的阿婆连忙接应："这里有，这里有！"把他们引到了货架边，不一会儿，商场里到处都是手握一两罐易拉罐式的"阿婆炖品"的顾客，有的还在购物手推车里放了一打。阿婆们有的在给顾客介绍炖品，有的在赠送靓汤食谱。到处人头攒动，黑压压一片。商场的广播里正播放着《好歌送给你，今晚明洁将与你共享阿婆炖品》音乐节目。九位阿婆唱了"主角"。

自此，很多游人纷纷慕名抵达，阿婆炖品越来越声名远播。

本案例的成功有赖于阿婆炖品的老板把握了人们热爱生活的心理和怀旧的感情，求助公共关系人员把"全心全意为公众服务"的口号具体地落到实处，使本来萧条的阿婆炖品通过一条妙计而门庭若市，成功维系了一大批永久型顾客。所以公共关系人员切忌好高骛远，而应该着眼现实，挖掘进行信息沟通的"空白领域"，推陈出新，如此方能创造奇迹。

二、公关谈判

公关谈判是指谈判双方为了各自的目标，通过对话和沟通的方式达成一致的协调过程。美国谈判学会会长认为谈判是"人们为了改善相互关系而交换意见，为取得一致而互相磋商"的行为，是直接"影响各种人际关系，对参与各方产生持久利益"的一种过程。由此可见，谈判应让双方都能满足自己的需要。

（一）谈判的原则

旅游公关谈判通常需要遵循以下原则：

1. 平等互利

谈判的双方是平等的主体。在不损害组织形象和利益的基础上，应尽可能地谋求双方共同的利益和发展。成功的谈判应是一项合作的事业，不应损害任何一方的利益，应平等互利、寻求"双赢"。

2. 诚信为本

谈判的双方要真诚相待，表里如一。对谈判中所涉及的问题，根据自己的具体情况，可以避实就虚、扬长避短，但不能弄虚作假，言行不一。谈判达成的协议和签订的合同要准确、清楚，双方都要自觉、认真地履行自己的承诺。

3. 谈判因素的对称性和非对称性

应对谈判地点、谈判人员的数量、谈判中相互提出的要求、对谈判结果的最低预期值等影响谈判的因素做出有利于自己的策划，形成抗衡。在谈判双方的谈判因素不对称时，应找出双方之间的差距，进行优、劣势分析，做出扬长避短的计划，做好应对冲突的充分准备。

（二）谈判的技巧

1. 模棱两可

这是谈判中，特别是谈判开始阶段常用的一种技巧。所谓模棱两可，是指对事件不明确表示意见，既不肯定，也不否定，较少失言和出错，也可能使对方放弃成见。成熟的谈判者不但应当擅长使用模糊语言，而且要善于识破对手使用模棱两可语言的真实意图。精明的谈判者都善于控制自我情绪，在表述自己的意见时能表现出克制和谦虚的美德；对于对方交谈中的自相矛盾或过火言论又能表现出极大的忍耐性。他们很少使用"肯定如此""一定要""毫无疑问"之类词语，而较多运用"据我了解""我认为""我假设""是否可以这样"等说法来阐述自己的真实意图。

例如，著名作家刘绍棠到国外访问，一位外国记者不怀好意地问："刘先生，听说贵国进行改革开放，学习资本主义先进的科学技术和管理方法，这样一来，你们的国家不就变成资本主义了吗？"

刘绍棠反戈一击："照此说来，你们喝了牛奶，就会变成奶牛了？"

学习资本主义先进的科学技术和管理方法就会变成资本主义国家？这显然是一个谬论，刘绍棠根据这一谬论，设置了一个与之相关的谬论——喝牛奶就会变成奶牛。

这样，也就构成了一种与对方谬论相同而又荒唐的关系，产生了强大的反驳威力。

2. 察言观色

在交锋阶段，为了解对方的真实意图，不仅要注意倾听，而且要注意观察对方的言谈举止、神情姿态，从中捕捉反映其内心活动的蛛丝马迹，并据此调整战略战术，使自己的行动更具针对性。

3. 抛砖引玉

谈判中，必须探测对方的意图以及利益核心。可有目的地向对方提出各种问题，使其在回答时暴露出真实意图。要着重考虑应提出什么问题，如何表达问题，何时提出问题，对方会有何反应等。

4. 先苦后甜

先苦后甜的技巧是建立在人们对来自外界的刺激信号往往先入为主的心理机制上，一般用于谈判处于主动时。在谈判中首先提出"苛刻"的条件，营造一种艰苦紧张的局面，在适宜的时机再做出退让，使对方获得满足。但开始向对方提出的方案不要过于苛刻，否则对方会望而却步。

5. 避实就虚

是指有意识地将洽谈的议题引导到无关紧要的问题上，转移对方注意力，从而在对方警觉性不高的情况下，顺利实现自己的谈判意图。

6. 沉默忍耐

沉默是处于被动地位的谈判者常用的一种技巧。在谈判开始时就保持沉默，迫使咄咄逼人的主动方先发言，在尊重对方之余，争取了思索的时间和余地，还可以给对方造成心理压力，使之失去冷静，甚至方寸大乱，导致言不由衷，泄露信息。同时还会干扰对方的谈判计划，达到挫其锐气、反弱为强，迫使对方公平地继续谈判的目的。运用沉默技巧要注意审时度势，运用不当，谈判效果会适得其反。运用这一策略的前提是，头脑要清醒，忍耐力要强，情绪要平稳，如果急于求成，反而会暴露自己的底细，被对方所利用。

7. 利益诱引

是指寻求并利用在对立的谈判双方立场背后所存在的共同利益，诱引对方做出符合我方需求的行为反应，达到预期目的的做法。要运用好这一技巧，就必须了解和确认双方自身利益和共享利益，并找出双方最强烈需求的利益。只有满足对方的基本需要，才有可能使其满足己方的基本需要，增加达成谈判协议的可能性。而任何一方，只要认为自己的基本需要受到威胁，谈判就不会有进展。

8. 情感沟通

人际交往心理学研究表明，情感沟通是一种迂回技巧，就是先通过其他途径接近对方，联络好感情后再进行谈判。可以有意识地利用空闲时间，主动与谈判对手一起聊天、娱乐、谈论对方感兴趣的问题，也可以馈赠小礼品，请客吃饭，提供交通食宿；还可以通过帮助对方解决一些私人问题，增进了解，建立友谊，从侧面促进谈判的顺利进行。

9. 最后期限

最后期限是促成谈判达成协议的一种策略。在谈判过程中，若双方遇到棘手问题一时难以达成协议时，不必操之过急地强求解决，而是规定出谈判的最后截止日期，给对方以压力，促使其迫不得已地改变原先的主张，以尽快求得问题的解决。采用这种技巧，要尽量设法降低对方的敌意，给对方一定的时间，做出适当让步，使对方在接受最后期限时得到补偿，利于协议的顺利达成。

（三）谈判程序

公关谈判一般包括以下主要环节：

1. 开展调查研究，搜集有关情报

"知己知彼，百战不殆"，信息收集是策划谈判的先决条件和基础。

（1）了解分析己方的情况。通过自我分析和评估，了解本组织实现谈判目标的能力，掌握本组织可以运用的实力以及在谈判中可以让步的程度和底线。

（2）了解分析对方的情况。包括对方的经营能力与布局、资金状况、发展计划、市场营销、在谈判中可能亮出的"王牌"、拍板人物、对方谈判人员的素质（包括他们的知识结构、谈判风格和经验、情感特性、人际关系）等。最后还要了解有关背景情况，包括与之相关的政治、经济、文化、法律背景以及宗教信仰、历史文化传统、道德规范、风俗习惯、语言表达方式、价值观念等各种因素。

2. 选择谈判人员，组建谈判班子

根据谈判任务的要求，选择参与谈判的人员，组建谈判班子。一般来讲，公关谈判人员应具备三方面的素质：一是具有良好的形象和一定的影响力，有较好的谈判声誉，能取得对方的尊敬和信任；二是要有丰富的谈判经验，掌握了一定的谈判技巧，具有良好的判断力，能洞察对方的意图和问题的症结；三是要具备相关的专业知识和法律知识。谈判是一项复杂而又多变的工作，需要丰富的经验和多方面的信息，所以谈判人员不能太少。谈判班子一般由行政负责人、业务专家和法律专家构成。如有必要，还可在谈判的不同阶段对人员进行一定的调整。谈判小组的负责人是本组织的关键人员，要同时具备较强的谈判能力、协调能力和决策能力。此外，还可以聘请有关专家和过去曾与对方谈判过的人员担任顾问，指导谈判工作。

【案例】

在谈判中巧用专家效应，事半功倍

笔者在北京师范大学发展心理研究院做高级访问学者期间，曾做过一个心理实验：

笔者带着一位事先被介绍具有高深造诣的外国"化学博士"来到某国家项目实验学校，随机选择一个班级，向同学们介绍他带来的一瓶据说是具有某种说不出是什么气味的液体。他打开瓶塞，说这种气体即将弥漫教室，要求学生一闻到立刻举起手来，以测定自己是否具有正常的嗅觉。很快，全教室的学生果真先后举起了手。接着，实验者出来说明了真相，原来这位外国的"化学博士"其实只是一位化了装的演员，瓶里装的不过是普通的蒸馏水而已。这个心理学实验证实了典型的社会心理学专家效应、权威效应。

因此，在旅游公关谈判中引用专家、权威的有关结论，或者请有关专家或权威参加谈判，在谈判中巧用专家效应往往会使谈判事半功倍。

3. 拟订谈判计划，进行模拟谈判

预先制订好谈判计划，对谈判的目标、对策、措施、步骤等做一个先导性的部署和安排，这是谈判取得成功的必要条件。谈判计划主要包括以下内容：

（1）确立目标。先指出一个意向目标，作为调查研究的导向，再根据对占有信息的分析，修正意向目标，从而确立一个较合适的目标。谈判目标应分为下限目标、上限目标和区间目标3个层次。

（2）制定谈判策略。谈判策略是实现谈判目标的基本纲领和指导原则。应根据谈判每一阶段的内容，针对谈判对手的特点，制定相应的策略。谈判中常见的策略有攻心为上、软磨硬泡、各个击破、限制时间、以退为进、制造缓冲等。

（3）准备相关资料。应尽可能准备好具可信度和说服力的谈判资料，如统计资料、新闻报道、录音录像、图表实物、专家的权威言论等。

（4）模拟谈判。目的在于检验谈判计划的周密性和谈判人员的心理素质与适应能力；检测谈判人员之间配合的默契程度，树立谈判的信心；暴露出本方谈判计划中的薄弱环节和疏漏之处，从而及时加以修订。情况比较复杂的谈判，必须进行模拟谈判。

4. 谈判座次安排

一般使用长方形的桌子，事先要排好座次，通常是宾主相对，各坐一边，以正门为准，主方背门而坐，客方则面对正门。若谈判桌一端向着正门，则以入门方向为准，右方为客方，左方为主方。首席谈判人员坐在谈判桌前居中的位置，若带翻译，其应坐在主谈人的右侧或后面，其他谈判人员按职务高低和礼宾次序分别坐在主谈人左右两侧，座位不够可加座。

5. 正式谈判

正式谈判阶段一般包括以下几个步骤：

（1）开局。这个阶段的主要任务是使谈判双方相互了解，创造和谐的谈判气氛。开局阶段要善于察言观色，把握住对方的情绪，争取在较短时间内摸清对手的情况。

谈判人员应严格遵守时间，一般提前5~10分钟到达会场较适宜。双方见面时，应诚恳友好地主动向前打招呼、握手。双方见面后，应寒暄几句，谈一些双方感兴趣的话题，消除见面时的尴尬局面，以营造和谐的气氛。

（2）概谈。该阶段是有所保留地让对方了解自己的目标及想法，使双方对探讨的问题取得初步一致的意见。概谈应简洁明了，态度诚恳、友好、轻松，说话要平稳轻柔、速度适中、字句清晰，声音清楚自然，语调抑扬顿挫；要善于聆听对方谈话，及时记录不同意见，若有必要一定发言，应说声"对不起"或"打断一下"的话，同时，辅以适度身体语言，增强说服力。

概谈之后，要让对方有一段时间思考和发表意见，摸清对方真实意图。应注意倾听对方的陈述，留心捕捉对方的真实信息，发现问题的症结，分析和寻找"突破口"。在对方陈述时可以随时提出疑问并要求澄清，以牵引对方的思路，诱发对方早早地"暴露"目标。

（3）报价。报价就是向对方提出自己的所有要求。报价既要明确又不过于绝对，要留下退却或进取的余地。谈判中有时可以"先发制人"地提出问题，以试探和刺激对方的反应，并据此分析、判断对方的真实意图，从而调整自己的策略。报价阶段不要过早暴露自己的真正目标。在不理解和不明白对方所提问题时，千万不要回答。不必对所有问题都当即做出正面回答，对难以回答的问题可以避而不答。在回答问题时，还可以突然进行反问并迫切要求对方回答，化被动为主动。

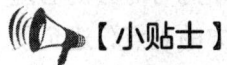【小贴士】

如何出奇招

1. 价格锚点法

拉个垫背的，显示你便宜，主动解释价格的合理性。

例如：现在市面上口碑不错的度假酒店，房价最起码也要2999元起，贵的还要六七千元，而我们同档次的客房只需要1199元就可以了，可以说在整个度假酒店的市场上，性价比是超高的。

2. 价值塑造

让顾客觉得花100元能带来200元的价值。

技巧：除法平摊价格。1天只要1块来钱，1天不到2毛钱，1天才5毛钱，一张电影票的钱，两杯咖啡的钱。

3. 场景使用

使用场景最容易引发共情，唤起用户记忆，引起用户共鸣，引爆用户情绪。例如向用户推荐榨汁机：每天早上起床后，花不到几分钟的时间，给自己一杯鲜榨果蔬汁，配上可口的早餐，让肠胃清爽，皮肤通透，然后开始元气满满的一天。

4. 利用稀缺

巧用损失规避心态，强调限时限量，应注意必须合理。

例如：我们只剩下一个位置了。再不付款的话，恐怕给您留不住了。

5. 正当消费理由

（1）促销类理由：打折促销。

（2）权利类理由：你上班很辛苦，学习很努力，可以买下它犒劳自己！

（3）特殊类理由：情人节，母亲节，家人，恋人。

（4）消除他们内心的负罪感，让顾客尽快下单。例如，如果一个商品看起来有点贵，顾客消费时会有负罪感，如果顾客有负罪感，就算他很动心，由于他过不了自己这一关，他也会放弃购买。那么，我们可以怎么帮顾客消除他们的负罪感，让他买得心安理得呢？举个例子，可以用3句话敲开顾客的心房：嚼上三口就变甜；蒸煮十分钟满屋飘香；最关键的一句是：能让宝宝多吃一碗饭。嘿！这真是一剂救命解药！一个月多花两倍的钱买大米，原本觉得是相当奢侈的消费，这样看来倒也挺值得的！最重要的是，心里的负罪感消失了。为了宝宝多吃饭，多花钱有错吗？

（4）交锋。交锋阶段是双方原则、立场、观点的正面"碰撞"，是整个谈判的高潮。交锋时既要坚持自己的基本原则，朝自己所求的方向努力，又应巧妙地推销自己的观点，防止把观点强加于对方。交锋时尽管免不了出现唇枪舌剑的紧张局面，但双方所持的态度应该是建设性的。谈话内容可以较为广泛，但不能涉及双方观点以外的内容。注意用实例来强化自己的立场，同时注意倾听对方的佐证，缩短与对方的心理距离。尽量避免针锋相对的争论，不到迫不得已，不要正面反对对方的观点，避免使对方下不了台。从讨论问题的顺序来说，应先易后难，不要一开始就急于说服对方。有时可以把还需争论的问题和已经解决的问题放在一起"一揽子"解决。在谈判陷入僵局时，可先谈其他问题以打破僵局，或通过幽默的话题来调节紧张的气氛。交锋中可以软硬兼施，可通过时间压力逼迫对方让步。

（5）妥协。妥协的目的是为了争取对方相应的让步和优惠，所以要以尽量小的妥协争取对方较大的让步。在重要的问题和条款上争取让对方先妥协，而在次要问题上可以酌情先妥协，争取主动。如果口头做了欠周到的妥协，只要未签协议，还可推倒重来。每次妥协的幅度不能太大，节奏也不能太快。可以将一个让步分为多次进行，对方会认为你已多次让步。用证据向对方说明，己方以往的谈判中，从来没做过如此大的让步，或者说明这个让步确实能给对方带来较大的好处。把自己处境中的困难用算账的方式告诉对方，让对方认为你的让步是实事求是的，不可能再继续让步。如果对方是一个并不精明的谈判对手，还可以把一些准备用来让步的次要问题说得很重要，让对方觉得自己取得了胜利，并换取对方在其他问题上的让步。

（6）签订协议。双方对讨论的内容基本上不再有异议，取得了较为理想的结果，然后签订协议，结束整个谈判。

在这一阶段，要坚守最后防线，珍惜谈判的成果，使对方觉得本方得到的每一步利益都是来之不易的，甚至会觉得已将本方逼到了让步的极限，从而放弃压迫本方继续让步的想法。临达成协议前，可以用轻松的、平和的口吻比较全面地阐述问题，比较两方的得失时要着力强调对方取得的利益或对对方有利的方面,以免对方最后变卦。

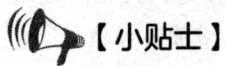【小贴士】

旅游谈判中应把握的十大心理学原理

谈判,从心理学角度看其实就是一个恋爱的过程,让谈判对手了解你、爱上你。而这个过程中的关键点就是用户心理,只要与用户心理相关的,就都会影响到他们的谈判决策。作为旅游公共关系工作人员,在谈判过程中就应该更多地把握谈判心理特点。

第一:面子心理。中国有句俗语:给别人面子就是给自己面子。对于在淘宝的店铺也好,还是独立的旅游网站也好,你的面子在哪里?就是在于你的店铺的整体布局、整体风格。是不是能够跟你的整体形象搭配(显赫的抬头),是不是有适合的内容(穿着名牌)、服务(交际礼仪),这些都是你的面子,所以你要把这些做到位。首先分析一下旅游谈判对手类型,才能做到较好应对。根据现代旅游心理学研究,旅游谈判过程中会有以下几种角色的出现:

(1)倡导者:旅游产品购买的发起者,他的面子就是"我推荐的,肯定是好的",要考虑怎么才能吸引他去推荐你的旅游产品,这是一种情况。

(2)决策者:就是当家。男当家还是女当家?或者是家长当家还是自己当家?这些都是在旅游谈判过程中可以发现的。男女面子、家长面子、自己的面子都需要顾及。

(3)影响者:就是经常发难、经常抱怨的人。旅游谈判过程中应尽量把影响者的影响降到最低,应主动去影响他。

(4)使用者:会针对各种疑虑、不懂的细项提出问题的谈判对手。

(5)追随者:就是看到别人买过之后,自己才会买会用,而且还会说很好的人。因为国人对面子尤为重视,面子功夫做到了旅游产品也就卖出一半了。

第二:从众心理。中国人喜欢热闹。在旅游谈判过程中气氛怎么烘托,就是以数字说明,这样才能达到从众的目的。比如,淘宝商城为什么每家店都要做爆款?就是要引起顾客的从众心理。

第三:权威心理。什么是权威?国字号、有认证、国外授权、媒体专家提到的。先是权威鉴定,权威不权威,肯定往下看,那就是机会。比如国家级AAAAA级景区有多种认证。比如饭店,有餐饮行业排污许可检测性质的认证,还可以有更多。还比如专家说、明星说、知名人物实例之类的。

第四:占便宜心理。占便宜心理并不是把东西卖的价格低廉的意思。而是说把十元的东西包装成价值100元的,再给他减掉50元,让他感觉享受了五折的优惠。国外游客经常评价中国的旅游产品是:一流的产品、二流的包装,三流的服务。也许有人会提问:难到旅游谈判对象没估价能力?当然不是,只是,因为通过额外附加卖点,该旅游产品就是你独有的,就没有可比性,价格也不是透明的了。提炼旅游产品卖点，旅游企业应注意以下几个方面：①旅游产品本身；②旅游公司实力；③制作工艺；④旅游消费者；⑤报纸媒体报道；⑥相关的认证；⑦跟传统相关的历史、文化。通过产品卖点挖掘，即使产品再怎么没有附加值，有时通过善意炒作也能增加附加值。

第五：朝三暮四心理。或者叫后悔心理，买过之后感觉不值怎么办？主要靠增值服务。在做旅游产品的时候要有针对性，特别是销量比较好的旅游纪念单品（包退包换）。还有，规定一个时段内，销完就没有了。运用得再好一些的话，可以根据大数据制订活动。

第六：价位心理。即定价的艺术。在旅游谈判中要注意"以中间线为基准线，上可升下可降"。上升价格要突出一分价钱一分货，好货，不便宜，下降要突出物美价廉、价格下降品质没有下降，服务依然有保障。在旅游产品同质化的情况下，其附加值的确是销售的重点。对于旅游消费者而言，在看重旅游产品的同时，更注重它的附加值。就目前而言，附加值除了带给游客的名誉、荣耀、自信外，更多的就是旅游售后服务。

第七：炫耀心理。把让游客炫耀的资本罗列出来，你炫耀的资本也就是游客炫耀的资本。谈判对手不知道炫耀的点在哪里，你就要教给对方。

第八：逆反心理。根据布林的理论，如果一个人的一套自由行为中有一种行为被剥夺或者可能被剥夺的话，他将发生心理抗拒即逆反心理。逆反心理指作用于个体的同类事物，超过了个体感官所能接受的限度而产生的一种相反的体验，使个体有意识地脱离习惯的思维轨道，向相反的思维方向探索。逆反心理会造成逆反行为、抵触行为。旅游公共关系工作人员应当细心研究公众对"自由"的看法与认识，充分尊重和顺应他们的"自由"，不能让他们感觉到自己的自由被剥夺。从信息传达的角度来看，要注意传播的信息量和刺激量要适度，信息量过大、刺激过度就容易造成传播对象的厌烦情绪，同样也会使他们产生逆反心理。

第九：攀比心理。所谓的攀比心理，其实就是跟身边的人比较，旅游企业在旅游谈判时就要有一种攀比心理。我家的就是比他家的贵，但是我家的贵就是好，或者是说我家便宜不假，但是性价比高。贵有贵的道理。便宜又有便宜的益处。

第十：懒人心理。人性天生都是懒的，对于旅游谈判对手的电子商务购买要简单，支付要简单，退货要简单。所以这才有了旅游产品货不对应直接免费退换等。

（资料来源：张舒哲，何霞.旅游服务礼仪与形体训练［M］.北京：旅游教育出版社，2009.）

本章小结

为达成"内求团结、外求发展"的公共关系目标，旅游公共关系人员必须将公共关系理论知识与操作技巧结合起来开展各类公共关系活动，具体要求明确工作目标、巧妙构思主题、锁定目标公众、挑选适当时机、灵活选择媒体、迅速收集反馈。同时，公共关系人员要掌握组织大型公共关系活动、进行公共关系谈判等的专业技能与技巧，以展示其良好的专业素质。

思考与练习

1. 赞助社会公益活动的意义何在？
2. 赞助活动的类型有哪些？
3. 阐述展览会的组织工作。
4. 阐述组织庆典活动的注意事宜。
5. 阐述记者招待会（新闻发布会）的特点和程序。
6. 阐述旅游企业大型活动的类型。
7. 公关谈判的程序有哪些？在班级内，以小组为单位，组织一次公共关系谈判模拟赛，根据所学的知识，注意公共关系谈判时应考虑的细节及问题，在角色扮演及实践中加深对公共关系谈判的理解。

拓展阅读

1. 2020中国沉浸产业发展白皮书［R］．2020．
2. 梁晓声．人世间［M］．北京：中国青年出版社，2017．

第八章 旅游公共关系危机处理与预防

学习重点

- 旅游公共关系危机的特征、类型
- 旅游公共关系危机产生的内部、外部因素
- 旅游公共关系危机处理的概念以及处理程序
- 旅游公共关系危机发生的过程以及针对该过程采取的危机预防的程序

中国《文化和旅游业"十四五"规划》等重要文件的密集出台，为投资拉动和创新驱动的旅游经济增长注入了强大动能。围绕世界级旅游城市、世界级旅游景区和度假区、国家级旅游城市和街区、冬奥旅游、乡村旅游、红色旅游，以及长城、长征、大运河、黄河和京张体育文化旅游带建设，提供更多优秀文化产品和优质旅游产品，满足人民文化需求和增强人民精神力量，为旅游业带来了更加宏大的发展格局的发展信心。只要相信人民对美好生活的向往没有变，只要时刻把游客每一份细微的诉求都回应到极致，旅游业就没有战胜不了的困难。

但旅游组织是社会生活中的服务性组织，必然会受社会舆论与环境的影响，难免与公众发生摩擦，也不可避免地遇到困难挫折，使旅游组织陷于各种危机。旅游危机公关是旅游公共关系学和管理学结合的产物，是运用旅游公共关系学的基本原理和方法，科学地处理组织潜在的或现存的旅游危机，把"大事化小，小事化了"，甚至变坏事为好事的一种管理行为。本章专门对旅游组织公共关系危机的含义、特征、发生的原因、处理程序以及预防进行了论述。

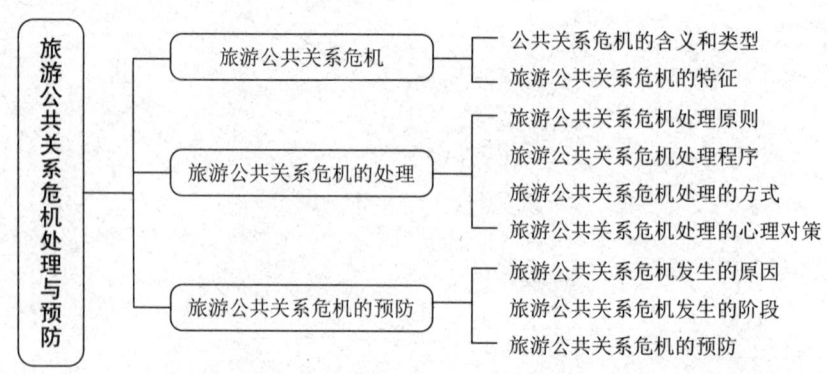

第一节 旅游公共关系危机

一、公共关系危机的含义和类型

旅游公共关系危机事件，是指突然发生的、严重损害旅游组织形象，甚至危及生命及财产安全，给旅游组织带来严重后果的重大事件和工作事故。如自然发生的恶性事故、人为造成的工作事故、不利的社会舆论、公众的指责批评与对抗行为等都属于公共关系危机事件。这些危机事件会使旅游组织陷入巨大的舆论压力之中，严重阻碍旅游组织的生存和发展，甚至给整个旅游业带来严重的恶性影响，造成旅游市场一蹶不振。在当前的形势下，如何应对旅游企业公共关系危机、减少负面信息对企业的不利影响，甚至转危为机，是旅游企业必须要重视的一项长期的发展战略。根据危机事件发生的原因，公共关系危机可分为以下几种类型：

（一）不可抗力突发事故

由不可抗拒的自然灾害或其他特殊原因造成的重大伤亡事故，如飞机失事、火车脱轨、食物中毒、火灾、社会上的政治暴乱等恶性事件。

（二）行为不当事件

由于旅游组织管理失误、行为不当、与公众疏于沟通等人为原因造成服务或产品质量的信誉危机以及给公众利益造成损害、危及旅游组织形象和存亡的事件。如旅游服务质量低下、未兑现服务承诺等，使旅游者的利益受到损害，甚至危及旅游者生命财产安全，从而导致公众反感、激起公愤，使旅游组织及旅游企业的信誉、形象恶化等。

【小警钟】

马蹄铁效应

"马蹄铁效应"是这样说的：断了一枚钉子，掉了一只蹄铁；掉了一只蹄铁，折了一匹战马；折了一匹战马，摔死了一位将军；摔死了一位将军，吃了一场败仗；吃了一场败仗，亡了一个国家……这是一则经济学法则，寓意在于"没有什么不可能"。忽闻之似乎有点荒诞又令人毛骨悚然，细思量却说明了事物发展的结果对于初始条件有极为敏感的依赖性，初始条件的极小偏差，可能引起结果的极大差异，"断一枚蹄铁钉子，亡一个国家社稷"也就成为必然。这一定律对于旅游公共关系的安全管理意识同样有着重要的警示意义。

（三）媒介误导危机

指新闻媒介的不利报道。一种是新闻媒介的报道内容准确无误，但对旅游组织产生了非常不利的影响，使组织处于被动的地位；另一种是新闻媒介的报道不准确甚至是完全歪曲事实，对旅游组织造成了十分不利的影响甚至是毁灭性的打击。

（四）谣言中伤危机

无足轻重的小事被故意夸大，甚至是无中生有的恶性攻击，不断传播的谣言足以给旅游组织致命的打击。

（五）恶性竞争危机

指由于外部其他组织或个人的不正当竞争，如假冒伪劣、坑蒙诈骗、恶意宣传等，使旅游组织面临严重的信用危机或经营危机，进而发展成公共关系危机的事件。

（六）政治法律危机

由于国家的政治体制、政府态度、政策法规以及国际关系、外交政策等的变化，对旅游组织的发展造成不利甚至构成潜在威胁的事件。国际贸易战是旅游组织面临的主要政治法律危机。

【案例】

肯尼亚因总统大选引发骚乱，危机公关妙手回春

肯尼亚是非洲著名的旅游国家，维多利亚湖饱受赞誉，鳄鱼的极乐世界图尔卡纳湖、库彼福勒古人类遗址、著名的"树顶旅馆"吸引了很多动物爱好者和探险者前去参观，肯尼亚的土人习俗和纪念品都别具特色，独特的民族气息让肯尼亚的旅游产业蒸蒸日上，旅游业逐渐成为肯尼亚的支柱产业。然而，肯尼亚国内因总统大选引发两党之争，国内发生骚乱，这使作为肯尼亚的支柱产业的旅游业严重受损。为了挽救肯尼亚的旅游业，危机公关势在必行。于是肯尼亚国家旅游局开始努力在全球进行公关活动。中国作为肯尼亚重要的客源国市场，肯尼亚当然非常重视，于是将全球推广的第二站放在中国的北京、上海、广州。在危机公关中，肯尼亚旅游局通过新闻发布会的形式让中国人及有关媒介掌握肯尼亚当地的稳定局面，并通过对"和"的诠释表现平安、稳定、祥和的局面，达到抚慰人心的作用，"和"蕴含了中国的传统文化，让中国人感到亲切从而更容易接受。

二、旅游公共关系危机的特征

（一）突发性

一切突发事件都具有突然性，一般都是在组织毫无准备的情况下在转瞬之间发生的，如飞机出事、大规模食物中毒等，往往给组织带来各种意想不到的危机。特别是那些组织外部原因造成的危机，如自然灾害、国家政策变革等，往往是组织始料不及并难以抗拒的。

（二）严重危害性

危机事件的危害是很大的，它可能使组织的各种社会关系朝着不利的方向变化，使组织的社会地位和信誉迅速下降，阻碍发展。在组织内部，它会危害成员之间的团结，挫伤组织成员的积极性，涣散组织的凝聚力；在组织外部，则会给社会公众带来恐慌与损失，也可能给社会生活带来危害。

（三）舆论的关注性

危机事件的爆发常常会成为人们谈论的话题和新闻界舆论关注的焦点、热点，成为媒介捕捉的最佳新闻素材和报道线索，会牵动社会各界公众的神经，乃至在世界上引起轰动。特别是伴随事件而来的强大社会舆论压力，更成为危机处理中最为复杂的棘手问题。

（四）警示性

公关危机事件对组织具有某种警示作用，提醒旅游组织居安思危、行事要缜密，尽量避免发生危机。一旦发生危机，则应尽量减少危机造成的损害。

（五）即时性

我们永远无法预测危机会在什么时间以何种方式出现，危机往往让我们始料未及，增加了防患于未然的难度。

（六）形式多样化

互联网模式下危机公关呈现出"多姿多彩"的特点，传播内容难以控制，且有多种形式：资讯公关危机、博客与社区危机、即时通信公关危机（微博、腾讯QQ、微软MSN）、邮件公关危机，还有最大限度的危机曝光方式——搜索引擎公关危机。

（七）传播速度令人瞠目

由于复制的成本极低，再加上网络平台数量之多也给信息的传播速度做了贡献，一则信息可能在很短的时间内就会迅速被全球多个不同网络传播平台发布，一分钟前被新浪刊出，一分钟后就可能被搜狐、网易等转载，再过一分钟可能在诸如天涯、猫扑等社区引发讨论，再过几分钟就有可能在网上被传得铺天盖地，可能几分钟之后就传遍了世界，这个时候企业的股价不知已经落了几丈。网络危机颇有星星之火即可燎原的能耐，绝对不容小觑。

（八）后果十分严重

网络惊人的传播速度为这个特点奠定了基础，容易造就巨大的影响，给公众不好的印象，给品牌带来大的杀伤力，决策时间紧迫，也很容易造成企业人员的恐慌，很容易给企业带来最大损失。

（九）影响不易消除

互联网不同于传统传播模式的很重要的地方就是互联网中的公众拥有平等的话语权。这样，一个默默无闻之人可以在网上批评著名企业，而且言论还有很大机会被传播。这些批评一旦成为焦点，很可能成为人们茶余饭后的娱乐话题，并通过面对面的传播，对公众的认知和判断产生影响，严重损害企业形象，长时间之后输入有关关键词可能还可以在搜索引擎下出现曾经的负面消息，对重树消费者对企业的信心产生消极作用。

危机事件的以上特点，使公关危机处理工作意义重大、任务艰巨、备受重视，且极富挑战性。

第二节　旅游公共关系危机的处理

旅游公共关系危机处理又叫危机公关（Crisis Public Relations）或称危机管理（Crisis Management），是指旅游组织调动各种可利用的资源，采取各种可能或可行的方法和方式，预防、限制和消除危机以及因此而产生的消极影响，从而使潜在的或现存的危机得以解决，使危机造成的损失最小化的方法和行为。

一、旅游公共关系危机处理原则

为使危机处理有序进行，旅游公共关系危机处理需要遵循危机公关5S原则。

（一）快速反应原则（Speed）

大凡危机都具突发性，散播迅速，极易引起新闻和公众的关注。好事不出门，坏事行千里。在危机出现的最初12~24小时内，消息会像病毒一样，以裂变的方式高速传播。而这时候，可靠的消息往往不多，社会上充斥着谣言和猜测。公司的一举一动将是外界评判公司如何处理这次危机的主要根据。媒体、公众及政府都密切注视公司发出的第一份声明。对于公司在处理危机方面的做法和立场，舆论赞成与否往往都会立刻见于传媒报道。一旦发生危机，组织应当迅速做出反应、当即研究对策，及时通过媒体和公众沟通，高效工作，使公众了解危机的真相和组织采取的各项措施，争取公众的同情和支持，减少危机带来的损失，从而迅速控制事态。否则会扩大突发危机的范围，甚至可能失去对全局的控制。危机发生后，能否首先控制住事态，使其不扩大、不升级、不蔓延，是处理危机的关键。

【案例】

38元天价虾，一座城市的危机公关

某年国庆节期间，广元游客肖先生在青岛遭遇"天价虾"，点菜时38元一份的虾，结账时被告知38元一只。此事经媒体报道后，引起社会强烈反响。10月7日，一组以《至少，青岛还有他们》为题的图片，通过当地媒体官方微博在网络广为发布。所配文字直指报道"放大了事件对青岛形象的影响"，所以，为了表现"山东人也会反抗，这是孔子之乡，俺们都是实在人"，当地推出了这组"多数人在默默无闻地为这座城市付出"的工作镜头以进行青岛形象的危机公关。这组镜头包括的"多数人"，有救生员、建筑工人，还有安检员、环卫工人、公交车场充电工人等，属于每座城市都四处可见、在工作岗位上默默奉献的人。他们确实令人敬佩，但他们的存在并不意味着这座城市就千好万好完美无缺。从危机公关的角度看，"天价虾"事件发生之后，青岛缺少一个快速反应的延续性公关形象广告支持或者形象危机公关。试想如果"天价虾"事件发生之后青岛有关部门立即做一个形象广告或者召开媒体见面会，则会既保证了"后天价虾事件时期"青岛知名度的持续提升，又能够维护山东旅游产品的知名度和美誉度，维护"好客山东"高端定位的现代旅游品牌形象。

（二）真诚沟通原则（Sincerity）

通常情况下，任何危机的发生都会使公众产生种种猜测和怀疑，新闻媒介有时也会有夸大事实的报道。因此，组织必须采取真诚坦率的态度以赢取公众和新闻媒介的理解与信任，隐瞒真相只会引发公众更大的怀疑。

企业处于危机旋涡中时，是公众和媒介的焦点。企业的一举一动都将接受质疑，因此千万不要有侥幸心理，企图蒙混过关，而应该主动与新闻媒介联系，尽快与公众沟通，说明事实真相，促使双方互相理解，消除疑虑与不安。

真诚沟通是处理危机的基本原则之一。这里的真诚指"三诚"，即诚意、诚恳、诚实。如果做到了这"三诚"，则一切问题都可迎刃而解。

（1）诚意。在事件发生后的第一时间，公司的高层应向公众说明情况，并致以歉意，从而体现企业勇于承担责任、对消费者负责的企业文化，赢得消费者的同情和理解。

（2）诚恳。一切以消费者的利益为重，不回避问题和错误，及时与媒体和公众沟通，向消费者说明事件的进展情况，重拾消费者的信任和尊重。

（3）诚实。诚实是危机处理最关键也最有效的解决办法。我们会原谅一个人的错误，但不会原谅一个人说谎。

（三）承担责任原则（Shoulder The Matter）

危机发生后，公众会关心两方面的问题：一方面是利益的问题，利益是公众关注的焦点，因此无论谁是谁非，企业都应该承担责任。即使受害者在事故发生中有一定责任，企业也不应首先追究其责任，否则会各执己见，加深矛盾，引起公众的反感，不利于问题的解决。另一方面是感情问题，公众很在意企业是否在意自己的感受，因此企业应该站在受害者的立场上表示同情和安慰，并通过新闻媒介向公众致歉，解决深层次的心理、情感关系问题，从而赢得公众的理解和信任。

实际上，公众和媒体往往在心目中已经有了一杆秤，对企业有了心理上的预期，即企业应该怎样处理，我才会感到满意。因此企业绝对不能选择对抗，态度至关重要。

在不少情况下，危机会带来生命财产的损失。新闻媒介等舆论界对造成危及人的生命安全的事故或事件尤其重视，甚至常常加以渲染。为此，在危机处理时首先要考虑承担责任的原则，把抢救和安置被波及的公众放在第一位。

（四）权威证实原则（Standard）

自己称赞自己是没有用的，没有权威的认可只会徒留笑柄，在危机发生后，企业不要自己整天拿着高音喇叭叫冤，而要"曲线救国"，请重量级的第三者在前台说话，使消费者解除对自己的警戒心理，重获消费者信任，维护企业的信誉。

公共关系在危机管理中的作用是保护组织的声誉，这是危机管理的出发点和目标。声誉对组织来说极其重要，是组织得到人们拥护和支持的基础。缺乏声誉，组织经营就难以为继，没有效率可言，甚至危及组织的合法性。在危机管理的全过程中，组织的公关人员要努力减少危机给组织信誉带来的损失，争取公众的谅解和信任。

（五）系统运行原则（System）

在逃避一种危险时，不要忽视另一种危险。在进行危机管理时必须系统运作，绝不可顾此失彼。只有这样才能透过表面现象看本质，创造性地解决问题，化害为利。

危机的系统运作主要是做好以下几点：

1. 以冷对热、以静制动

危机会使人处于焦躁或恐惧之中，所以企业高层应以"冷"对"热"、以"静"制

"动",镇定自若,以减轻企业员工的心理压力。

2. 统一观点,稳住阵脚

在企业内部迅速统一观点,对危机有清醒认识,从而稳住阵脚,万众一心,同仇敌忾。

3. 组建班子,专项负责

一般情况下,危机公关小组由企业的公关部成员和企业涉及危机的高层领导直接组成。这样,一方面是高效率的保证,另一方面是对外口径一致的保证,可以使公众感受到企业处理危机的诚意。

4. 果断决策,迅速实施

由于危机瞬息万变,在危机决策的时效性要求和信息匮乏的条件下,任何模糊的决策都会产生严重的后果。所以必须最大限度地集中资源,迅速做出决策,系统部署,付诸实施。

5. 合纵连横,借助外力

当危机来临时,应充分和政府、行业协会、同行企业及新闻媒体配合,联手对付危机,在众人拾柴火焰高的同时,增强公信力、影响力。

6. 循序渐进,标本兼治

要真正彻底地消除危机,需要在控制事态后,及时准确地找到危机的症结,对症下药,谋求治"本"。如果仅仅停留在治标阶段,就会前功尽弃,甚至引发新的危机。

二、旅游公共关系危机处理程序

妥善处理公共关系危机可以降低组织的损失,维系组织的形象,增强组织内部的团结。具体程序如下:

(一)全面调查,收集信息

当今市场社会,信息作为社会普遍联系的形式,广泛渗透于人类生活的全部时空,信息成为一项宝贵的资源,是组织的无形财富。美国信息专家指出:"利用信息创业,把资料变成美元,是当今世界出现的新现象"。出现危机事件后,旅游组织首先应该运用有效的调查手段,迅速查明情况,判断事件的性质、现状、后果及影响,形成基本的调查报告,为处理危机事件提供基本依据。

1. 隔离危机,减少损失

危机发生后,首要的就是隔离危机(主要从人员隔离、事故隔离这两方面着手),以免造成更大的损失或不利影响。在危机发生后,应进行明确的人力分工:一部分人处理危机,另一部分人维持正常的工作。不能因发生危机造成日常管理无人负责,使日常工作陷于停顿而使组织蒙受更大的损失。对危机的隔离应从发出警报时开始,报警信号应明确危机的范围,以便为处理危机创造有利的条件,并使其他部分的正常工作秩序不受影响。

2. 组织人员，奔赴现场

得知发生了危机事件后，立即组织有关人员，成立"危机小组"，立即奔赴现场，开展工作。

3. 保护现场，寻求援助

"危机小组"赶到现场后，应该想尽一切办法保护现场，以便迅速、准确地查清事故的原委。如果危机事件还在继续，应及时采取紧急措施，根据现场情况与公安、消防、卫生等部门取得联系，使损失降到最低程度。

4. 深入调查，了解情况

应迅速与目击者或当事人取得联系，了解事件发生的时间、地点、原因，查明事件牵涉的公众对象，直接、间接受害的公众对象，与事件本身有直接、间接责任或利害关系的组织与个人，事件处理有关的机构，以及新闻舆论界人士，了解事态的发展及控制情况以及公众在事件中的反应等情况，调查相关公众在危机事件中的要求，找出处理危机事件的关键。要特别注意与事件的见证人保持关系，并谨慎处理与新闻界的关系。

5. 认真分析，形成报告

认真记录在危机现场听到与看到的所有情况，可能的话，应用照相机、摄像机拍摄现场镜头，用录音机录下某些内容，以利于做后继分析。在全面搜集有关信息的基础上将材料进行分类整理。组织有关人员进行分析，认真查找事件的真正原因，形成危机事件调查分析报告，并上交有关部门。

（二）分析信息，确定对策

在全面调查了解事件的情况以后，要对所获取的信息进行整理分析，针对不同对象确定相应的对策。危机事件处理的公关方案，一般包括以下几个方面：

1. 针对旅游组织自身的对策——分析情况、确立对策

（1）根据实际情况，对"危机小组"进行调整，组建更有权威性、高效率的工作班子。

（2）迅速而准确地把握事态的发展。

（3）制定处理事故的基本方针和基本对策。

（4）把事故的发生和组织对策告知全体员工，使大家齐心协力，共渡难关。本组织员工若有伤亡，应立即通知其家属或亲属，并提供一切条件，满足职工家属的探视或吊唁要求，还要组织周到的医疗工作和抚恤工作。

（5）如果是由不合格产品引起的恶性事故，应立即组织力量，对不合格产品进行逐个检验，通知销售部门立即停止出售这类产品。

（6）如果是因个别服务人员恶劣的服务态度引起恶性事故，"危机小组"应先稳定客人情绪，责成当事人向客人当面赔礼道歉；组织公关部经理或该服务部门经理代表组织向客人道歉，并从精神上和物质上给客人以赔偿，以求得客人的谅解。

（7）制订妥善的公关宣传方案，采取与新闻公关保持联系的方式，向外界公布事故的真相。

（8）制订挽回影响和完善组织形象的工作方案与措施。

（9）奖励有功人员，处理有关责任者，并通告各有关方面及事故受害者。

2. 面对受影响公众的对策——安抚受众，缓和对抗

（1）首先考虑受害者利益，全力解决受害者问题，力争将其损失减少到最低限度，以遏止危机的扩大，使事态朝有利于旅游组织的方向转化。

（2）如果责任在组织自身，组织应马上公开道歉，认真听取受害者及其家属的意见，主动赔偿受害者的损失，尽量满足受害者的要求。

（3）如果责任在受害者或第三方，也要给予受害者适当的安慰。需要受害者承担责任的话，不宜马上追究，最好等危机事件平息后再妥善处理。

（4）如果双方都有责任，组织要注意避免出现尽力为组织辩护的言辞，积极争取受害者的谅解与合作，承担自身应负的责任，给予补救。

（5）在处理危机事件过程中，无特殊情况，不应更换处理人员。

（6）对业务往来单位，也要尽快如实地传递有关事件的信息、通报正在采取的对策；如有必要，还要派公共关系人员直接到各个单位去巡回解释。

（7）对待消费者，要通过梗概性的书面材料或报纸公布事故经过及其处理方法和今后的预防措施。如有消费者团体前来询问，应热情接待、诚实地告知事件真相。

（8）如果突发事件影响到社区公众的生活，旅游组织应出面向当地居民登门致歉，并赔偿他们的损失。对于较大的突发事件，必须综合运用多种形式和传播渠道，从多个侧面、多个角度来进行沟通，打消公众的诸多猜疑，改变组织在公众心中的形象。

3. 面对上级领导部门的对策——及时汇报，寻求支持

（1）事故发生后，应及时向政府及上级领导部门汇报，切忌掩盖事实真相，更不应该歪曲事实，混淆黑白。

（2）事故处理中，定期报告事态的发展，求得上级领导的指导和支持。

（3）事故处理后，详细报告处理的经过、解决方法以及今后的预防措施等。

4. 面对新闻媒体的对策——联络媒体，主导舆论

（1）统一口径、注意措辞，尽可能引导媒介以最有利于组织机构的形式来公布信息。

（2）安排通信员负责发布消息，集中处理与事件有关的新闻采访，给记者提供权威的资料。

（3）应与新闻媒介随时保持联系，主动向新闻界提供连续性的、真实的、准确的跟踪信息，及时纠正不正确的信息，公开表明组织的立场和态度，以减少新闻记者的各种猜测，帮助新闻记者做出正确的报道。重要事项应以书面材料的形式发给记者。

（4）谨慎传播，在事实未明晰前，不要发表有关事发的原因、损失以及其他方面的任何可能性的言论，不轻易地表达赞扬或反对态度。

（5）对新闻界表示出合作、主动和自信的态度，不可采取隐瞒、搪塞、对抗的态度。对确实不便发表的消息也不要简单地说"无可奉告"，而应该说明理由，求得记者的同情和理解。

（6）注意以公众的立场和角度进行报道，不断提供公众所关心的消息，如补偿方法和善后措施等。

（7）除新闻报道外，可在刊登有关事件消息的报刊上发布歉意广告，向公众说明事实真相，并向有关公众道歉并承担责任。

（8）当记者发表了不符合事实真相的报道时，旅游组织应尽快向该媒体提出更正要求，指明不符合事实的地方，并提供全部与事实有关的资料，派遣发言人接受采访，表明立场，但注意应避免产生敌意。

（9）通过与本组织没有直接联系的有声望的第三者发言人的评论戳穿谣言。

（10）记录所有对外发布的信息，避免在新情况出现时，重复发布信息或者公布前后矛盾的信息。

【案例】

"饿了么"的危机公关

在中央电视台播出的3·15晚会上，央视曾曝光了"饿了么"网络订餐平台引导商家虚构地址、上传虚假实体照片，甚至默认无照经营的黑作坊进驻的问题。有餐馆老板娘咬开火腿肠直接放到炒饭中，厨师尝完饭菜再扔进锅里。

当晚"饿了么"通过官方微博做出回应。虽然抓住了危机公关的黄金时间，但这次的危机公关明显不到位，被消费者诟病，原因是，除了回应套路明显外，最重要的是没有态度——短短的几句话竟然没有道歉的意思。

有网友感慨：都说3·15晚会是考验品牌公关能力的镜子，而中第一枪的"饿了么"的公关反应则让人有点着急。更有有心的网友发现，一个微博认证为"饿了么网上订餐高级市场经理"的调侃式回应"对不起，饿了么今天忘记给央视续费了！"则可以说是火上浇油。

面对自身的问题，明显"饿了么"表现出的态度就是认识不够。随后，虽然这条微博被迅速删除，但还是被手快的网友截图下来了。有网友戏称：这真是不怕神一样的对手，就怕猪一样的队友。

众所周知，在企业突发事件中，危机公关如果出色、往往有化腐朽为神奇的"功效"，但从此次危机公关可以看出，在这方面"饿了么"还得好好加强。

反观，同样被央视点明批评的淘宝，在得知被曝光淘宝上的刷单行为后，一个小时内就做出了官方回应。而且，在这份回应里，淘宝还特别提到刷手是通过QQ群、QT语音群、微信群、空包网、YY语音聊天室、黑快递而完成隐蔽而庞大的刷单产业链。实际在3·15晚会之前，媒体就有报道，阿里发声，"阿里打假投入不封顶，要做打假中国队","消灭阿里巴巴容易,消灭假货难"等。阿里的高明之处在于紧踩时间点,在3·15这天放出消息供媒体报道。

其实,阿里的高明的危机公关能力早已是公开的秘密。网监局曾就淘宝售假做出调查。对于这一公关危机问题,淘宝成立了300人的打假特战营,与长期以来的公关舆论进行了正面交锋。

淘宝公关危机处理第一招:不否认,不盲目承担错误。你说淘宝假货多,淘宝说:假货多,我们成立300人打假特战营,协调网监部门解决问题。你说假货是淘宝的问题,淘宝说:我们只是像店面一样提供平台服务,我们不销售产品。从处理态度来看,大多数人对淘宝公关危机处理的第一印象就是:没有逃避问题,而且看起来确实有些委屈,综观整个电商平台,假货并非是淘宝一家的问题,但也没有几家像淘宝一样成立了300人的打假特战营。

不逃避,不大包大揽,从中寻找漏洞把握先机,这就是淘宝公关危机处理的方式。

淘宝公关危机处理第二招:把握主动地位,拒绝被动。随后淘宝发文称,觉得自己受委屈了,投诉网监司司长。淘宝针对假货问题投诉网监司是其公关危机处理的一大高招,当政府遇上知名企业,人们的心理往往更加偏向于企业,更何况淘宝从网监司司长的言辞中找到了漏洞。

善于把握机会,制造对自己更有力的矛盾新闻,这是淘宝下的一招高棋。而至于投诉乃至官司结果如何,又有多少消费者还会真的去关注?大家仅关心假货问题是否得以解决。

淘宝公关危机处理第三招:全社会招募,让消费者参与进入,确保自己的承诺并非一纸空谈。除了成立300人的打假特战营,淘宝此次在公关危机处理中还面向全社会招募人才,配合政府部门进行打假,这一公关危机处理流程相当紧凑,让人挑不出一丝的毛病。当然,这一招还得靠淘宝执行下去才行,否则只是说说而不去执行,只会导致事情进一步恶化。

我们想说的是,产品质量远比危机公关重要,企业发生危机需要危机公关,但是坚守品质才是王者之道。

(三)分工协作,采取措施

(1)旅游组织的负责人应亲自组织和协调力量,甚至亲赴危机现场处理第一线问题,制定和落实得力的危机处理措施。采取危机处理措施的情况要及时向公众和媒介宣布,并详细记录在案。

(2)旅游组织全体员工应统一思想,统一认识,齐心协力地减少危机造成的损失,塑造组织良好的社会形象。但除发言人外,其他员工不得任意发表任何相关的言论。

(3)坚持灵活性与原则性相统一的方针,负责处理事故的人员,要根据各自分工,选择适当的方式、方法。

(4) 各有关人员有效分工、密切配合。危机处理工作力求果断、干练，以友善的精神风貌、高效的工作风格获得公众的好感与信任。公共关系部经理作为组织与外界联系的关键人物，应居于核心地带，并向办公室秘书随时通报自己的位置、随时保持联系；其他公共关系人员应处在各个关键的场地，如在突发事件场地的入口处指示新闻媒介的活动地点，注意将新闻记者、参观者同现场目击者分开；新闻发言人负责回答所有新闻记者和参观者的问题；指定一名精干稳重的公共关系人员在接待室简要回答问题，提供接待服务。

(5) 在一定范围或区域内，公共关系人员有权制止摄影师的活动，以防止可能产生的影像报道失实的情况，失实的影像报道比文字报道更有害。在接触公众的过程中，注意观察，了解相关公众的反应与要求，做好劝导工作。

(6) 指定一名联络员活动于所有公共关系场地和其他重要地点，随时报告事态进展、公众的评论和建议情况等，并将实施过程中的细节做详细记录，写成报告，便于向组织负责人、主管部门、新闻单位以及来往的组织通报。

(7) 聘请有经验的沟通顾问或法律顾问担任危机沟通负责人。专业沟通顾问经验丰富，能有效帮助处于危机之中的组织迅速协调各方面的资源和力量以控制损害。

(8) 保证沟通渠道畅通。

（四）做好善后处理，防止危机死灰复燃

危机善后工作主要包括：

(1) 继续保持与媒介的联系，争取理解与合作，并通过媒介发布危机事件的善后处理的进展情况。

(2) 尽量控制危机的影响面，避免危机影响产生连带效应。

(3) 开放现场，或将与危机事件相关的原始管理记录公之于众，表明旅游组织及旅游企业对公众的坦诚。加强多方沟通，重建信任感。

(4) 善待危机受众，诚恳、周到地做好伤亡者的救治与善后安置工作。耐心听取受害者关于赔偿损失的要求以确定如何赔偿，尽量避免因法律诉讼而带来的组织形象再度受损。

(5) 危机管理改正。对危机管理流程、危机管理计划等进行修正，重塑组织形象。

（五）检测总结，公之于众

在危机的善后处理工作结束后，公关人员要注意从社会效益、经济效益、公众心理和组织形象诸方面进行评估。检测评估的内容包括：危机处理措施的合理性与有效性，原有的问题是否彻底得以解决，公众心目中的组织形象有何改变，组织不利的局面是否好转。这样，既能对这次工作效果心中有数，又可以为今后处理这类事件总结经验教训。

检测评估后，危机管理小组要将检查结果向旅游组织及旅游企业的相关层面报告，

并向公众和媒介公布。有些重大事故可采取谢罪广告的形式在报上刊登，以表明旅游组织及旅游企业敢于承担责任的态度。

三、旅游公共关系危机处理的方式

在处理危机事件的过程中，既要维护、恢复和发展旅游组织的形象，又要适应公众的心理特征和个性背景。针对不同的危机形态，旅游公共关系危机的处理方式主要有以下几种：

（一）快速反应方式

公众误解、社会流言、不利于社会舆论的导向、专家及新闻工作者的误报、竞争对手的误导甚至造谣中伤，都可能引起公众的怀疑、误解和指责，使旅游组织陷入信誉危机。针对这些应该及时处理才不致扩大影响范围的旅游声誉危机事件所做的果断、迅速的处理方式，称为快速反应方式。在旅游信誉危机问题刚刚显露或刚刚爆发时，迅速做出理智的反应，及时控制危机的范围，尽力抑制危机的发展，不仅可以有效地解决本次危机的有关问题，而且可以使某些后果更为严重的危机消除于未发之际。

【案例】

危机处理，刻不容缓

俄罗斯《独立报》网站2月25日刊发题为《三大全球危机将带来比新冠疫情更大规模的威胁》一文，作者为联合国环境规划署执行主任英厄·安诺生。全文摘编如下：

尽管还有疫情，但2021年可能是我们与大自然和解、让地球重归治愈之路的一年。虽然新冠病毒仍在给我们的生活带来重大变化，但另一场更加重大的危机要求我们在全球范围内采取紧急行动。

三大环境危机——气候变化、物种灭绝和环境污染——造成了全球紧急状况。从长远来看，其带来的灾难将远远超过新冠疫情。

我们采取的行动完全不足以保护后代免受全球气候变暖、有毒的空气和水、物种大规模灭绝的影响。

如此复杂的问题难以立即找到答案——这需要时间。但专家们已经提出了一系列解决方案，落实它们的机制和机构也已存在。我们再也没有借口拖延时间。

今年，各国政府和其他参与者将在联合国的牵头下齐聚一堂，就保护生物多样性、应对气候变化和土地退化等问题举行决定性会谈。疫情造成的危机拖延了此类峰会的召开。不过，不举行峰会不能成为不作为的借口。

我们面临的环境、社会和经济问题是相互关联的，必须综合性地解决这些问题。比如，如果气候变化和生态系统毁坏导致世界上最贫穷国家出现粮食和水资源枯竭的情况，那么到2030年，我们就无法实现包括消除贫困在内的可持续发展目标。我们别无选择,只能进行经济和社会改革,认清大自然的重要性,将大自然的健康置于我们所有决定之首。

由此我们可以看出,坚持"第一时间"原则的重要性,如果没有迅速采取补救措施,很可能会使危机扩大化,造成更加无法收拾的局面。

(二)从容处理方式

在处理突发事件时,虽然要做出快速反应,但针对只危及旅游组织及旅游企业自身的一般性危机,旅游公关人员更倾向于选择稳妥的阶段性控制的决策方案,以控制突发事件事态的发展。在信息有限的情况下,旅游公共关系人员可能采取反常规的决策方式,但要克服急于求成的情绪,在对危机的表象进行控制以缓和局势以后,应对危机环境中的天时、地利、人和等诸因素进行全面的综合考虑,从容做出解决危机的根本性决策。如果是突发的恶性旅游信誉危机,危及的对象是其他组织和广大社会公众,这一方式则不适用。

【案例】

珊瑚礁是可以恢复的

据路透社报道,当地时间2021年6月22日,联合国教科文组织世界遗产委员会表示,澳大利亚大堡礁应该被列入濒危世界遗产名录。据了解,大堡礁是世界上最大最长的珊瑚群,1981年被列入世界自然遗产名录,其独特的景色吸引了世界各地的游客。不过有媒体指出,这些年,澳大利亚政府未能采取行动拯救珊瑚礁,使其遭到了不少破坏。据外媒报道,联合国教科文组织认为,需要采取紧急行动来应对气候变化对珊瑚的影响,并保护剩余的珊瑚。自2015年以来,由于海洋温度升高,该地区遭受了三起灾难性的大规模珊瑚白化事件,珊瑚礁正面临着"确定的危险"。联合国方面还认为,澳大利亚政府在大堡礁的水质和土地管理方面,没有达到目标。报道指出,将大堡礁列入濒危世界遗产名录可能会对当地的旅游业和澳大利亚经济产生重大影响,因为这将削弱其对游客的吸引力。澳大利亚绿党参议员兼环境发言人莎拉·汉森-杨(Sarah Hanson-Young)表示,联合国的这一建议是其他国家对澳大利亚发出的警告信号,表明澳大利亚确实需要在应对气候变化方面做得更好。而包括澳大利亚绿色和平组织在内的几个组织则指责澳大利亚总理莫里森对化石燃料的持续支持以及未能采取行动应对气候变化。澳大利亚环保组织世界自然基金会海洋部负责人理查德·莱克(Richard Leck)认为,澳大利亚政府应该抓住这次机会,将自己变成可再生能源超级大国。气候科学家莱斯利·休斯(Lesley Hughes)说:"重要的是我们要记住,珊瑚礁是可以恢复的,但它需要从严重的珊瑚白化事件中解脱出来,而唯一的办法就是迅速减少我们的温室气体排放。"澳大利亚有关部门没有及时启动公共关系危机处理,是导致该事件发酵的原因之一。

(三) 标本兼治方式

处理突发性旅游公共关系危机的首要目标是"立竿见影"的效果:在"治标"的基础上,再谋求"治本"之道。所以,在危机发生的初期,旅游组织领导人必须对事态予以足够的重视,妥当处理。从公开性和主动沟通的角度考虑,危机发生后,旅游组织及旅游企业应设立专线电话,并将电话号码告知公众,并配备训练有素的公共关系人员应对危机期间外部打来的大量电话。虽然大多数旅游组织及旅游企业所遇到的危机事件是短期的事故,但这些危机事件对旅游组织及旅游企业的影响可能是长期的。

(四) 迂回式

如果单凭自身之力无法控制和挽回危机局面,应依据不同情况,采取迂回战术,依靠政府机构、权威人士等关键公众向社会发布信息、提出约请,或提出改善危机的处理方式,以影响或调解环境系统。也可以直接邀请公正、权威性机构来帮助解决危机。

有些旅游公共关系危机事件,由于发生时间较长或危机性质较严重,往往会出现"意见领袖",他们往往被公众认作"代言人",并具有足够的权威性和知名度,对其他公众有较大的影响力,甚至能左右公众舆论。这时,旅游组织及旅游企业应主动与这些"意见领袖"进行沟通、协商,争取他们的同情、理解和支持,借助他们的影响力来说服公众。

(五) 延伸发挥方式

对一些比较容易控制的公共关系危机,旅游组织在处理的同时,应有意识地借助公众的好奇心理,提高传播效应,提高组织及企业的知名度或美誉度,或者对组织及企业的公共关系形象进行系统的调整。

在旅游组织及旅游企业面临受害性危机时,应采取更积极的"进攻"方式处理危机。通常的途径有诉诸法律,利用法律武器维护组织利益;借助大众传媒,澄清事实真相;策划公共关系活动,通过广泛的公众参与,提升旅游组织及旅游企业的声誉和形象。

四、旅游公共关系危机处理的心理对策

尽管危机事件的发生对于旅游组织来说是极大的不幸,但是,如果采取恰当的处理策略,也可能变不利因素为有利因素,巧妙地将危机转化为宣传的契机。相反,处理不当就会严重影响组织的声誉,甚至危及组织的生存与发展。

旅游公共关系危机事件处理策略就是在处理危机事件过程中,针对公众心意和心

理需求，从维护、恢复、发展旅游组织形象角度出发所进行的决策定位，具体来说有以下几个方面：

（一）保持镇定，果断处理

当危机事件发生后，公关人员首先应该保持沉着、镇定，尽快查明事实真相，把握事件的前因后果，确定处理决策，立即实施有效的措施。如果公关人员缺乏冷静的头脑，不能做到镇定自若，就容易使员工产生心理震荡和情绪波动，造成军心涣散的不良局面，会给危机事件的处理带来更大的障碍，使事态进一步复杂化。

对于危机事件发生后，反应最为强烈的与事件有利害关系的组织、个人与新闻单位，组织要尽量安抚当事人，稳定局势，平衡协调各方面关系，努力挽回影响。

在处理危机事件的过程中，要求公关人员通盘考虑，谨慎处事，切忌鲁莽武断；同时，也要避免畏缩不前，优柔寡断，应及时抓住处理事件的良机。对于较大的危机事件，采取单一的处理方法和途径去寻求解决，显然有一定的局限性，难以奏效，必须综合运用多种形式，通过多种渠道，从多个侧面、多个角度来寻求解决方法，以求对危机的妥善解决。特别是对有损组织形象的、在公众中造成恶劣影响的突发事件的处理，更应如此。

【案例】

西贝、海底捞涨价风波

2020年4月初，随着国内新冠肺炎疫情逐步减缓，各家餐饮店陆续开张，但不少消费者发现西贝、海底捞等餐厅的价格纷纷上涨，这被媒体称为"报复性消费还没来，报复性涨价先到了"。4月10日下午，海底捞通过官方微博表示，海底捞门店此次涨价是公司管理层的错误决策，伤害了海底捞顾客的利益，对此深感抱歉。自即时起，中国内地海底捞门店菜品价格恢复到2020年1月26日门店停业前标准，4月11日，西贝餐饮董事长贾国龙在其微博也对涨价事实致歉，称："这个时候涨价不对。所有涨价的外卖、堂食菜品价格恢复到2020年1月26日门店停业前的标准。"贾国龙表示：2月1日起，西贝莜面村上海及周边8个城市的18道外卖菜品价格上涨1~10元不等。4月6日起，上海12家门店的25道堂食菜品，上涨了1~10元不等。全国其他374家门店的堂食价格没变。5月31日前，在全国59个城市386家西贝门店堂食用餐，可以享受吃100元返50元的优惠，以表诚意。相关话题迅速登上微博热搜。海底捞的一份道歉信，传递了3个核心信息：一是涨价的锅，管理层背，道歉！二是恢复原价，三是自提业务有六九折的折扣。三个信息是一个连环扣，道歉是态度，恢复原价是行动，强调折扣是动销策略。因此，这是一个有态度、有行动和有策略的道歉信，迅速引来好评一片！尤其是那句"涨价的锅由管理层来背"，是不是似曾相识？随后，西贝等餐饮企业也纷纷跟进。专家专门研究了海底捞在疫情期间的微博，既没有西贝的"叫苦",也没有老乡鸡的"卖乖",就是踏踏实实地叙述行动,还时不时说一下问题。公司高层人员的坦诚,尤其是不自负,对一个旅游餐饮企业来说,真的太难得了。

(资料来源:吴加录.梅花网 MICE 舆情监测整理搜集.2020-4-24.内容有删减)

(二)坦诚沟通,真实传播

"实事求是"是我国传统文化思想中一个重要方面。班固的《汉书》为汉景帝之子刘德作传,称道他"修学好古、实事求是"。唐代经学家颜师古把"实事求是"训为"务得事实,每求真是也"。宋元明时期,产生了一种完全否定直觉主义的思维方式,即"实事求是"。"崇实致用"是明清之际实学思潮的基本特征,它力戒"束书不观,游谈无根"之弊。清初顾炎武以经世致用之"实学",反对言心言性的空谈。我国这些传统思想,尽管提法、立意不尽相同,但他们的确代表了那种为学治事注重从实际出发,详细地占有材料的优良文化传统,这与现代公共关系学中"以事实为基础"的思想有相通之处。

现代公共关系是社会组织面向自己的公众而开展的传播与沟通活动,组织与公众之间是一种互惠互利、相互为用的关系。所以,公共关系工作必须坚持以事实为依据的原则,离开了事实,公共关系就失去了价值。一旦发生危机事件,组织与公众的心理沟通,特别是与新闻媒介的关系更显得分外重要。因此,组织在采取措施处理危机事件的基础上,要充分利用大众传播针对性、真实性的报道,加强与公众的心理沟通,改善对组织不利的舆论环境。

1. 真诚、坦率地与新闻媒介合作,提供真实信息

危机发生后,组织应尽可能为新闻媒介报道事实真相提供方便,以引起社会公众的重视。如果组织不能有效地满足媒介要求,不能以敢于承担责任的姿态出现在公众面前,不及时调整或改变组织的政策与行为,便很可能在组织与新闻界之间、组织与公众之间形成一道鸿沟,从而丧失危机事件处理的良机。因为,在危机发生时,公众对危机真相的知晓主要是通过新闻媒介来实现的。真诚、坦率不仅是旅游组织与新闻媒介合作的最佳态度,而且也是唯一的态度。那些视新闻界为"冤家"的旅游组织,拒绝向新闻媒介提供真实的信息,其结果往往是不仅无助于危机事件的平息、解决,而且也得不到新闻界的理解、原谅,令自身陷入传媒和公众同声谴责、孤立的境地,使组织面临沉重的生存危机。

2. 面对公众疑虑,突出内容的针对性

在信息传播过程中,要根据公众的心理要求和危机事件的具体情况,有选择性地报道,开展针对性宣传,并不需要全方位的宣传。

3. 统一对外口径,提高时效性

组织在发布信息时应确立专门的对外发布机构,统一对外新闻发布口径,这样可避免混乱,争取主动,否则口径不一致,前后矛盾或不同的人有不同的想法,容易使处理工作部门被动，使舆论宣传不利于问题的解决。同时，还应注意处理危机事件过程中信息发布要迅速，既能满足公众的心理，又能强化各项解决危机的措施和力量。

【案例】

负面舆情面前如何回应

2021年9月8日，《人物》发表的《外卖骑手，困在系统里》的文章引发热议和广泛传播。文章指出，由于外卖平台骑手系统对于配送时间的要求越来越短，为避免被平台罚款和消费者给差评，致使部分骑手采取逆行、闯红灯等不符合交规的行动，最终导致交通事故数量上升。对此，美团外卖在第一时间通过媒体回应，表示："暂不回应此事，下周会举办小范围的外卖业务沟通会。"饿了么则在9月9日凌晨1点左右发表声明《你愿意多给我5分钟吗？》，"系统是死的，人是活的"，并宣布将尽快推出一项新功能——"我愿意多等5分钟/10分钟"按钮。然而饿了么的回应，公众和媒体都不买账，不少网友留言表示饿了么在推卸责任，把责任推给了消费者。不少大V、知名人士也纷纷对此表示反对。央视评论员白岩松在节目《新闻1+1》中称："我坚决反对用'多等5分钟'解决问题，这样可能让越宽容的人越吃亏。"上海市消保委副秘书长唐健盛接受采访时则表示，消费者在平台下单，商业行为也是针对平台产生，让消费者承担外卖骑手的过错，"显然是有违基本逻辑的"。

有了前车之鉴，美团在随后的声明中点出了平台系统问题，并表示将更好地优化调度系统，给骑手留出8分钟弹性时间，让骑手在路口放慢一点速度；同时改进骑手奖励模式，让骑手在保障安全的同时获得更实际的回报。有了美团外卖的"标准答案"，饿了么的回应被公众批评得更惨了。对此，饿了么通过媒体再次回应表示："饿了么团队已经关注到了，但饿了么仍希望把选择权交给用户，因为平台没有办法去判断用户是否着急。用户增加时间在骑手端是无感的，也就是说，骑手看不到订单是否增加了时长，只能看到订单的配送时长。接下来，饿了么会在骑手到店等场景做出一些技术调整。"

同样是面对一篇刷屏的文章，饿了么的公关可能迷信于"危机公关黄金6小时"的理论，竟然把锅甩给了用户。《人物》刷屏的文章，全文都在探讨一个核心问题：到底谁是让外卖骑手变成高危职业的罪魁祸首？答案无非只有两个：消费者或者外卖平台。文章最后，给出的答案很明确，是外卖平台的算法文化，而饿了么却理解成了消费者。读错了危机，回应的内容必然是错的，接到这口锅的用户显然不买账了。还有一个更加要命的错误，就是刷屏文章的矛头对准的是行业第一的美团，而饿了么却主动为竞争对手"挡枪"，最后的结果大家应该都知道了，被美团抄了一个开卷的作业。与其说美团公关高明，不如说是饿了么的公关太"虎"了。"危机公关黄金6小时"的理论，只是说快是一个相对的概念，需要根据实际情况去调整，绝不能追求一味地快。

（资料来源：赖祐萱. 文摘报，2020-09-12. 内容有删改）

（三）心理疏导，情感沟通

旅游公共关系心理学研究表明，在危机事件处理过程中，赢得公众对旅游组织的情感是至关重要的一个环节。因为在危机事件中，公众除了利益之争外，还与旅游组织存在着强烈的心理隔阂，对旅游组织充满不信任。优秀的旅游公关人员不仅要解决直接的表面上的利益问题，而且要根据人的心理活动特点，采用恰当的情感沟通策略，解决深层次的心理、情感关系问题。要树立起强烈的公众意识，对公众有意识地进行情感投资，把旅游组织的关怀和温暖不断送到公众心里，巧妙地利用各种社会环境条件，通过大众媒介、人际交往等方式，不断地满足公众的心理需求，关心公众利益，从而培养起公众对旅游组织的情感，使他们消除心理障碍，恢复对旅游组织的信任，这样不仅可以为危机事件的处理创造良好的公众心理条件，而且可以大大强化其他各项措施的影响力，树立旅游组织的良好形象。

（四）区分类型，有的放矢

在危机公关工作中，导致危机事件发生的原因不同，危机事件的类型就不同，公关人员要善于判明情况，根据不同诱因、不同情况选择不同的方式、方法，这是提高危机事件处理效果的保障。

1. 非人为的灾难事故所引发的危机

一般来说，这种危机容易得到社会和公众的谅解，对组织声誉的损害相应地也小些，造成的影响也较容易消除。在这类危机事件的处理上，一方面，要迅速采取补救手段，尽可能做好善后处理工作，使受损害的内外公众及社会有关方面感到满意，并对组织认真负责的精神留下好的印象。另一方面，要做好舆论宣传工作，制止各种谣言的流传，确保危机处理有一个较公正、有利的舆论环境。此外，为了有效减少灾难性危机所造成的巨大损失，平时要有针对性地做好预防工作，树立危机意识，做好应急准备：制定应急对策、准备应急物资、准备好备用的通信系统，保证灾难发生后对外联络的畅通，有可能的话，经常进行防灾避难的演习。

2. 事故性危机

事故性危机是指因旅游组织的失职、管理工作的失误，或产品质量出现问题等引发的责任完全在旅游组织的危机。因此，旅游公共关系人员处理此类危机事件时应该：果断采取措施，有效防止事态扩大；诚恳地向公众道歉，以期迅速获得公众的谅解、宽容，防止敌意的产生和蔓延；了解公众需求，及时弥补公众损失；认真检查、切实做好改进工作；适当宣传，将事态的发展情况、改进措施、对公众的承诺和服务等内容通过适当的媒介、传播方式公之于众，以消除公众的不良印象，恢复公众的信任。在实际工作中，公关人员处理这类事故性危机一般要综合运用多种措施，谋求综合效应。

任何一个旅游组织，在发展过程中，难免会因为自己的过失或其他因素而损害公众利益，酿成事故性危机，此时，纠正失误，诚恳道歉，控制事态，弥补公众损失，恢复公众信任，及时化解危机便成了旅游组织的当务之急。缺乏危机对策，就会坐失良机，甚至加剧危机，使旅游组织形象进一步受损。

【案例】

双汇3·15再度"翻车"

2022年3月15日前夕，江西都市频道发布调查视频，双汇发展全资子公司南昌双汇，生产车间存在诸多食品安全问题，包括工作服发黑发臭、猪排落地直接装袋入库、消毒环节太随意、风淋系统形同虚设等，并且招工方面还有不少猫腻与潜规则。3月15日当天，双汇发展股价跌停，一日蒸发96.7亿元。

危机案例评点与分析：

在业内人士看来，双汇的食品安全问题并非是"一日之寒"，子公司食品安全意识淡薄、质量内控管理混乱，双汇发展对旗下子公司的督导督查力度也存在不足。

长期以来，随着社会信息透明度、传播度的不断加强，食品安全问题受到消费者的高度重视，一点风吹草动对食品品牌来说，都可能是灭顶之灾，对细分行业也是致命的打击。

双汇此次的食品安全问题，有可能会出现下面三种危机：(1)消费者对双汇产品不再信任，转而消费其他竞品；(2)双汇行业龙头品牌影响力太大，使整个行业遭受影响；(3)双汇出台有力措施，重拾消费者对其品牌信心，消除影响。但从目前来看，第三点难度很大。

除双汇外，酸菜也因食品安全问题刷屏。众多消费者表示，今后再也不吃酸菜了。方便面品牌大佬统一、康师傅、今麦郎、白象以及餐饮巨头肯德基等紧急回应，道歉的道歉，撇清的撇清，下架的下架。

供应商出现食品安全问题，对于企业品牌存在着很大的影响。这也在一定程度上体现了企业对消费者的不负责任。对于食品安全问题，相关监管部门应该对于涉事企业给予更严厉的处罚，使得违法成本加重，才能推动和促进食品企业更好地重视食品安全，从源头上实现管控。

此次相关企业爆出的食品安全问题不是个例，随着新的《中华人民共和国食品安全法》的推行，食品安全问题将更加严格。"民以食为天"，坑害消费者，必将受到法律的严惩以及消费者的唾弃。

双汇此次的食品安全问题，引发了食品餐饮行业名企的信用危机。一方面引发消费者对食品安全的担忧，使得公众对于长期以来困扰着中国企业的食品质量更加质疑；另一方面，双汇此次危机事件也引起全社会的深思：名牌企业卷入质量安全危机旋涡，反映了我们的市场诚信、商业伦理还距离人们的期望甚远。

双汇事件以及其危机应对手段给我们一个启示：对待消费者，我们不要想着如何去欺瞒和蒙骗，而是应该保持坦诚的态度和遵循真诚沟通的原则。

对于食品安全这个敏感的领域，任何的危机事件都可能引起整个行业的动荡。双汇事件表面上对国内餐饮业其他企业不会造成大的影响，但事实上，仍有相当一部分消费者会由此事延伸至整个国内餐饮业，对该行业的安全卫生持怀疑态度，不信任该行业的质量安全监督行为。

3. 误解性危机

误解性危机的处理应立足于增加沟通、增进信任。因为当误解性危机事件发生时，公众之所以轻易听从他人意见，主要是由于平时沟通不够，他们对旅游组织的具体情况不了解，不信任旅游组织。公关人员应高度重视公众对旅游组织的误解，及时采取措施，消除它的影响。但对那些恶意中伤、歪曲事实的宣传所引发的危机在处理上要持严正态度，及时做出有力的反应。

例如，一则"台湾良心导游向大陆游客揭露康师傅惊天内幕"的视频在社交媒体中热传。视频中一位台湾地区的导游在接待大陆游客时细数"康师傅"使用馊水油的斑斑劣迹，表示在台湾地区基本上找不到康师傅的任何产品，是因为台湾民众在实行一项对康师傅"灭顶运动"，并奉劝大陆游客抵制该品牌。这段只有短短2分41秒的视频，尽管所披露的数据未经证实，但是引发了众多营销账号的转发和谴责。舆论在当天开始持续发酵。一时间话题遭到热议，康师傅被推上了食品安全的风口浪尖。第二天上午，康师傅控股有限公司马上在其官网及官方微博发表声明《康师傅强烈呼吁社交媒体勿沦为谣言的温床！》，并称康师傅在大陆生产与销售的产品从未涉及台湾地区近年来的油品事件，所有产品所使用的油品安全无虞，对于视频中的"恶意中伤行为"及"个别自媒体社交账号持续煽动及散播谣言"的行为，康师傅要追究其法律责任。由于康师傅控股有限公司及时拿出了科学有力的证据，公开进行驳斥，并利用一切手段进行正当的声誉防卫，才抑制了可能带来的市场快速萎缩的被动局面。

4. 组织内部管理危机

因劳资问题等引发的规模较大的纠纷事件，一般具有可预见性、可控性特点，涉及范围不广，主要是影响本组织的利益。相对而言，只要加强日常管理层与员工的沟通，承认和尊重员工的个人价值，改善工作条件和福利条件，关心员工全面发展，满足员工提出的合理要求，大部分事件可以避免或减少发生。但是，如果忽视对这类事件的妥善处理，所酿成的纠纷将使组织形象蒙上阴影，从而使内部纠纷事件转变为形象危机事件。

例如上海某五星级大酒店在新员工培训过程中，由于某些做法欠妥当，粗暴对待员工，引起员工的强烈不满，导致在短短的一两个月中，新录用的7名女大学生纷纷辞职。此事被新闻媒体曝光后，该酒店受到社会舆论和饭店同行的一致抨击。上海市劳动局经调查核实，对该酒店劳资纠纷事件中所引发的酒店劳动管理中存在的问题发出整改通知，该大酒店不得不向新闻媒体和社会公众公开致歉并承认错误。一起完全可以通过组织内部解决的纠纷，终于演变成一场危机事件，极大地损害了该酒店的形象。

5. 因收购与兼并引发的危机

随着我国旅游产业结构调整步伐的加快和资本市场的发育、发展，以及旅游上市公司的不断发展，收购与兼并行为作为市场经济发展、成熟的产物，将不断出现。因此当收购与兼并行为出现时，防御方企业必须进行全力抗争，立即公布令人信服的数据，阐明股东们不能接受收购或兼并的理由；撰写出关于企业经营策略的报告，并向所有与企业业务有关人员进行传达或与股东全面沟通信息；特别是那些机构投资者，还要与证券经纪人和新闻界人士经常举行会议，这有利于企业形象的维护，减少意外的麻烦。

此外，对那些敌意的兼并与收购还可以采用下列对策进行防御：

（1）经营者收购对策。经营者及其合作人通过获得公司的上市股票，从而终止公司股票的公开交易，这既可以防止敌意接管，也可以提高公司的价值。

（2）公司重组对策。主要是将公司最好的部门划分为若干有吸引力的部门或划归本企业集团的其他公司，从而影响其收购或兼并计划，也可将股票大量发售给现有员工，从公司内部为收购及兼并行为增加阻力。

（3）采用反收购对策及利用国家的有关法律法规来保护自己。

第三节　旅游公共关系危机的预防

一、旅游公共关系危机发生的原因

旅游公共关系危机发生的时间、地点难以预料，涉及的范围有大有小，产生的原因也不尽相同。总的来说，危机产生的原因有两大类。

（一）内部原因

一般来说，旅游组织内部的因素是可以控制的，但是，由于决策、管理、公关等方面的失误，仍可导致危机的发生。

1. 管理不善

组织过度地追求经济利益而置公众利益、社会利益于不顾，可能造成宾馆、酒楼发生严重的食物中毒、游乐设施毁坏、旅游高山缆车坠落等事故，该类危机事件完全是组织的责任，最易激起公愤，受到公众和社会舆论的强烈抨击，严重损害组织形象。

2. 决策失误

一旦旅游组织行为短期化、急功近利以及对纷繁复杂的现实环境认识不清，就会使组织的总体目标、公共关系目标与内部的现实条件和外部的客观环境严重脱节，势必会使组织受挫、出现危机。如前些年一哄而上的人造玻璃桥景观热，由于市场定位不当、重复建设过多等决策失误，造成人、财、物的重大浪费。

3. 疏于沟通

由于旅游组织忽视与公众之间的信息交流，以取得公众谅解与支持为目的的信息发布不及时，缺乏针对性等，从而导致公众对旅游组织产生误会，出现对组织不利的社会舆论。

（二）外部原因

旅游业一方面显示出强大的生命力，另一方面又有其脆弱性。自然灾害、政治事件和经济形势变化等，都可导致旅游公共关系危机事件发生，非人力可控制。

1. 自然灾害

自然灾害包括地震、恶劣气候、洪水、疫病流行、火灾等，这是人们难以预料的，一旦发生，对旅游业的影响极大。如墨西哥大地震后，有50%的旅游业务被取消，导致墨西哥在太平洋沿岸的五个主要游览地的客房使用率下降到5%~13%，加勒比海沿岸的两个主要游览地的客房使用率下降到20%。

2. 社会政治

国家的政策、战争、社会动乱，以及劫机、绑架、劫船等恐怖事件，可能会严重危及旅游组织的经营活动，给一个国家和地区的旅游业造成巨大的损失，带来严重的危机。如环球航空公司发生劫机事件后，1400万美国人当即取消了出国旅行计划。

3. 经济形势

本国经济发展状况、区域性经济发展状况和世界经济发展状况等对国际旅游业的发展影响很大。泰国曾经发生的金融危机，波及整个东南亚以及韩国、日本等国，各国家、地区货币纷纷大幅度贬值，对我国旅游业也产生了冲击。

4. 人为破坏

人为破坏包括：某些社会组织或个人采用不正当竞争手段如造谣、诽谤等对旅游组织造成影响；不法分子对旅游组织的破坏；发生于旅游组织内的破坏案件等。

二、旅游公共关系危机发生的阶段

旅游公共关系危机发生的过程大致可分为四个阶段，而这四个阶段也是公共关系危机处理的过程。

（一）危机初期

危机初期各种消息模糊不清，谣言四起，造成社会公众对企业误解、产生偏见，甚至敌视企业。而在这一阶段，旅游组织公共关系人员还没有具体进行危机处理工作，缺乏对危机的预见，往往因麻痹、轻视而铸成大错。

（二）危机稳定期

进入这一阶段，危机发展已经明朗化，旅游组织也已经开始了行动，旅游公共关系人员已经认识到危机的危害性，将相关资料分发给新闻媒介，危机的真相基本上已公之于众，谣言被驳斥，社会舆论方向有所转变。

（三）危机抢救期

该阶段是危机发展的顶峰阶段，也是旅游公共关系人员采取措施进行补救的关键阶段。此时，应设立专门的"信息发布中心"，本着"公开事实真相"的原则，配合危机抢救的具体措施，及时将危机抢救工作的最新消息传播给新闻媒介和社会公众，以避免新闻媒介和社会公众产生猜疑。

（四）危机末期

这一阶段，危机抢救工作即将结束，旅游组织管理层和公共关系人员还需要妥善处理危机后续事宜和安抚人心。同时，公共关系人员还应调查危机发生的原因，写出详细的调查报告，并提出防止危机重演的计划与具体措施，制定危机预警机制。

【案例】

成功的危机公关案例

法制晚报的媒体记者卧底某旅游企业进行暗访，通过拍摄老鼠钻食品柜、火锅漏勺掏下水道、扫帚簸箕与餐具一起洗等照片，揭露了该旅游企业在餐饮方面卫生状况堪忧的问题。在事件爆发三个小时左右，该旅游企业给出了一个堪称企业危机公关范本的案例，业内人士将该旅游企业的危机公关策略概括为：锅我背、错我改、员工我养。与其他企业的危机公关不慎会引发二次危机不同，该旅游企业的危机公关不但成功挽回了该旅游企业的声誉，而且还因为态度端正、应对得人心而广受赞誉，成功为本次危机止损。下面详细解读该旅游企业的危机公关策略。

1. 速度原则

速度第一原则，不仅仅是指企业的反馈要及时，更重要的是，企业发现危机之后要第一时间组织相关人力，第一时间核实相关信息，第一时间策划危机公关方案，第一时间给出回应。表面上看，该旅游企业在很短的时间内做出了道歉声明看似寻常，其实不然，这种速度反映了该旅游企业在应对危机时的系统应对能力。

2. 真诚沟通

该旅游企业在危机发生之后，第一时间进行了核实，确定问题属实后，主动承认错误，并感谢媒体的监督，这种勇气和担当是非常难得的。

3.承担责任

危机发生之后,认错只是第一步,如何处理问题、承担责任才是解决问题的关键。

这样的态度,不仅会快速取得网民的广泛信任与好感,而且,还能安抚公司内部员工。勇于承担责任,不仅仅成功地挽回了企业声誉,更凝聚了企业内部人心,可谓一举两得。

4.权威性

为了消除粉丝及各方的担忧和疑虑,该旅游企业聘请专业的第三方公司对自身各个角落的卫生进行全面排查,杜绝类似问题的二次发生。更进一步,该旅游企业还积极开展透明厨房活动,将之前隐藏在背后的厨房,用摄像器材实时拍摄出来并播放给客人监督。

自此,该旅游企业危机公关案例,成功地为中国危机公关发展写下了浓墨重彩的一笔。

三、旅游公共关系危机的预防

旅游公共关系危机的预防主要从以下几个方面入手:

(一)分析预测危机事件

对于旅游组织来讲,危机的出现虽然突发性强,但也有一定的规律可循,需要进行分析预测。

(1)根据组织的性质做出预测。弄清楚本组织的性质,列出这类组织可能发生的各类危机事故。

(2)根据组织的历史做出预测。找出本组织历史上曾发生过什么危机,以避免历史重演。

(3)从同行的教训中做出预测。找出同行或类似组织曾发生过的危机,分析该类型危机会对组织造成的损害程度;推测这种危机事件发生后将会受影响的公众以及所波及的范围。

(二)在日常业务中预防

在日常业务中严格执行科学管理制度与服务流程,保障产品与服务的质量,遵章守法,维护公众利益,尽量消除危机隐患。

(三)建立预警系统

"凡事预则立,不预则废"。一般而言,除了一些自然灾害、车船失事等非人为、突发的危机事件,大多数旅游公共关系危机事件都有一个潜伏期,在此期间,危机无论如何隐蔽,总有一些先兆表露出来。因此,旅游组织公共关系人员应协同各管理部门建立危机预警系统、积极监测和迅速反馈信息、及早发现危机的苗头,争取把危机消除于萌芽状态。

(1)加强社会舆论的监测工作。积极搜集、分析公共关系信息与组织经营信息,及时掌握公众对组织活动的反映及评价,从中研究推测舆论发展动向及趋势,寻找容易引起危机事件的先期征兆,及时向上级做汇报,提出消除这些征兆的办法和措施。

(2)密切注意国家的经济政策及经济、政治体制改革的方向,使组织的生产经营活动与社会经济大气候步调一致。

(3)加强与重点客户的沟通,培养并强化其对本组织的忠诚度,及时关注其变动趋势。

(4)经常分析竞争对手的生产经营策略和市场需求发展变化的趋势,避免恶性竞争。

(5)定期或不定期地进行自我诊断,分析和研究组织生产经营、管理和公共关系的状态,客观评价组织形象,找出薄弱环节,及时向旅游组织的决策者通报发现的问题,采取必要措施。

(6)开展多种调研活动,研究及预测可能引起危机的突发事件,预防并设法杜绝危机苗头。

(四)设立处理机构

危机一旦发生,损害巨大,必须像灭火一样迅速果断地将其扑灭。旅游组织设立危机处理机构(以下简称"危机小组"),通过行之有效的工作,既可预见危机先兆并防患于未然,又能迅速遏制已发生的危机,降低其对旅游组织形象的损害程度。

危机小组应由组织内职位相对较高的管理者、专业人员及公关人员组成,他们在组织中的地位、身份使他们更熟悉、了解组织和环境,可在危机处理中发挥最大的功效。危机小组应抓好以下几方面工作:

(1)根据本组织建立以来或其他组织发生过的相类似的危机,预测和分析本组织可能发生的各种类型的危机,并对其性质、规模、影响范围等做出恰当的估计。

(2)针对已发生过的危机和可能发生危机的种类、性质、规模、影响范围,制订相应的应急方案,并安排专人负责。

(3)编印危机预测和处理小册子(应包括危机小组成员名单),发给组织内每一个成员,介绍多种危机处理的方式方法,让员工对危机爆发后的应对措施有一个大体的了解。

(4)确定新闻发言人。危机一旦发生,由新闻发言人代表组织向内外公众介绍事实真相以及组织为此做出的反应与采取的措施。

(5)旅游危机爆发后,由危机小组全权负责危机处理工作。

（五）制订防范策略

危机防范策略是指对潜在危机进行分类并评估其特点，并据此确立应对策略；对潜在危机进行鉴别分类（包括可能导致危机的现实环境，过去曾困扰过组织而且有可能再发生的危机，其他类似的组织发生过的危机），在此基础上要针对每种潜在危机的情况，明确人员分工责任，制订应对方案，最后形成书面方案，在主要管理人员中散发，让组织中全体人员熟悉其内容，使其成为组织员工处理各种危机的行动指南。

（六）危机模拟训练

为在危机处理中处于主动地位，旅游组织应当未雨绸缪，每隔一段时间，针对一种或多种危机情况进行危机模拟演习，以便考核危机小组对紧急事件的反应能力、危机处理的知识储备和决策能力，使全体管理人员及员工熟悉危机防范方案，遇到危机时能应变不惊，最大限度地减少危机对组织及社会公众的伤害。演习后，危机小组成员应进行详细的征询意见活动，从中发现方案不足之处。模拟演习还要使组员接受心理调节的训练，以免到真正出现危机时紧张的心理妨碍组员的思维和决策。另外，还要进行媒介关系处理、接受记者采访和对外发言等方面技巧的专业培训。

总之，危机应变计划做得越周详，训练做得越充分，应对危机时就越娴熟与灵活，危机的处理就越顺利。

本章小结

旅游组织在运行过程中，不可避免地会发生严重破坏形象的重大冲突事件或事故，需要进行专门的公共关系危机处理工作，旅游组织应迅速采取一系列措施与社会公众积极沟通，把损失降到最低限度，控制公众舆论，维护形象，保障组织的正常运转，否则，会使旅游企业失去公众的信赖与好感。

思考与练习

结合本章学习的内容，模拟建立一个危机小组，结合近年的旅游突发事件，制订公共关系危机处理方案，并在课堂上讨论，比较每个方案的可实施性以及优缺点。

拓展阅读

1. 文化和旅游部．"十四五"文化和旅游发展规划［EB/OL］．https://zwgk.mct.gov.cn/zfxxgkml/zcfg/zcjd/202106/t20210604_925006.html．

2. 尤瓦尔·赫拉利．人类简史三部曲［M］．林俊宏，译．北京：中信出版集团，2018．

参考文献

1. 林崇德.发展心理学［M］.北京：人民教育出版社，1995.
2. 魏小安.旅游纵横产业发展新论［M］.北京：中国旅游出版社，2002.
3. 魏小安，魏诗华.全产业链视阈下的旅游发展［M］.天津：南开大学出版社，2012.
4. 余昌国.旅游人力资源开发［M］.北京：中国旅游出版社，2003.
5. 保继刚.旅游规划案例［M］.广州：广东旅游出版社，2003.
6. 戴斌，周晓歌，李仲广，等.中国旅游经济监测与预警研究［M］.北京：旅游教育出版社，2013.
7. 林崇德.发展心理学［M］.北京：人民教育出版社，1995.
8. 董奇.心理与教育研究方法［M］.北京：北京师范大学出版社，2013.
9. 董奇.学习的科学［M］.北京：中国书籍出版社，1996.
10. 庞丽娟.做情绪的主人［M］.北京：中国华侨出版社，2012.
11. 朱智贤，林崇德，蕾奇，申继亮.发展心理学研究方法［M］.北京：北京师范大学出版社，1991.
12. 李红，邱炳武，张舒哲.小学生心理健康教育问答［M］.北京：北京师范大学出版社，1994.
13. 方晓义，申继亮.气质与思维品质的相关研究［J］.心理发展与教育，1991（2）：20-25.
14. 邹统钎.旅游景区开发与管理［M］.北京：清华大学出版社，2014.
15. Chuck Y-Gee.国际饭店管理［M］.谷慧敏，译.北京：中国旅游出版社，2002.
16. 张舒哲.人际交往心理学［M］.北京：中国社会科学出版社，1990.
17. 张舒哲，高娴子.导游口语技巧［M］.北京：旅游教育出版社，2006.
18. 张舒哲，何霞.旅游服务礼仪与形体训练［M］.北京：旅游教育出版社，2009.
19. 张国洪.旅游公共关系［M］.天津：南开大学出版社，2004.
20. 张文.旅游与文化［M］.北京：旅游教育出版社，2001.
21. 张舒哲.青春期精神障碍及其矫正［J］.殷都学刊，1994（02）.
22. 张舒哲，张国立.国际化趋势下的旅游职业院校创业教育的几点思考［J］.广东教育（职教），2016（001）：115-116.
23. 张舒哲.论学习困难的界定方法和基本类型［J］.心理发展与教育，1994（2）：

59-64.

24. 王俊，刘邵玲.智慧旅游时代旅游者消费行为倾向研究［J］.科技致富向导，2012.

25. 格伦·布鲁姆，艾伦·森特.有效的公共关系［M］.北京：华夏出版社，2002.

26. 卡特里普.公共关系教程［M］.2版.北京：华夏出版社，2001.

27. 陈向阳.公关顾问专业指南［M］.合肥：安徽人民出版社，2004.

28. 大龙，王庐霞，尹涛.中国式公关［M］.北京：中信出版社，2006.

29. 阿尔·里斯，劳拉·里斯.公关第一广告第二［M］.上海：上海人民出版社，2004.

30. 孙玉红，王永，周卫民.直面危机：世界经典案例剖析［M］.北京：中信出版社，2004.

31. 道格·纽瑟姆，鲍勃·卡雷尔.实用公共关系写作［M］.北京：机械工业出版社，2003.

32. 菲利普·莱斯礼.公关圣经［M］.汕头：汕头大学出版社，2004.

33. 戴尔·卡耐基.影响力的本质［M］.福州：海峡文艺出版社，2003.

34. 查尔斯·都希格.习惯的力量［M］.北京：中信出版社，2017.

35. 罗军.分享创造未来［M］.北京：中国科学技术出版社，2021.

36. 埃弗雷特·M.罗杰斯.创新的扩散［M］.北京：中央编译出版社，2002.

37. 尤瓦尔·赫拉利.人类简史三部曲［M］.北京：中信出版集团，2018.

38. 陈雅，丁旻，陆青霜.公共关系实务［M］.北京：清华大学出版社，2022.

39. W.帕托拉，M.汉姬.市场营销［M］.杨孝堂，译.北京：中央广播电视大学出版社，1995.

40. 唐·米德伯格.成功的公共关系［M］.牛宇闶，译.北京：机械工业出版社，2002.

后 记

旅游公共关系学是一门研究旅游业内社会组织及其从业人员形象与信誉的学问，在旅游企业文化中的作用和意义极大。

在新的时代背景下，习近平总书记针对世界百年不遇之大变局明确提出了"构建人类命运共同体，实现共赢共享"的中国方案，这对旅游公共关系工作提出了更高更新的要求。作为世界第二大经济体，未来中国旅游经济的发展也将举世瞩目。中国的旅游企业、旅游组织必须依靠全体成员的精诚协作，充分发挥旅游公共关系搜集信息、咨询决策、传播沟通、内外协调、社会交往以及服务教育等功能，对外引导公众舆论，对内营造"全员公关"的和谐环境，全面提升旅游组织的凝聚力与综合形象竞争力，方能在激烈的国际旅游市场竞争中实现共赢共享。

在互联网+旅游业的时代背景下，应旅游教育出版社编辑何丹之约，作者第四次修订了这本《旅游公共关系》。

本次修订以习近平新时代中国特色社会主义思想为指导，坚持知识传授与价值引领相结合，融入立德树人、增强爱国主义教育、强化民族自信等理念，运用可以培养学生理想信念、政治信仰、价值取向、社会责任的题材与内容，提高学生缘事析理、明辨是非的能力，以期他们成为德才兼备、全面发展的复合型旅游公共关系人才。因此本次修订时，在林崇德恩师的特意嘱托下增加了旅游公德方面的内容，对旅游公司及其职工的伦理道德和职业道德问题等进行了论述。

本书的修订还与时俱进地结合现代互联网+旅游业的行业特点以及公共关系最新的理念与实践经验，重新对旅游公共关系的传播和内外关系协调、旅游组织公共关系机构与人员素质、旅游公共关系的工作模式与基本程序、旅游公共关系活动策划、旅游公共关系宣传、旅游组织公共关系工作技能与工作技巧、旅游公共关系危机的处理与预防等内容进行了更新、补充和完善。本次修订主要增加有关旅游业业内形象与信誉等方面的新知识、新技能、新理论以及互联网背景下的特殊公共关系实务、方法与新案例，力争使这门技能性、时代性、知识性、理论性和操作性都很强的专业课程更加实用。

该课程主要培养学生有关旅游公共关系形象与企业信誉方面的知识、技能，同时又是旅游院校学生的公共关系养成教育基础专业课。如何让中国创新的人才土壤更加肥沃？中国科学院院士、教育部长怀进鹏先生建议，培养创新人才，要更加重视科学精神、创新能力、批判性思维的培养教育，提倡有温度的教育。因此，作为旅游从业人员培养基地——旅游院校，除了要注重学生旅游公共关系专业知识的学习外，还应致力于强化学生的"全域旅游公共关系观念"、"全域服务意识"与"全域信息意识"，提高学生创新应变、组织策划、人际沟通等旅游公共关系技能技巧，以及互联网+旅游公共关系的实际操作能力，尤其是应该注重启发和唤醒学生对知识背后的动机问题的拓展阅读，以培养他们真正的想象力和对问题的质疑能力。教师在使用本教材时不应该只是进行知识的传递，更要注重人与人之间的沟通、人文的交流，人的素养及团队的合作精神的培养，特别是要加强培养学生对文化的自信、对社会的理解。

本书的修订工作由张舒哲和张国霞总负责，二人还具体负责第一、第二章的修订工作，上海大学张慧灵老师负责全书的有关资料和案例的收集整理编写工作；广东高睿文化旅游投资有限公司陈晓纯总裁、刘颖珊、北京师范大学博士班学友陈运昭和徐启贵、香港理工大学酒店与旅游管理学院学友博士生王吉人及赵晖、马来西亚泰莱大学社会科学和休闲旅游学院博士生刘妍，广州理工学院刘洋讲师及颜泽东老师、中节能皓信（北京）咨询有限公司建筑工程管理助理工程师罗秀鸣负责第八章的修订工作；上海大学张慧灵老师、张腾川硕士，广州匠心艺术中心 CEO 张胜卿、杨旭琪，永信建设管理有限公司总裁罗挺宇，广州大学袁肇栋，负责第五章的修订工作；沈阳市旅游学校旅游系主任马萍教授级高级讲师、四川省旅游学校党委委员旅游管理系主任马友惠高级讲师、上海建桥学院黄海芹、广州理工学院刘洋讲师负责第七章的修订工作，并协助张舒哲完成修订稿的通稿文字润色工作；黄冈科技职业学院旅游与航空服务学院孔健院长、广州工程技术职业学院餐饮旅游学院韩旭助理研究员、广州华立学院安明明讲师、重庆师范大学李心雨学士、华南农业大学王磊硕士、广州航海学院刘霞讲师负责第四章的修订工作，并协助张舒哲完成修订稿的全书思维导图设计和案例思政融合创意工作；香港东南教育集团江光现董事长，原香港中旅集团珠海海泉湾度假区陈江总经理（珠海科技学院教授），香港理工大学博士、道格特·威廉智库创始人赵晖董事长，中石化高管冯韬，酒店资深职业经理人杜国平，负责第三章的修订工作；美国南加州建筑学院硕士饶津渝、广东工贸学院杨国民副教授、广州市交通技师学院张国立老师、广东技术师范学院马洪梅、内蒙古科技大学张继超、吉林建筑科技学院苏瑞媛、佛山市技师学院讲师李姮，负责第六章的修订工作；广州华立学院安明明讲师负责全书的思维导图的制作工作，学友陈运昭、廖贤礼、肖忠文、金卫东对全书的文字逻辑顺序进行了仔细的梳理。美国乔治敦大学袁琪硕士、北京师范大学姜姬花学士、香港理工大学旅游与酒店管理学院孙宏莉硕士参加了本书初稿部分章节的编写修订工作。张舒哲、张胜卿、马萍负责第 2 版修订稿的通读、定稿工作。

中国著名旅游经济和管理专家、旅游酒店教育研究专家、国家旅游局旅行社饭店管理司司长魏小安教授，在百忙中审阅了第 1 版全书，并欣然为之作序（2016 年春），从专业的角度给予书稿高度的评价：在编著过程中，本书力求突出现代旅游行业特色，注重培养学生公关实践能力、创新意识与横向学习能力。我相信，本书一定会给广大读者带来更多的新理念和新方法，为全国旅游院校增加一本旅游公共关系公共课的全新教材，也为各类旅游组织与旅游企业员工的培训提供一本新的辅助教材，同时，也可以成为有志于从事旅游业与旅游公共关系营销岗位的社会人士的自学参考用书。在第1版的序言中魏教授指出，虽然公共关系是西方概念，也算是外来词语，但是我们应当中外结合、古今融合。所以，作者提出"拜水为师，以竹为友"的理念。"上善若水，水利万物而不争。"拜水为师，就是要柔和处理公共关系，做善事，天下通。以竹为友，是"未出土时便有节，至凌云处仍虚心"，保持底线，而不是为公关而公关。这不但是方法问题，而且是理念问题。鼓励读者在看书的过程中更多地研究理念、优化方法。

魏老先生审核本书并在全国率先提出"拜水为师，以竹为友"的旅游公共关系新理念，还提供了其在淮安古运河湿地公园的摄影作品《水·桥》作为第1版图书的封面。

北京师范大学资深教授、中国心理学会原理事长、2021年度杰出教学奖获得者林崇德，我的恩师，对本书第2版的修订工作提出了很多关键性的修订指导意见，如要弘扬中华民族传统文化，立足中国，借鉴国外，从心理学的更高层面深化对旅游公共关系活动规律的认识；力求理论联系实际，牢固树立人民至上、服务人民的公共关系意识等。恩师尤其是语重心长地嘱咐第2版修订时要增加有关旅游公德的内容，如旅游公司及其职工的伦理道德和职业道德问题等，阐述社会主义核心价值观。更让晚辈感动的是，恩师以八十岁的高龄在百忙中顶着夏日炎炎高温对第2版修订稿全书进行了详细的审阅，并欣然为之提笔作序。

恩师北京师范大学校长、博士生导师董奇教授，北京师范大学教育学部博士生导师庞丽娟教授、裴丽娜教授，北京师范大学发展心理学研究所刘桂珍老师，心理学界首位教育部长江学者特聘教授、中国心理学会现任理事长李红先生，香港浸会大学博士后、南方医科大学公共卫生学院张国霞教授，美国加州大学高级访问学者、上海大学饶龙隼教授，爱尔兰国立科克大学应用心理学系博士后、宁波大学二级教授陈传锋，江西教育学院院长秦圆珠教授，东华理工大学徐克功教授，恩师香港理工大学资深教师黄志恩博士，以及长期使用本教材的中国旅游教育中职七金联合体的专家和全国著名旅游院校的旅游公共关系专业教师，对本书提出了许多切合实际的修订建议。本书的修订还借鉴学习了恩师中国旅游研究院院长戴斌教授及中国旅游学院旅游管理学院院长张辉教授等有关旅游专家的旅游创新理念和旅游学术研究成果。在修订过程中，北京师范大学教育与经济管理博士班的学友徐启贵、陈运昭，香港理工大学旅游与酒店管理硕士班的学友韩琦、黄时泽、杨克合，以及原香港中旅集团珠海海泉湾度假区陈江总经理、广州匠心艺术中心CEO张胜卿、上海大学张腾川、广州中航国际旅游有限公司陈洪发总经理等著名文化和旅游企业总经理为本书提供了宝贵的、切合现代旅游企业公共关系的修订意见并提供了成功案例帮助。广东青旅李协居总经理、中国国旅广东公司导游领队管理中心唐乃钟总经理，广东中旅、广之旅、广东南湖国旅·西部假期旅游集团等有关单位的领导为作者在境外的旅游公共关系调研考察活动提供了许多便利和海外领队工作支持。深圳市政协常委、港澳台侨和外事委员会主任范坤，深圳广播电影电视集团党组副书记刘焯铿，江西建筑监理公司张钦宁总经理，江西石油总公司吉安分公司冯舒毅党委书记，美国友邦保险深圳分公司张舒勤经理，江西遂川县雩田商会常务副会长兼秘书长曾毅成，新风房地产开发有限公司梁庭兰总裁，遂川县教育体育局郭德荃局长、刘克樟副局长，五斗江供销社郭子樵主任，遂川县林业局南风面自然保护区管理局肖卫前局长，广东省旅游学校韩祥元、冒超球、董家彪校长等，为作者在国内旅游景区的旅游公共关系调研活动提供了大力支持和赞助。华南师范大学附中吴青副校长，广州天河区教育研究室王志远主任，广州113中学程印贵校长，江西遂川中学曾昭宝、郭德荃、王广立校长以及洪镇元老师，江西教育学院罗豪、刘毅、李山赓、肖忠文、黄继忠、陈小勤、刘和军、李玲，井冈山大学金卫东、甘进民、梅小艳，抚州教育学院黄国水、邓树英，抚州广播电视大学李晖、韩学军，广州科技学院谭凯旋，华南理工大学沈于圻、黎国智、朱浩伟、黄金耀、吴润红，中山大学黄玮玲、李小妹、刁建浩，华南农业大学黄嘉嘉、徐馨颜、陈琼霖、赵薇，暨南大学曾嘉怡、吕卉萱、林泳钰、戴振梓、胡曦滢，广州大学陈丽娟，广东培正学院洪慧婷、周靖尧、梁钟鸣、孙世良，广州理工学院谢丹芝、汪沅、区钰华、练新雄、肖镕彬、张百熙、毛若兰、梁珊珊，广东省旅游学校黄玉玲、张伟娇、黄晓丹、刘珍珍，佛山技师学院谭梓琼，广州工商学院郭桂芳，广东赴美留学的美国互惠生林雅韵、柯白英、曾伶、王紫金等，在专业课思政融合教学改革课题实验中承担了很多实验任务。旅游教育出版社编辑何丹、贾东丽对本书出版给予了大力支持。家父张信心、家母冯长英、外公冯燹权、外婆刘甲秀给予本人旅游公关意识的熏陶，爱女张声雅、爱孙张继扬在本人修订此书时暖心陪伴。在此，一并致谢。

由于修订时间仓促，书中难免有错漏之处，敬请批评指正。

张舒哲
辛丑牛年沐手敬书
于广州白云山风景区竹韵山庄62牛一斋